한중수교 30년,
한중교류의 도전과 과제

이 저서는 2019년 대한민국 교육부와 한국연구재단의 지원을 받아 수행된 연구임
(NRF—2019S1A6A3A02102737)

국민대학교
중국인문사회연구소
총서 · 14

한중수교 30년,
한중교류의
도전과 과제

문익준·박철현·노수연·임대근·정주영
조경란·우성민·김주아·이광수   공저

30
ANNIVERSARY

學古房

서 문

　장기전에 돌입한 미중 전략경쟁, 3년째 이어지는 코로나19 팬데믹, 코로나19 사태를 통해 격화된 미중 갈등, 긴장의 수위를 높여가고 있는 북한의 잇따른 미사일 도발, 러시아의 우크라이나 침공, 펠로시 미국 하원의장의 대만 방문 등이 중첩된 상황에서 세계 질서는 한 치 앞을 내다보기 어려운 형국이다. 이러한 상황에서 한중은 수교 30주년을 맞았다.

　돌이켜보면 수교 이후 양국 관계는 체제 차이와 한국 전쟁 때 적국이었던 한계를 극복하고 눈부신 발전을 거듭해왔다. 가장 큰 성과는 경제협력이었다. 수교 당시와 비교해 양국 간 연간 교역액은 47배로 급성장했고, 올 7월 말까지 대중 누적 흑자는 7,099억 달러(약 933조 원)에 달한다. 하지만 1993년 이후 계속 유지돼오던 대중 무역 흑자는 2013년을 정점으로 하락하는 추세를 보였고, 결국 올 4월에 적자로 돌아서더니 4개월째 이어지고 있다.

　최근 한중 교역의 구조는 급변하고 있다. 기존 대규모 흑자는 한국이 원·부자재와 중간재를 중국에 공급하고 중국은 이를 이용해 완제품을 조립하여 가공무역을 통해 선진국으로 수출했다. 이러한 분업구조를 기반으로 중국경제가 성장하면 한국경제도 성장했고, 중국의 수출이 잘되면 한국도 좋았다. 그런데 이제는 중국이 첨단산업 기술력까지 확보하면서 한국의 중국산 원·부자재와 중간재 수입이 오히려 증가함에 따라 양국 간 무역구조도 다른 패러다임을 요구받고 있다. 설상가상으로 양국 국민 사이에서 커지는 반한·반중감정은 상호 적대감으로까지 심화·확대하고 있다. 그 결과, 그동안 우의를 강화해오던 양국 관계는 새로운 전환점을 맞고 있다.

중국이 세계 2위의 경제 대국으로 부상하고 국제정치 지형이 바뀜에 따라 한중 관계에도 변화가 불가피하게 됐다. 최근에는 한중 관계 발전을 구조적으로 제약하는 요인들이 부각하고 있으며, 그 근저에는 글로벌 패권 유지를 목표로 설정하고 있는 '미국' 요인과 중화 부흥의 꿈을 내세우며 도전하는 '중국' 요인이 존재한다. 세계를 무대로 벌어지는 미중 패권 경쟁이 최근 세계 질서 변화의 주요 원인으로 작용하고 있다. 그동안 글로벌 가치사슬의 핵심인 미국과 중국이 앞장서 보호무역주의와 자국 내 공급망 강화 기조로 태세를 전환하면서 WTO 중심의 다자주의 체제와 글로벌화의 기존 질서 체제가 약화하고 있다.

이러한 세계 질서 체제의 변화와 그에 따른 한중 무역구조의 변화 추세는 구조적이다. 미국의 글로벌 공급망 재편에 동참하더라도 완전한 탈(脫)중국은 현실적으로 불가능하다. 편 가르기 현상을 심화시키는 미중 전략경쟁 구도에서 미중 모두와 밀접한 관계를 맺고 있는 한국의 정책적 고민은 갈수록 커지고 있다. 새로운 시대는 새로운 전략을 요구한다. 과거와 다른 명확한 원칙과 전략이 필요하다. 미중 사이에 선택을 강요받는 민감한 사안들에서 한국이 어떤 결정을 하느냐는 한국의 미래뿐 아니라 세계 질서에도 큰 변수가 된다. 세계 질서의 변화에 따른 민감한 사안들의 의미와 여파를 제대로 파악하여 미중 어느 쪽의 압박과 위협에도 쉽게 흔들리지 않으며 현명하게 내처해야 한다.

글로벌 질서가 급변하는 상황에서 한중 양국 관계의 발전을 저해하는, 전례 없이 복잡한 문제의 해결을 위해 넘어야 할 산이 많다. 하지만 시원한 해법을 찾기란 쉽지 않다. 지난 몇 년간 코로나19 확산과 신(新) 냉전 구도의 국제정세로 인해 국내에서도 반중 정서가 심화하고 있다. 한중 양국 정부와 국민은 우선 자기반성적 성찰이 있어야 한다. 더 나아가 역지사지의 입장에서 서로를 이해하고 존중해야 한다. 결국 신뢰는 허심탄회한 소통과 상호 이해 증진을 통해 축적되고 향상된다. 국내 정치의 편협한 이익과 결부한 선택은 당장 쉬워 보이고 편해 보일 수 있다. 선택하기 쉬운 길은 근본적인 문제 해결에 도움이 안 되고, 오히려 갈등을 심화시키는 경우가 많다. 비록 어렵고 힘든 길이더라도 바람직한 길을 선택하는 지혜를 발휘해야 한다. 그러한 현명한 선택을 가능하게 하고 결정을 유지하기 위해서는 꾸준한 소통과 함께 상호 이해, 존중, 배려, 인내가 필수적이다. 결국 한중 관계의 미래는 양국 간 상호 이해 증진과 신뢰 향상에 달려있다.

변화는 주로 위기를 배경으로 등장한다. 하지만 변화는 새로운 기회의 창으로 작용하기도 한다. 한중 관계가 지난 30년간 발전의 토대 위에서 새로운 30년을 준비하기 위해서는 현재의 시련과 위기에 대한 엄밀한 평가를 통해 양국의 상호 협력 방안을 도출해야 한다. 수교 30년을 맞이하여 국민대학교 중국인문사회연구소는 미래의 바람직한 한중 관계를 모색하기 위해 중국 전문가 9명과 함께 『한중 수교 30년, 한중 교류의 도전과 과제』란 제목으로 연구총서를 출간한다. 중국에 대한 이해 증진을 통해 한중 상호 신뢰 향상에 공헌하는 장의 역할을 하는 것이 주요 목적이다.

이 책은 9장으로 구성되어 있다.

'한중무역 30년의 변화와 시사점 : 무역구조와 GVC 분석'은 지난 30
년 동안 한중 무역구조 변화와 글로벌 가치사슬 재편 현상을 분석했다.
그 결과를 바탕으로 양국의 자유로운 무역과 투자 환경 조성을 위한
제도적 기반 조성과 한국의 경제 안보 전략 수립을 위한 중요한 시사점
을 도출했다.

'1990년 이후 개혁기 중국 도시 사회관리의 변화'는 1990년 이후 중
국의 단위(單位)를 대체하는 사구(社區)를 중심으로 도시 사회관리 체
계의 변화를 분석했다. 특히 최근의 코로나19 사태에 직면하여 국가가
기존 격자망화(格子·網化) 관리와 스마트시티를 기초로 어떻게 '기술-
방역 레짐'을 실현하고 있는지에 주목했다.

'한중 문화콘텐츠 산업 교류 30년의 특징과 시사점'은 한중 문화콘텐
츠 산업 교류 30년 동안의 특징 분석을 통해 국가적·민족적 대신에 범
인류적 내용의 콘텐츠 제작, 유통 경로의 다변화, 매체 영역의 확대 등
다양한 양국 문화 협력 방안을 제시했다.

'한중 문화갈등의 발생 양상과 특징'은 한중 문화 갈등 발생 원인과
양상, 특징 등의 분석을 통해 건강한 한중 관계를 만들어가기 위한 제도
적, 국제적, 교육적, 사회적, 외교적 노력의 필요성을 강조했다.

'중국 청년의 민족주의, 팬덤과 혐오의 공진(共振)'은 한중 청년 사이
의 갈등이 혐중·혐한으로까지 심화하고 있는 상황의 원인 규명과 해법
모색을 위해 중국 청년들의 감정을 중심으로 민족주의 메커니즘을 분석
하고, 양국 청년들이 꾸준히 상호 이해와 소통의 지평을 열어나가며 공

격적인 민족주의 문제를 해결할 것을 주문했다.

'중국의 문화대혁명, 어떻게 보아야 하는가 : 21세기 일본의 문혁 연구동향'은 2026년 문화대혁명 발생 60주년을 향해가는 현재의 시점에서 그 실체적 인식을 돕기 위해 일본을 중심으로 세계의 연구 동향을 소개하고 평가했다.

'한중수교 30주년 시점에서 살펴 본 중국 중고등학교 역사교육의 현황과 시사점'은 한중 화합에 걸림돌인 역사문화의 갈등 요인을 파악하기 위해 중국 중고등학교 역사교육의 현황을 분석하고, 양국이 각각 상대방 국가 및 국민의 가치와 정체성을 이해하며 상호 우호·협력 관계를 증진할 수 있는 방향을 제시하고 시사점을 도출했다.

'우리 속의 디아스포라, 한국 화교의 이주와 정착'은 한국 화교의 이주사 분석을 통해 자신이 태어난 한국, 공식적인 조국인 대만, 이주의 기원인 중국이란 복잡한 정체성을 가진 화교의 한국 사회에서 소수자로서 정체성이 화교 특유의 교육시스템 속에서 어떻게 형성되었고 그들의 한국 사회 정착에 어떤 영향을 미쳤는지를 파악했다.

'한중수교 30년, 중국 학자들의 평가'는 중국 학자들의 한국에 대한 시각을 분석했다. 현재 미국이 추진하고 있는 동맹국 및 우호국과 협력 강화를 통한 중국 견제에 한국의 참여에 대한 우려와 한중 양국의 안정적이고 건강한 관계 지속 및 강화에 대한 기대가 공존하는 중국 학자들의 심리를 파악했다.

이 책은 중국에 대한 깊은 이해를 통해 바람직한 한중 관계 발전을 대중국 정책 방향을 살피는 데 도움이 된다. 더 나아가 변화하는 세계

질서와 그에 따른 국제정세의 격랑으로 인해 불확실성이 고조되는 상황에서 우리가 처한 현실을 냉철하게 돌아보고 한국이 준비하여 실행해 나가야 할 전략과 역할의 방향에 대한 더욱 넓은 공감대 형성에 공헌할 수 있기를 기대한다.

2022년 9월
국민대학교 중국인문사회연구소
윤경우 소장

목 차

한중무역 30년의 변화와 시사점
: 무역구조와 GVC 분석

● 문익준 ●

I. 서론

2022년은 1992년 8월 24일에 한국과 중국이 수교한 이후 30주년이 되는 해이다. 지난 30년 동안 한중관계는 비약적인 발전과 갈등이 동시에 존재하였다. 2008년 한중관계는 '전략적 협력 동반자 관계'로 격상되었고 2017년 사드 배치가 있기 전까지는 매우 발전적이며 우호적인 관계를 유지하였다. 그러나 현재는 한한령, 미중대립, 사드배치 등으로 인해서 한중관계는 냉각되었다. 이러한 상황에서 2022년 5월 10일에는 한국의 윤석열 정부가 새로 출범하였고, 하반기에는 중국공산당 제20차 전국대표대회를 통해서 시진핑 지도부의 3기 지도부가 새롭게 출범할 예정이다. 양국의 새로운 지도부는 냉각된 한중관계를 벗어나, 새로운 관계를 시작할 가능성이 매우 크다. 더구나 현재의 국제상황은 미국과 중국의 무역마찰에서 시작하여 패권경쟁으로 흘러가고 있으며, 한국에게 있어서 미국과 중국 사이의 전략이 매우 중요한 시점이다. 이에 한중수교 30년을 정

---

* 이 글은 「한중무역 30년의 변화와 시사점 – 무역구조와 GVC 분석」, 『중국학연구』, 제101집, 2022를 수정·보완한 것이다.
** 국민대학교 중국학부 중국정경전공 부교수.

리하고 회고하는 연구가 새로운 단계로 나아가는 데에 매우 중요하게 작
용할 것이다.

먼저 1992년 한중수교 이전의 무역상황을 살펴보자. 중국은 1978년 중
국의 개혁개방정책을 실시한 이후에도 북한과의 관계를 의식하여 한국과
의 어떠한 경제무역관계도 금지하였다. 북한과 대립을 하고 있는 한국과
는 어떠한 거래나 무역을 하지 않겠다는 방침이었다. 1970년 4월 중국의
주은래 총리와 일본의 마쓰무라 총리가 맺은 중일조건 4조건[1]에서도 한
국과 원조하고 있는 기업이나 투자하고 있는 기업과는 무역하지 않는다는
조건이 포함되었다. 따라서 개혁 초기에 한국과 중국간의 무역은 간접무
역방식으로 홍콩의 중개상인을 통해서 원산지 표시 없이 한국제품을 중국
에 수출하는 구조였다.

1983년 5월 5일에 발생한 중국 민항기 피랍사건, 1983년 10월에 발생한
아웅산 폭파사건을 계기로 아이러니하게도 한중관계는 점차 개선되면서
한중무역도 증가하기 시작하였다. 1984년 기준으로 주요 대중 수출품은
흑백 TV, 섬유 등이었으며, 주요 대중 수입품은 원유, 석탄, 원사 등이었
다. 중국이 사회주의 국가로써는 최초로 1986년 서울아시아게임과 1988년
서울 올림픽에 참가를 선언하면서, 한국과 중국은 과거의 냉전시대를 벗
어나 점차 교류가 촉진되었다. 1988년 중국은 한국과의 간접교역을 공식
화하기 시작하였고, 1988년 1월에 대한무역투자진흥공사(KOTRA)이 처
음으로 관용여권을 사용하여 중국에 입국하였다.

1989년부터 한국산 제품에 대해서 'Made in Korea'를 정식으로 사용하

---

1) ① 대만, 한국을 원조하고 있는 상사, 메이커와는 거래하지 않는다.
   ② 대만, 한국에 다액의 투자를 하고 있는 기업과는 무역하지 않는다.
   ③ 미국을 위해 폭탄 폭약을 생산하고 베트남, 라오스, 캄보디아 폭격을 원조하는
      기업과 무역하지 않는다.
   ④ 일본에 있는 미국의 합영, 자회사와 무역하지 않는다.

기 시작하면서 직접교역이 크게 증가하였다. 그러나 관세나 무역분쟁등에 관한 협정이 명확하지 않아서 수출확대를 가로막는 요인으로 대두되었다. 이에 1990년 10월 20일 대한무역진흥공사와 중국국제상회간에 한중 무역 대표부를 설치하면서 한중무역은 공식화되었고, 1991년부터 한국과 중국 간의 무역통계를 대외적으로 공식 발표하게 이르렀다. 1991년 한국의 대 중국 무역액은 58억 4,000만 달러로 이미 미국, 일본에 이어 제3위의 무역 상대국이었다. 증가한 무역액에 비해서 관세협정, 무역분쟁 해결 등의 무 역협정 체결 필요성이 대두된 상황에서 1992년 8월 24일 한중수교로 인해 서 제도적인 틀을 마련하게 되었다.

이에 본 연구는 한중수교이후의 한중무역 30년 변화를 분석하고 향후 미래를 전망하겠다. 1992년 수교 초기에 64억 달러에 지나지 않았던 한국 과 중국간 교역규모는 2021년 3,015억 달러로 약 47배 증가하였다. 우리 무역에서 중국이 차지하는 비중은 1992년 3.52%에서 2021년 25.28%로 크 게 증가하였다. 수교 초기에는 단순한 경공업에서 시작한 무역이 중화학 을 거쳐서 반도체, 디스플레이 등의 고부가가치 품목으로 빠르게 전환되 었다. 더구나 2016년 한중 자유무역협정(FTA)을 체결하면서 한중 무역은 한단계 고도화되었으며, 현재 협상중인 후속협상까지 마무리되면 새로운 단계로 도약할 것으로 예상된다. 본 연구는 무역구조와 글로벌가치사슬 (GVC)의 관점에서 한중수교이후의 한중무역 30년을 회고하고자 한다.

Ⅱ. 선행문헌

1. 한중무역에 관한 선행문헌

기존에 한국과 중국의 양자무역을 분석한 논문들은 다수이며, 최근에 한중수교 30주년을 기념하여 한중무역을 분석한 논문들은 다음과 같다.

전보희와 조의윤(2021)은 한국이 비교우위를 가진 고부가가치의 핵심적인 중간재를 중국에 공급함으로써, 한국의 주력산업이 성장하는 동시에 중국의 산업고도화 전략도 성공했다고 평가하였다. 양국이 서로 윈-윈하는 전략을 유지하였지만, 중국 무역구조가 점차 고도화되면서 세계시장의 경쟁도 심화되고 있다고 평가하였다. 특히 수출경합도지수(ESI) 분석결과에 따르면, 중고위기술 산업 내 한중 수출경합도는 2011~2018년 동안 0.248에서 0.303으로 상승하면서 미국에서의 한중 수출경쟁은 상승하였다. 대아세안에서의 한중 수출경합도도 2011~2021년 동안 0.398에서 0.427로 상승하면서 아세안에서의 한중 수출경쟁도 심화되었다.

김선진과 이윤정(2021)도 우리나라 대중 수출의 구조적 특징을 분석하였다. 첫 번째 특징은 다국적 기업 생산거점의 동남아 이전과 중국내 자급률 상승으로 인해서 2010년 이후 대중 수출총액이 정체되었다는 점이다. 두 번째 특징은 수출품목이 반도체를 중심으로 경쟁력 우위 품목인 석유, 화학, 철강, 기계에 집중되어 있으며 세 번째 특징은 중간재 수출이 대부분을 차지한다는 것이다. 네 번째 특징은 글로벌 반도체 수요, 중국의 수출 및 투자와 밀접하게 공행하는 반면에 중국 소비와의 관계는 낮다고 분석하였다. 단기적으로 중국 경제가 둔화될 경우에 부정적 영향을 받을 것이며, 성장세 둔화가 어느 부문에서 발생하는지에 따라 충격의 크기가 다를 수 있다고 결론지었다.

오래은과 이홍배(2022)는 무역특화지수(TSI)를 이용하여 한국의 대중국 수출 및 수입 특화정도를 분석하고, 현시대칭비교우위지수(RSCA, Revealed Symmetric Comparative Advantage)를 이용하여 한국의 대세계 및 대중국 수출경쟁력을 비교 분석하였다. UN COMTRADE의 통계자료를 이용하여, 13개 산업으로 재분류하여 2000년부터 2020년까지 5개 시점으로 나누어 한국과 중국의 세계시장 및 미국시장에서의 무역경쟁력을 분석하였다. 한중무역의 상호 의존 및 보완관계는 심화되고 있으며, 특히 전기·전자기계, 화학제품, 금속제품, 일반 기계 산업에서 긴밀한 상호 분업체제를 보이고 있다. 무역특화지수(TSI) 분석결과에 따르면, 한국의 대세계 및 대중국 비교우위는 꾸준히 약화되고 있는 반면에, 중국의 대한국 및 대세계 비교우위는 꾸준히 일정수준을 유지하고 있다. 현시대칭비교우위지수(RSCA) 분석결과에 따르면, 한국의 수출경쟁력은 전반적으로 하락하고 있는 반면에, 중국은 2010년 이후로 강화되고 있다.

2. 한중무역의 글로벌가치사슬(GVC)에 관한 선행문헌

글로벌가치사슬(GVC) 분석을 사용하여 한국과 중국의 무역을 연구한 선행문헌들은 다음과 같다. 이장규 외(2016)는 OECD의 국가간 산업연관표(ICIOT) 자료[2]를 이용하여 중국 무역구조의 변화와 산업별 경쟁력을 분석하였다. 첫째, 1995~2011년 기간의 자료를 분석한 결과에 따르면, 기초금속 서비스, 화학 서비스, R&D 등의 기타 사회 서비스 산업의 수출 비중은 장기적으로 증가하고, 섬유, 의류, 가죽과 운송 서비스의 수출 비중은 감소하는 구조변화가 예상된다. 둘째, 1995~2010년 기간 동안 중국의 글로벌 가치사슬 참여가 확대되었다. 즉 각 산업에서 총수출에서 중간재 수출이 차지하는 비중은 증가한 반면에, 부가가치 수출이 차지하는 비중은 지속적으로 감소함을 의미한다. 셋째, 대부분의 우리나라 주력산업에서 양국간 경쟁력 격차가 유지되고 있으나, 섬유·의류·가죽, 운송 서비스, 화학 등 일부 산업에서는 중국의 한국 추월이 이미 발생하였다고 평가하였다.

남수중 외(2018)는 2000~2014년의 자료를 이용하여 전 세계와 한국 및 중국의 글로벌 가치사슬 참여와 부가가치 창출의 관계를 분석하였다. 한국 제조업의 경우 국내 최종재 생산에서 창출된 부가가치의 비중은 감소

---

2) 62개국의 32개 산업의 생산 및 무역관계, 거시경제변수를 체계적으로 정리한 세계산업 연관표(1995, 2000, 2005, 2007~2011년)임.

하였으나, 전통무역, 단순 GVC 및 복합 GVC 생산활동에서 창출된 부가가치 비중은 증가하였다. 이에 반해 중국 제조업의 경우 국내 최종재 생산과 전통무역에서 창출된 부가가치 비중은 감소하였고, 단순 GVC와 복합 GVC에서 창출된 부가가치의 비중은 높아졌다. 특히 한국과 중국의 산업만을 대상으로 하여 글로벌 가치사슬 참여가 산업의 부가가치에 미치는 영향을 분석한 결과, 전방참여가 후방참여에 비해서 국내 부가가치 창출에 상대적으로 더 큰 긍정적 영향을 미치고 있는 것으로 나타났다. 또한 글로벌 가치사슬 참여를 최종재 생산까지 포함할 경우에는 산업 부가가치에 미치는 영향이 더 큰 것으로 분석되었다.

오혁종 외(2019)는 중국의 GVC 후방참여도가 2004년에 정점에 도달했다가 2016년에는 1996년 수준으로 회귀한 반면, 중국의 GVC 전방참여도는 지속적으로 상승하고 있다가 평가하였다. 이를 중국이 더 이상 조립가공지가 아닌 중간재 공급자로 변모했다고 분석하였다.

박정수 외(2019)는 한국과 중국의 글로벌 가치사슬(GVC) 분석을 실행하였다. 한국의 수출 중에 해외 중간재 수입이 기여하는 바는 30% 이상으로 높았지만, 특히 일본에 대해서 한국 수출의 해외 부가가치 비중이 높았다. 수출대상국으로 직접 흡수되는 국내 부가가치(DAVAX)가 총수출에서 차지하는 비중은 중국 47.9%, 미국 60.7%, 일본 45.9%로 분석되었다. 중국의 경우 '컴퓨터, 전자 및 광학 제품 제조업'에서 한국의 부가가치 비중이 13.1%로 가장 높았고, 이는 한국 산업으로부터의 중간재 투입이 큰 것으로 분석되었다.

이현태 외(2017)는 중국의 제조업 혁신이 중국과 한국의 글로벌 가치사슬 관계에 미치는 영향을 분석하였다. GVC 분석에 따르면, 2000년대 초부터 국내 중간재 비중이 섬유제품, 의복·가죽 제조업, 컴퓨터·전자·광학제주품 제조업에서, 기술별로는 중상기술 제조업에서 크게 증가했다. 총수출의 해외부가가치 비중은 점차 감소하면서 해외의존도는 낮아졌고,

GVC내 위상이 후방에서 전방으로 향상되고 있음을 확인하였다. 또한 중국의 중간재 해외 의존도가 낮아지면서 중국 국내 중간재로 대체되는 현상이 나타나지만, 한국 중간재에 대한 수요도 지속적으로 증가하고 있는 현상을 발견하였다. 중국의 경제성장으로 인한 중간재 수입 확대효과가 중국 국내 중간재 대체효과보다 크다고 분석하였다.

Ⅲ. 한중 교역 30년 변화 및 특징

1. 한중 교역 현황

한중무역 수교당시 64억 달러에 지나지 않았던 한국과 중국간 교역규모는 2021년 3,015억 달러로 약 47배 증가하였다. 한중 교역액은 한중수교인 1992년부터 폭발적으로 증가하여 2005년 1,000억 달러, 2011년 2,000억 달러, 2021년 3,000억 달러를 돌파하였다. 한중 무역 30년을 회고해 보면, 2번의 폭발적인 상승시기는 1992년의 한중수교와 2001년의 중국 WTO 가입이다. 1992년의 한중수교는 사회주의 국가인 중국와의 무역을 시작하는 중요한 계기가 되었고, 중국이 WTO에 가입한 이후인 2002년부터 2005년까지는 연평균 20~40%로 폭발적으로 증가하였다. 그 결과 2004년에 이미 중국은 한국의 최대 교역국으로 부상하였으며, 현재까지 유지되고 있다.

〈표 1〉 한국과 중국의 양자간 무역추이 (단위 : 억 달러)

연도	1992	1996	2001	2006	2011	2016	2021
교역	64	199	315	1,180	2,206	2,114	3,015
수출	27	114	182	694	1,342	1,244	1,629
수입	37	85	133	485	864	870	1,386
무역수지	- 10	29	49	209	478	374	243

출처 : 한국무역협회(kita.net)

한국의 대중국 수출은 1992년 27억 달러에서 2021년 1,629억 달러로 60배 증가하였고, 한국의 대중국 수입은 1992년 37억 달러에서 2021년 1,386억 달러로 37배 증가하였다. 대중국 무역흑자는 2013년에 628억 달러를 기록하면서 역대 최고였으나, 그 이후로는 계속 감소 추세를 보이면서 교역액이 3,000억 달러를 초과한 2021년에도 무역흑자는 243억 달러로 오히려 감소하였다. 〈그림 1〉에서 보는 바와 같이, 2010년대에 들어서 대중 수출은 정체한 반면, 대중 수입은 꾸준히 증가하면서 대중 무역흑자는 줄어드는 구조이다. 더구나 코로나 팬더믹으로 인한 기저효과로 인해 2021년에 수출, 수입 모두 급속하게 증가하였으나, 무역흑자는 오히려 감소하였다.

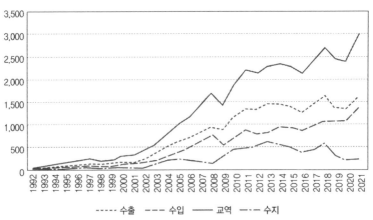

〈그림 1〉 한국의 대중국 교역 추이

출처 : 한국무역협회(kita.net)

이러한 지속적인 무역흑자 감소원인에 대해서 양평섭(2017)은 대중국 무역의 구조적인 문제를 지적하였다. 중국 정부의 가공무역 축소, 수입대체 전략, 재중 한국기업의 현지 생산 강화로 인해서 대중국 수출의 70%이상을 차지하는 중간재 교역이 감소했기 때문이라고 분석하였다. 지만수 (2017)는 중국의 산업고도화에 따른 중간재 수입대체 능력의 향상과 중국 내의 비용상승에 따른 생산기지로서의 비교 우위 약화를 원인으로 지적하였다. 그리고, 이를 위한 대응전략으로 중국을 대체하는 새로운 생산기지를 구축하고 정부 주도의 장기적인 수출전략 수립이 필요함을 강조하였다. 대중 수출의 정체 원인과는 별도로 최근 2년간 대중 수입이 지속적으로 증가하고 있다. 이러한 추세가 지속되면서 대중 수출과 수입이 동시에 증가하면서 대중 흑자는 계속 감소할 전망이다.

한국과 중국의 무역이 한중수교 이후 얼마나 증가하였는지를 양자간의 무역기준이 아니라 다자간 무역인 세계무역 순위 기준으로 분석해 보자. 아래의 〈표 2〉를 살펴보면, 1992년 한중수교 당시 한국의 수출액은 773억 달러로 세계 12위를 차지하고 있었고, 중국의 수출액은 이보다 조금 많은 856억 달러로 세계 11위를 차지하고 있었다. 한중수교 10년 후인 2001년에는 한국 수출액이 1,504억 달러로 13위로 하락한 반면에, 중국 수출액은 2,667억 달러로 6위로 상승하였다. WTO 가입 10년 후이며 한중수교 20년 후인 2011년에는 한국도 순위가 많이 상승하여 5,554억 달러로 7위로 올라섰고, 중국은 이미 1조 8,992억 달러로 세계 1위의 수출대국으로 등극하였다. 중국은 2009년의 글로벌 금융위기 상황에서 독일을 제치고 처음으로 세계 제1위의 수출국이 되었다. 이러한 중국수출의 급성장과 더불어 중국에 중간재를 공급하는 한국의 수출액도 급성장하게 되면서 한국도 세계 7위로 급성장하게 된 것이다. 한중수교 30년 후인 2021년에는 2011년도와 동일한 구조를 유지하면서, 한국은 6,444억 달러로 7위, 중국은 3조 3,682억 달러로 1위를 기록하고 있다. 특히 중국은 2위인 미국의 1조 7,585억 달러의 2배에 날하는 수출액을 기록하면서 압도적인 격차를 유지하고 있다.

<표 2> 세계 무역순위(수출액 기준)   (단위 : 억 달러)

세계 순위	1992년		2001년		2011년		2021년	
	국가	수출총액	국가	수출총액	국가	수출총액	국가	수출총액
1	미국	4,472	미국	7,310	중국	18,992	중국	33,682
2	독일	4,250	독일	5,704	미국	14,824	미국	17,585
3	일본	3,399	일본	4,035	독일	14,740	독일	16,316
4	프랑스	2,319	프랑스	3,229	일본	8,225	네덜란드	8,363
5	영국	1,899	영국	2,685	네덜란드	6,669	일본	7,561
6	이탈리아	1,773	중국	2,667	프랑스	5,959	홍콩	6,719
7	네덜란드	1,385	캐나다	2,613	한국	5,554	한국	6,444
8	캐나다	1,334	이탈리아	2,408	이탈리아	5,232	이탈리아	6,102
9	벨기에 룩셈부르크	1,230	네덜란드	2,308	영국	5,056	프랑스	5,850
10	홍콩	1,196	홍콩	1,900	러시아	4,958	벨기에	5,452
11	중국	856	벨기에	1,880	벨기에	4,757	캐나다	5,017
12	한국	773	멕시코	1,587	캐나다	4,513	멕시코	4,942
13	스위스	655	한국	1,504	홍콩	4,291	러시아	4,920
14	스페인	639	싱가포르	1,218	싱가포르	4,101	영국	4,596

출처 : 한국무역협회(kita.net)

우리 수출에서 중국이 차지하는 비중은 〈그림 2〉에서 보는 바와 같이 한중수교 당시인 1992년 3.52%에서 2021년 25.28%로 큰 폭으로 증가하였다. 2018년에는 28.80%로 최고치를 기록하였다가 2019년부터 2021년까지 25%대를 유지하고 있다. 2001년 중국의 WTO 가입이후에 가파르게 증가하다가 2010년 이후 대중국 수출 비중은 25%내외로 정체되어 있음을 확인할 수 있다. 수입에서 중국이 차지하는 비중도 1992년 4.52%에서 2021년 22.53%로 크게 증가하였다. 코로나 팬더믹 시기인 2020년에 23.29%로 최고를 기록하였으며, 2010년대에 정체된 대중국 수출비중과는 달리 30년 동안 지속적으로 비중이 증가하고 있다.

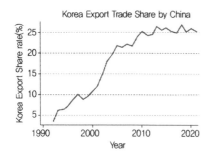

〈그림 2〉 한국 수출의 대중국 비중 추이

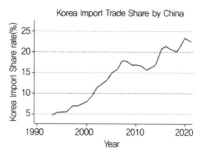

〈그림 3〉 한국 수입의 대중국 비중 추이

출처 : 한국무역협회(kita.net)에서 저자 계산

〈표 3〉에서는 1992년, 2011년, 2021년 한국 수출의 국가별 비중을 순위별로 정리하였다. 한중수교 당시에 국가별 비중은 미국이 23.6%로 1위를 차지하고 있었으나, 2021년에는 14.8%로 감소하였다. 미국의 감소된 비중을 중국이 대체하면서 2021년에 중국이 25.2%로 1위를 차지하였다. 중국의 비중은 미국(14.8%), EU(9.8%)을 합한 24.6%보다도 높은 수치이다. 홍콩 재수출의 상당부분이 다시 중국으로 흘러가는 것을 감안하여 홍콩(5.8%)을 합할 경우에는 31.0%로 의존도가 크게 상승한다. 이는 미국

〈표 3〉 한국의 국가별 수출 비중

순위	1992년 수출			2011년 수출			2021년 수출		
	국가	금액 (단위: 억 달러)	비중 (단위: %)	국가	금액 (단위: 억 달러)	비중 (단위: %)	국가	금액 (단위: 억 달러)	비중 (단위: %)
1위	미국	181	23.6	중국	1,168	25.04	중국	1,629	25.2
2위	일본	116	15.1	미국	498	10.6	미국	959	14.8
3위	홍콩	59	7.7	일본	282	6.04	베트남	567	8.7
4위	싱가포르	32	4.1	홍콩	253	5.42	홍콩	375	5.8
5위	독일	29	3.7	싱가포르	152	3.25	일본	301	4.6
6위	중국	27	3.5	대만	148	3.17	대만	243	3.7
전체수출		766			4,664			6,444	

출처 : 한국무역협회(kita.net)에서 저자 계산

(14.8%), EU(9.8%), 일본(4.6%)을 합한 비중인 29.2%보다 조금 높은 것으로, 대중국 수출의존도는 다른 주요 선진국보다 훨씬 높다는 것을 알 수 있다.

〈표 4〉에서는 1992년, 2011년, 2021년 한국 수입의 국가별 비중을 순위별로 정리하였다. 한중수교 당시인 1992년 4.5%인 중국 비중은 2021년에 22.53%로 1위를 차지하고 있다. 1992년 당시에 국가별 수입비중은 일본이 23.83%, 미국이 22.37%로 일본과 미국이 수입의 46%를 차지하고 있었는데, 2021년에는 중국이 22.53%, 미국이 11.90%, 일본이 8.87%를 차지하게 되었다.

〈표 4〉 한국의 국가별 수입 비중

순위	1992년 수입			2011년 수입			2021년 수입		
	국가	금액 (단위: 억 달러)	비중 (단위: %)	국가	금액 (단위: 억 달러)	비중 (단위: %)	국가	금액 (단위: 억 달러)	비중 (단위: %)
1위	일본	195	23.83	중국	864	16.47	중국	1,386	22.53
2위	미국	183	22.37	일본	683	13.02	미국	732	11.90
3위	사우디 아라비아	38	4.6	미국	446	8.50	일본	546	8.87
4위	독일	37	4.5	사우디 아라비아	370	7.05	호주	329	5.34
5위	중국	37	4.5	호주	263	5.01	사우디 아라비아	243	3.95
6위	호주	31	3.7	카타르	207	3.94	베트남	240	3.90
전체수입		818			5,244			6,151	

출처 : 한국무역협회(kita.net)에서 저자 계산

한중수교 30년 동안 대중국 비중이 수출 1위, 수입 1위, 교역 1위를 차지하면서 발생하는 현상이 한국과 중국 수출의 동조화 현상이다. 한국 수출이 점차 중국 수출에 영향을 받으면서 증가율이 같이 움직이는 현상이 발생하고 있다. 아래 〈그림 4〉는 한국의 대중국 수출 증가율과 중국의 전세계 수출 증가율을 나타내고 있다. 분석자료의 출처는 한국무역협회이

며, 분석기간은 1998년 1분기부터 2021년 4분기까지로 분기별 자료를 사
용하였다.[3] 이미 1998년부터 한중무역은 지금과 같은 중간재 위주의 가공
무역 구조를 형성한 것으로 보인다. 즉 한국의 대중국 수출증가율과 중국
의 대세계 수출증가율이 동조화 현상을 보이면서 같이 움직이고 있다.
1998년부터 2008년 전까지는 한국의 대중국 수출 증가율이 중국의 전체
수출증가율보다 큰 움직임을 보이나, 글로벌 금융위기 이후부터는 대체로
비슷하게 움직이는 경향을 보이고 있다.

〈그림 4〉 한국의 대중국 수출과 중국 수출의 동조화 현상

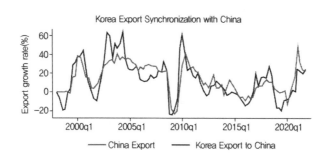

〈그림 5〉 한국 수출과 중국 수출의 동조화 현상

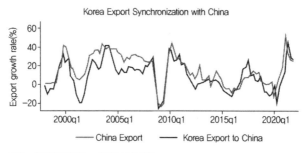

출처 : 한국무역협회(kita.net)에서 저자 계산

---

3) 한중수교이후인 1992년부터 분석하려고 했으나, 온라인에서 공식적으로 제공하는 자
료가 1998년 1분기라서 1998년부터 분석하였다.

〈그림 5〉은 한국의 대중국 수출증가율이 아니라 한국의 전체 수출과 중국의 수출 증가율을 보여주고 있다. 1998년부터 2021년까지의 분기별 수출 증가율을 분석하였는데, 수출 증가율 동조화 현상을 확인할 수 있다. 〈그림 5〉를 자세히 살펴보면, 동조화 현상은 2008년 글로벌 금융위기를 기점으로 전후로 확연하게 구분된다. 2008년 글로벌 금융위기 이전에는 한국과 중국의 같은 움직임을 보이고 있으나, 한국의 수출증가율이 중국보다 낮은 경향을 보이고 있다. 그러나 2008년 글로벌 금융위기 이후로는 한국의 수출증가율과 중국의 수출증가율이 거의 같이 움직이는 동조화 현상이 점차 뚜렷해지고 있다. 특히 코로나 팬더믹인 2020년에 수출이 하락하다가 상승할 때에도 약간의 시차를 두고 똑같이 움직이고 있다. 한국의 대중국 수출 증가율보다 한국의 전체수출과 중국의 전체수출 증가율이 더 뚜렷한 동조화 현상을 보이고 있다.

2. 한중 품목별 교역 현황

한중수교 30년 동안 한중무역은 산업간 무역에서 산업 내 무역 현상이 전환되었다. 이는 한국의 대중국 수출 품목 변화를 살펴보면, 자세히 분석할 수 있다. 한국의 대중국 수출 10대 품목을 MTI 3단위 기준으로 분석한 결과는 아래 〈표 5〉와 같다. 한국과 중국이 수교한 1992년에는 철강판이 대중국 수출 1위 품목이었으나, 1996년에는 합성수지가 1위를 차지하였다. 2000년, 2001년에는 석유제품이 1위를 차지하다가 2003년부터 2004년까지는 컴퓨터가 1위 품목을 차지하였다. 반도체가 1위 품목으로 처음 등극하게 된 해는 2005년으로, 2008년까지 4년간 대중 수출 1위를 차지하였다. 그러나 2009년부터 2013년까지의 5년 동안에는 평판디스플레이 및 센서가 반도체를 제치고 1위를 차지하였다. 그러다가 다시 2014년부터 2021년까지는 반도체가 대중수출 품목 1위를 계속 유지하고 있다. 최근 10년 동안 주요 대중 수출품목이 디스플레이에서 반도체로 이동했음을 알 수 있다.

〈표 5〉 한국의 대중국 수출 품목(MTI 3단위)

순위	1992	1996	2001	2006	2011	2016	2021
1	철강판	합성수지	석유제품	반도체	평판디스플레이 및 센서	반도체	반도체
2	합성수지	석유제품	합성수지	석유제품	반도체	평판디스플레이 및 센서	합성수지
3	선재봉강 및 철근	가죽	철강판	컴퓨터	석유제품	무선통신기기	평판디스플레이 및 센서
4	가죽	철강판	전자관	무선통신기기	합성수지	합성수지	석유제품
5	인조섬유	인조섬유	컴퓨터	합성수지	자동차부품	석유화학중간원료	광학기기
6	인조장섬유 직물	인조장섬유 직물	가죽	평판디스플레이 및 센서	석유화학합섬원료	자동차부품	무선통신기기
7	종이제품	섬유 및 화학기계	석유화학합섬원료	석유화학합섬원료	무선통신기기	석유제품	석유화학중간원료
8	섬유 및 화학기계	기타직물	기타직물	광학기기	석유화학중간원료	컴퓨터	비누치약 및 화장품
9	석유제품	종이제품	무선통신기기	자동차부품	철강판	기초유분	반도체 제조용장비
10	기타석유화학제품	편직물	음향기기	철강판	기초유분	철강판	컴퓨터

출처 : 한국무역협회(kita.net)

한국의 대중국 수입 10대 품목을 MTI 3단위 기준으로 분석한 결과는 아래 〈표 6〉와 같다. 한국과 중국이 수교한 1992년에는 식물성물질이 대중국 수출 1위 품목이었으나, 1996년에는 의류가 1위를 차지하였다. 2000년부터 의류가 1위를 차지하고 2003년까지 유지하다가, 2004년부터 컴퓨터가 1위 품목에 오르면서 2007년까지 유지되었다. 반도체가 1위 품목으로 처음 등극하게 된 해는 2009년으로, 2021년까지 무려 13년 동안 대중 수입 1위를 차지하였다. 이 기간 동안 2위 품목은 컴퓨터 또는 무선통신기기가 차지하였다. 현재의 반도체 위주 무역구조는 글로벌 금융위기 이후인 2009년부터 고착화된 것으로 볼 수 있다.

〈표 6〉 한국의 대중국 수입 품목(MTI 3단위)

순위	1992	1996	2001	2006	2012	2017	2022
1	식물성물질	의류	의류	컴퓨터	반도체	반도체	반도체
2	원유	합금철선철 및 고철	컴퓨터	반도체	컴퓨터	컴퓨터	컴퓨터
3	인조단섬유직물	원유	석탄	의류	철강판	무선통신기기	정밀화학원료
4	시멘트	석탄	반도체	철강판	평판디스플레이 및 센서	철강판	무선통신기기
5	석탄	인조단섬유직물	정밀화학원료	산업용전기기기	산업용전기기기	정밀화학원료	산업용전기기기
6	견직물	석유제품	어류	전자응용기기	의류	산업용전기기기	철강판
7	곡실류	강반제품 및 기타철강제품	음향기기	무선통신기기	정밀화학원료	의류	의류
8	정밀화학원료	정밀화학원료	산업용전기기기	알루미늄	무선통신기기	평판디스플레이 및 센서	건전지 및 축전지
9	면직물	철강판	식물성물질	석탄	기타중전기기	선재봉강 및 철근	자동차부품
10	기타농산물	음향기기	석유제품	정밀화학원료	기구부품	자동차부품	가구

출처 : 한국무역협회(kita.net)

연도별 수출입 품목을 자세하게 분석하기 위해서, 〈표 7〉에서는 지난 30년 동안 한국의 대중국 수출입 1위 품목 변화를 정리하였다. 1992년 한중수교 당시에는 철강판, 합성수지등을 수출하고 식물성 물질, 원유 등을 수입하는 산업간 무역이 주를 이루었으나, 2004년부터 컴퓨터, 반도체, 평판 디스플레이 등의 산업 내 무역으로 구조가 전환되었다. 특히, 2014년부터는 수출과 수입 1위를 모두 반도체가 차지하면서 반도체 산업 내 무역이 고착화되었다. 이러한 변화는 중국제조 2025, 7대 신흥전략산업, 공급측 개혁, 12,13차 5개년계획 등의 중국이 실시한 다양한 산업구조 고도화 정책에 기인한다. 중국의 산업구조가 점차 고도화되면서 한국이 중국에 비해 비교우위를 지니고 있는 반도체, 평판 디스플레이 산업으로 점차 자연스럽게 이동하였다.

〈표 7〉 한국의 대중국 수출입 1위 품목 변화

연도	대중국 수출 1위 품목		대중국 수입 1위 품목	
	1위 품목	2위 품목	1위 품목	2위 품목
1992	철강판	합성수지	식물성 물질	원유
1993	철강판	자동차	식물성 물질	인조단섬유직물
1994	합성수지	가죽	식물성 물질	인조단섬유직물
1995	합성수지	가죽	합금철선철 및 고철	인조단섬유직물
1996	합성수지	석유제품	의류	합금철선철 및 고철
1997	합성수지	석유제품	원유	합금철선철 및 고철
1998	합성수지	석유제품	식물성물질	석탄
1999	합성수지	석유제품	반도체	컴퓨터
2000	석유제품	합성수지	의류	컴퓨터
2001	석유제품	합성수지	의류	컴퓨터
2002	무선통신기기	컴퓨터	의류	컴퓨터
2003	컴퓨터	무선통신기기	의류	컴퓨터
2004	컴퓨터	무선통신기기	컴퓨터	의류
2005	반도체	컴퓨터	컴퓨터	의류
2006	반도체	석유제품	컴퓨터	반도체
2007	반도체	평판디스플레이 및 센서	컴퓨터	철강판
2008	반도체	석유제품	철강판	반도체
2009	평판디스플레이 및 센서	반도체	반도체	컴퓨터
2010	평판디스플레이 및 센서	반도체	반도체	컴퓨터
2011	평판디스플레이 및 센서	반도체	반도체	컴퓨터
2012	평판디스플레이 및 센서	반도체	반도체	컴퓨터
2013	평판디스플레이 및 센서	반도체	반도체	컴퓨터
2014	반도체	평판디스플레이 및 센서	반도체	무선통신기기
2015	반도체	평판디스플레이 및 센서	반도체	무선통신기기
2016	반도체	평판디스플레이 및 센서	반도체	무선통신기기
2017	반도체	평판디스플레이 및 센서	반도체	컴퓨터
2018	반도체	평판디스플레이 및 센서	반도체	컴퓨터
2019	반도체	평판디스플레이 및 센서	반도체	컴퓨터
2020	반도체	합성수지	반도체	컴퓨터
2021	반도체	합성수지	반도체	컴퓨터

출처 : 한국무역협회(kita.net)

〈표 8〉에서는 2021년 한국의 대중국 무역 및 전체무역에서 차지하는 반도체 비중을 정리하였다. 2021년 기준으로 우리나라의 대중수출중 반도체 비중은 2010년 15.1%에서 2021년 30.8%로 큰 폭으로 증가하였다. 반도체 무역중에서 대중 비중은 2021년 39.21%로 매우 높은 비중을 차지하고 있다. 우리 나라가 대중국 반도체 무역에서 얻는 흑자가 269억 달러로 대중무역에서 얻는 전체 흑자인 243억 달러를 초과할 정도이다. 대중국 무역중 반도체 산업의 흑자가 대중 무역의 전체 흑자보다 26억 달러보다 많은 현상이 발생했는데, 이는 2021년에 처음으로 발생했던 현상이다. 반도체가 대중무역의 제1위 품목으로 올라선 2005년부터 2020년까지는 반도체 부문의 흑자가 대중무역 전체 흑자를 초과하는 현상은 발생하지 않았다.[4] 즉 작년부터 대중무역에 있어서 반도체 산업의 중요성은 어느 해보다 커졌으며, 앞으로는 점차 반도체 산업을 중심으로 하는 산업 내 무역이 대중무역의 핵심이 될 것이다.

〈표 8〉 한국의 대중국 무역 및 전체무역에서 차지하는 반도체 비중(2021년)

	항목	수출	수입	수지
대중무역 (억 달러)	대중 반도체	502	233	269
	대중 무역규모	1,629	1,386	243
전체무역 (억 달러)	전체 반도체	1,280	614	665
	전체 무역규모	6,444	6,151	293
반도체 비중	대중 무역 중 반도체 비율	30.8	16.8	110.6
	전체 무역 중 반도체 비율	19.8	3.7	226.9
	반도체 무역 중 대중 비중	39.21	37.9	40.4

출처 : 한국무역협회(kita.net)

---

4) 역대 대중무역에서 반도체 부문의 흑자가 가장 많았던 해는 2018년으로 359억 달러이다. 즉 반도체 산업의 흑자가 갑자기 많이 발생했던 현상이라기보다는 전체적인 대중무역 적자가 감소하면서 생긴 현상이라고 해석할 수 있다.

3. 가공단계별 변화

중국의 수입대체 전략은 1990년대 소비재를 중심으로 추진하였고, 2001년 WTO 가입이후에는 내수 시장 확대를 위해서 자본재와 중간재 중심으로 전환되었다. 이에 반해 한국의 대중 수출은 한중수교 초기부터 중간재 중심으로 시작되었고, 30년이 지난 지금까지도 그 구조를 유지하고 있는 매우 불균형한 상태이다. 중간재 비중이 1992년 76.89%에서 2021년 79.60%로 지난 30년 동안 거의 변함없이 유지되었다. 2011년 71.27%로 감소하였던 중간재 비율은 2010년대에 다시 증가하면서 2021년에는 79.60%로 다시 상승하였다. 향후 중간재 위주의 대중 무역은 중국의 정책에 따라 가공무역 수입이 감소할 전망이며, 이에 대비한 한국의 중장기적인 대중 수출전략 변화가 절실한 시점이다.

이에 반해 중국의 전체 수입품의 가공단계별 구성은 계속 변화를 보이고 있다. 2001년 소비재가 차지하는 비중이 4.4%에서 2021년 11.3%로 증가하였고, 중간재가 차지하는 비중은 2001년 62.4%에서 2021년 52.2%로 감소하고 있다. 글로벌 금융위기가 발생했던 2011년에 일시적으로 중간재 비율이 일시적으로 47.9%로 감소하였으나, 그 이후로는 완만하게 감소하고 있다. 이러한 소비재가 차지하는 비중이 증가하는 원인은 바로 중국이

〈표 9〉 한국의 가공단계별 대중국 수출구조

	연도	자본재	소비재	중간재	1차 산품 및 기타
구성 (%)	1992	6.97	3.03	76.89	13.10
	1996	14.93	5.91	78.76	0.4
	2001	11.13	5.09	83.41	0.36
	2006	16.70	3.29	79.27	0.73
	2011	24.17	3.90	71.27	0.66
	2016	20.05	5.64	73.93	0.39
	2021	13.86	5.41	79.60	1.13

출처 : 한국무역협회(kita.net)에서 저자 계산

수출과 투자 중심에서 소비 중심으로 전환하면서 자국의 소비시장이 크게 증가했기 때문이다.

〈표 10〉 중국의 가공단계별 수입품 구성

(%)	2001	2006	2011	2016	2021
중간재	62.4	57.7	47.9	55.5	52.2
자본재	20.6	19.5	15.7	14.2	11.3
소비재	4.47	4.2	6.5	9.5	11.3
1차 산품	12.4	18.9	29.7	20.6	26.8

출처 : UN Comtrade에서 BEC 방식으로 저자 계산

Ⅳ. 한중 무역의 GVC 변화

글로벌 가치사슬(Global Value Chain)은 생산방식의 세계화로 인해서 여러 국가의 자원과 노동이 결합되어 상품이 생산되는 과정을 의미한다. 본 연구에서는 국제 산업연관표를 이용한 수출 부가가치 분해를 통해서 한국과 중국의 글로벌 가치사슬 구조 변화를 분석한다. 국제산업연관표는 국가간 중간재 이동이 활발해 지면서 중복계산 비중 등의 문제점을 해결하기 위해서 등장한 표이다. 기본적으로 국가와 산업간 공급과 사용 구조에 관한 정보를 담고 있으며, 중간재 수요와 최종 수요로 크게 구분된다.

〈그림 6〉에서 보는 바와 같이, 부가가치 비중을 알아보기 위해서 EORA 자료를 활용하여 분석하였다. EORA 다지역투입산출표(MRIO)는 187개 국가의 1990년부터 2015년까지의 자료를 가지고 있어서 부가가치 비중 변화를 분석하는 데에 유용하여 선택하였다.[5] 〈그림 7〉은 2001년과 2015년 한국의 대중국 수출을 분석하여 한국 수출 파트너들의 부가가치 비중

---

5) EORA-MRIO는 군소 개도국을 포함한 189개국이나 다루고 있는 장점이 있으나, 신뢰성이 상대적으로 낮다는 단점이 있다.

을 나타내고 있다. 2001년에는 일본(7.8%), 미국(5.2%), 중국(2.9%), 인도
네시아(1.5%), 독일(1.4%) 등의 순서대로 부가가치 비중을 구성하고 있었
으나, 2015년에는 중국(7.4%), 일본(5.1%), 미국(3.3%), 인도네시아(2.3),
호주(1.5%) 등의 순서대로 부가가치 비중을 구성하고 있다. 2001년에 비
해서 2015년에는 일본의 부가가치 비중을 감소하고 중국의 부가가치 비중
이 2.9%에서 7.4%로 상승하였다.

〈그림 6〉 한국의 대중국 수출 : 한국 수출 파트너들의 부가가치 비중(2001년)

〈그림 7〉 한국의 대중국 수출 : 한국 수출 파트너들의 부가가치 비중(2015년)

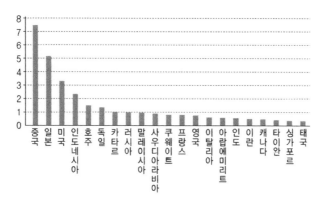

출처 : EORA자료를 활용하여 저자 계산

〈그림 8〉과 〈그림 9〉는 2001년과 2015년 중국의 대한국 수출(한국의 대중국 수입)을 분석하여 중국 수출 파트너들의 부가가치 비중을 나타내고 있다. 2001년에는 일본(3.3%), 미국(1.8%), 한국(1.3%), 독일(1.0%), 프랑스(0.4%) 등의 순서대로 부가가치 비중을 구성하고 있었으나, 2015년에는 일본(1.8%), 한국(1.6%), 미국(1.2%), 독일(1.0%), 호주(0.5%) 등의 순서대로 부가가치 비중을 구성하고 있다. 2001년에 비해서 2015년에는 일본의 부가가치 비중은 감소하고 한국의 부가가치 비중이 1.3%에서 1.6%로 상승하였다.

〈그림 8〉 중국의 대한국 수출 : 중국 수출 파트너들의 부가가치 비중(2001년)

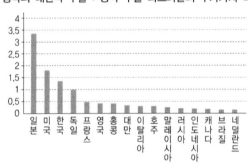

〈그림 9〉 중국의 대한국 수출 : 중국 수출 파트너들의 부가가치 비중(2015년)

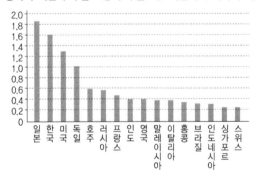

출처 : EORA자료를 활용하여 저자 계산

본 연구는 ADB-MRIO 2007~2019 데이터를 활용하여 분석한다. ADB
-MRIO는 62개국과 나머지국가(The rest of the world)의 35개 산업으로
구성되어 있으며, 기간은 2000년과 2007~2019년 자료이다. 최신 자료로
업데이트되어 있으며, 산업분류는 ISIC Rev 3.1를 따른다.[6] Borin et el.
(2021)은 ICIO(Inter-Country Input-Output)이라는 글로벌 가치사슬(GVC)
을 분석할 수 있는 새롭고 포괄적인 방법을 제시하였다. 즉 국가 - 산업
부문에 대한 GVC 참여를 측정하면, 국내와 해외, 수요와 공급, 전통 무역
에서 유래한 부문, GVC 참여로 유래한 부문 등의 잠재적 충격에 대한
노출에 대해서 중요한 사실을 알 수 있다고 주장하였다. GVC 통합이 증
가할수록 국내에서 받는 충격과 전통 무역과 관련된 충격에 대한 노출은
동시에 감소하는 동시에, 대외에서 오는 충격에 대한 노출을 증가한다고
분석하였다. 본 연구는 Borin et el. (2021)이 제시한 방법에 따라 GVC
분석을 실시한다.

본 연구는 Belotti et al.(2020)에 따라 부가가치를 따로 분석한다. 〈그림
10〉과 같이, 국가의 총수출은 각 부품을 처음 생산한 국가에 의해서 분리
할 수 있다. 생산국가 자체에서 비롯된 부분을 '수출의 국내 항목(Domestic
content of exports, DC)'라고 하고, 나머지 부분을 '수출의 해외 항목
(Foreign content of exports, FC)'라고 정의한다. '수출의 국내 항목(DC)'는
국내부가가치(Domestic value-added, DVA)와 국내중복계산(Domestic Double
Counted, DDC)으로 나누어진다. 국내부가가치(DVA)는 직접 수입국 혹은
제3국으로 수출되어 최종소비(absorb)된 부가가치를 의미한다. 중복계산
(Double counting)은 같은 부가가치가 생산과정에서 여러 차례 국경을 넘나
들면서 총수출액에 여러 번 반영되는 값을 지칭한다. '수출의 해외 항목

---

6) 62개국을 제외한 기타 국가들(RoW, Rest of the World)에 대해서 개별 국가들끼리의
   교역 규모를 알 수 없다는 단점이 있다.

(FC)'는 해외부가가치(Foreign value-added, FVA)와 해외중복계산(Foreign Double Counted, FDC)으로 나누어진다. 해외부가가치(FVA)는 수출에 포함된 부가가치로, 수출품 생산에 포함된 직접 수입국 혹은 제3국으로부터 조달받은 중간재를 의미한다.

Koopman et al.(2014)의 개념을 바탕으로 하여 Borin과 Mancini(2019) 가 확장한 개념을 사용한다. 부가가치수출(VAX)은 총수출에 내재된 국내 부가가치의 하위 구성요소이며, 반영(Reflection, REF)은 국내로 재수입되는 DVA이다. Borin과 Mancini(2015)는 수출에서 직접적으로 최종 소비된 (absorbed) 부가가치(DAVAX)로부터 직접 최종 소비된 부분과 제3국으로 재수출되는 부분에서 부가가치수출(VAX)을 어떻게 분류되는 지를 보여주고 있다. 이는 GVC와 관련된 수출을 식별하는 데에 매우 유용하다.

〈그림 10〉 수출 부가가치 분해

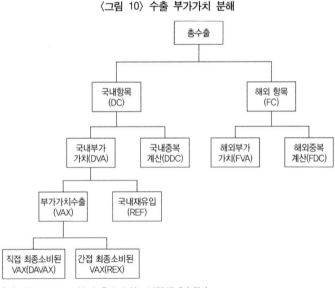

출처 : Koopman et al.(2014), Borin과 Mancini(2015)에서 정리

〈표 11〉에서는 한국의 대중국 수출의 부가가치 분해와 가치사슬 참여 도를 보여주고 있다. 부가가치수출(VAX)는 2007년 66.61%에서 2011년 45.39%까지 떨어졌다가 다시 2019년 67.85%를 유지하고 있다. 직접적으로 최종 소비된 VAX(DAVAX)는 2007년 42.34%에서 2019년 55.38%으로 상승하였다. DAVAX가 상승함은 점차 중간재 수출 형태의 GVC가 낮아짐을 의미한다. 즉 중국으로의 한국 수출이 '최종재 수출 → 최종재 소비' 또는 '중간재 수출 → 최종재 생산, 소비'의 형태로 전환되고 있다. 대중국 수출의 80%이상이 중간재 수출임을 감안하면, 결국 최종재 생산, 소비가 점차 증가하고 있다고 해석할 수 있다.

VAX와 DAVAX와의 차이는 2007년 24.27%에서 2019년 12.47%로 감소 하였다. VAX와 DAVAX의 차이가 클수록 중간재 수출 형태의 GVC 연계 성이 높기 때문에, 중간재 수출 형태의 GVC 연계성은 점차 감소하고 있 다고 해석할 수 있다. 해외부가가치(FVA)는 2007년 32.2%에서 2011년 41.15%까지 상승했다가 다시 2019년 31.23%로 하락하였다. 이는 생산의 해외 의존도가 낮아지고 있음을 반영하고 있다.

한국의 대중국 수출에 대한 GVC 참여율은 2007년 57.66%에서 2019년 44.62%로 감소하였다. 전방 참여도(GVCF)는 중간재의 총수출중 국내 부 가가치 투입 비중을 의미하고, 후방 참여도(GVCB)는 중간재의 총수출중 수입을 통한 해외 부가가치 투입 비중을 의미한다. 후방참여도(GVCB)는 2007년 32.64%에서 2011년 41.83%까지 상승했다가 2019년 31.77%로 2007년과 비슷한 수준을 유지하였다. 전방참여도(GVCF)는 2001년 25.02%에서 2019년 12.84%로 하락하였다. 즉 후방참여도는 그대로인 상 황에서 전방참여도는 지속적으로 하락하고 있다. 이는 중국에 대한 수출 구조인 중간재 수출 형태가 상대적으로 점차 GVC 연계성이 낮아지는 것 으로 해석할 수도 있다.

위와 같은 결과는 WTO(2020)의 GVC 통계와도 비슷하다. WTO(2020)

는 2018년 한국의 GVC 참여도는 53.5%로 분석했으며, 후방참여도(32.0%)가 전방참여도(21.5%)보다 높은 것으로 결론지었다. GVC의 주요 수출국 1순위는 중국(31.9%)이며, 주요 수입국 1순위는 중국(16.3%)이었다.

〈표 11〉 한국의 대중국 수출 가치사슬 참여도(2007~2019년)   단위 : %

	총수출액 (억 달러)7)	총수출의 부가가치 분해				가치사슬 참여도		
		DVA	VAX	DAVAX	FVA	GVC	GVCB	GVCF
2007	831	67.36	66.61	42.34	32.20	57.66	32.64	25.02
2008	1,022	59.91	59.26	39.60	39.54	60.40	40.09	20.31
2009	965	64.33	63.88	49.18	35.21	50.82	35.67	15.15
2010	1,225	62.85	62.44	48.05	36.63	51.95	37.15	14.80
2011	1,531	58.17	57.78	45.39	41.15	54.61	41.83	12.79
2012	1,538	59.51	59.15	46.52	39.88	53.48	40.49	12.99
2013	1,630	62.60	62.21	49.20	36.80	50.80	37.40	13.39
2014	1,683	65.05	64.60	49.72	34.36	50.28	34.95	15.34
2015	1,562	63.70	63.27	49.58	35.92	50.42	36.30	14.11
2016	1,549	65.80	65.37	50.74	33.80	49.26	34.20	15.06
2017	1,687	66.75	66.26	51.04	32.63	48.96	33.25	15.71
2018	2,195	68.97	68.55	56.13	30.68	43.87	31.03	12.84
2019	1,768	68.23	67.85	55.38	31.23	44.62	31.77	12.84

출처 : ADB-MRIO를 이용하여 저자 계산

〈표 12〉에서는 중국의 대한국 수출의 부가가치 분해와 가치사슬 참여도를 보여주고 있다. 부가가치수출(VAX)는 2007년 73.91%에서 2011년 71.02%까지 떨어졌다가 다시 2019년 78.50%로 상승하였다. 직접적으로 최종 소비된 VAX(DAVAX)는 2007년 54.23%에서 2019년 58.31%로 상승하였다. DAVAX가 상승함은 점차 중간재 수출 형태의 GVC가 낮아짐을 의미한다. 즉 중국의 한국 수출이 '최종재 수출→ 최종재 소비' 또는 '중간재 수출→ 최종재 생산, 소비'의 형태로 전환되고 있다.

---

7) 제조업과 서비스업을 모두 포함된 수출금액임.

〈표 12〉 중국의 대한국 수출 가치사슬 참여도(2007~2019년)   단위 : %

	총수출액 (억 달러)	총수출의부가가치 분해				가치사슬 참여도		
		DVA	VAX	DAVAX	FVA	GVC	GVCB	GVCF
2007	543	77.39	73.91	54.23	21.67	45.77	22.61	23.16
2008	711	77.85	73.29	49.09	21.18	50.91	22.15	28.76
2009	509	80.92	75.11	52.62	18.34	47.38	19.08	28.29
2010	677	78.73	72.16	49.00	20.20	51.00	21.27	29.73
2011	948	78.47	71.02	45.82	20.40	54.18	21.53	32.65
2012	920	79.98	72.59	46.98	18.94	53.02	20.02	33.00
2013	995	79.91	71.94	46.61	18.86	53.39	20.09	33.30
2014	1,020	81.99	74.18	49.17	16.96	50.83	18.01	32.81
2015	994	84.31	76.27	50.27	14.74	49.73	15.69	34.04
2016	916	84.94	76.65	51.03	14.19	48.97	15.06	33.91
2017	1,024	84.24	76.46	53.56	14.84	46.44	15.76	30.67
2018	1,122	84.88	76.15	57.13	14.26	42.87	15.12	27.75
2019	1,092	86.07	78.50	58.31	13.22	41.69	13.93	27.76

출처 : ADB-MRIO를 이용하여 저자 계산

VAX와 DAVAX와의 차이는 2007년 19.68%에서 2019년 20.19%로 비슷하다. VAX와 DAVAX의 차이가 클수록 중간재 수출 형태의 GVC 연계성이 높기 때문에, 중간재 수출 형태의 GVC 연계성은 계속 유지되고 있다. 해외부가가치(FVA)는 2007년 21.67%에서 2019년 13.22%로 지속적으로 하락하였다. 이는 생산의 해외 의존도가 낮아지고 있음을 반영하고 있다.

중국의 대한국 수출에 대한 GVC 참여율은 2007년 45.77%에서 2019년 41.69%로 하락하였다. 후방참여도(GVCB)는 2007년 22.61%에서 2019년 13.93%로 하락한 반면, 전방참여도(GVCF)는 2001년 23.16%에서 2019년 27.76%로 상승하였다. 정상준(2022)은 전방참여가 높을 경우 해외 수요의 증가가 자국의 성장 동력이 되지만 동시에 해외 수요 충격에 취약할 수 있다고 지적하였다. 후방참여가 높을 경우 국내 자원의 효율적 사용과 해외의 기술 및 노하우에 대한 접근성을 높일 수 있는 동시에 수입품 공급

충격에 취약해지는 양면성을 갖는다. 따라서 전후방 참여 중 어느 특정방향의 참여가 더 바람직한 지는 각국의 산업별 특성에 다르게 판단할 문제라고 주장하였다. 따라서 한중 무역의 전방참여도와 후방참여도에 대해서 신중한 판단이 필요하다.

V. 결론 및 전망

1. 결론

본 논문은 한중수교이후 한중교역 30년의 변화와 특징을 분석하였다. 지난 30년 동안 한중 교역규모가 약 47배 증가하고, 중국이 차지하는 비중이 1992년 3.52%에서 2021년 25.28%로 크게 증가하는 양적인 성장이 있었다. 수교 초기에는 단순한 경공업에서 시작한 무역이 중화학을 거쳐서 반도체, 디스플레이 등의 고부가가치 품목으로 빠르게 전환되었다. 수출품목이 반도체 중심의 산업 내 무역으로 전환되면서 글로벌 반도체 수요에 민감하게 되었다. 30년 한중교역의 특징을 요약해 보면, 다음과 같다.

첫째, 한중수교 이후 30년 동안 한국과 중국은 서로 윈-윈하는 구조로 발전해 왔으나, 중국 정부의 전략과 통상환경의 변화로 인해서 고착화된 구조가 변화할 가능성이 매우 크다. 과거 30년 동안 한국의 대중국 수출은 60배 증가하였고, 한국의 대중국 수입은 37배 증가하였다. 한국과 중국은 수출액 기준으로 1992년 한중수교 당시 세계 순위 한국 12위, 중국 11위였으나, 2021년에는 한국 7위, 중국 1위로 급상승하였다. 폭발적으로 증가한 한중무역은 2010년대에 정체되기 시작했으며, 2010년대 이후로 대중 무역흑자는 감소하고 있다. 대중국 무역흑자는 2013년에 최대인 628억 달러를 기록했으나 2021년에는 243억 달러로 지속적으로 감소하고 있다. 이는 중국 정부의 가공무역 축소, 수입대체 전략, 재중 한국 기업의 현지 생산 강화로 인한 중간재 교역의 감소가 원인으로 지목되고 있다. 한국 수출의 중국 의존도는 10년째 제자리인 반면에, 수입의 중국 비중이 계속 증가하고 있다. 이러한 추세가 지속된다면, 향후 그동안 한국이 누렸던 대중국 흑자는 감소되거나 적자로 전환된 가능성이 그 어느 때보다도 높다.

둘째, 2008년 글로벌 금융위기이후에 한국의 수출증가율과 중국의 수출 증가율간에 동조화 현상이 매우 뚜렷하게 관찰되면서, 중국 수출과의 의존도는 점차 커지고 있다. 2008년 글로벌 금융위기 이전에는 한국과 중국의 수출증가율이 같은 움직임을 보이고 있으나, 한국의 수출증가율이 중국보다 낮은 경향을 보이고 있었다. 그러나 2008년 글로벌 금융위기 이후로는 한국의 수출증가율과 중국의 수출증가율이 거의 같이 움직이는 동조화 현상이 점차 뚜렷해지고 있다. 점차 한국 수출의 대중국 수출 의존도가 커지고 있다.

셋째, 한중무역은 한중수교 이후 30년 동안 산업간 무역에서 산업 내 무역으로 완전하게 전환되었고, 반도체 산업 위주로 재편되었다. 1992년 당시에는 철강판이 대중국 수출 1위 품목이었으나, 2005년부터 반도체가 1위 품목으로 올라서면서 2014년부터 2021년까지 반도체가 대중 수출 품목 1위를 계속 유지하고 있다. 한국의 대중국 수입 품목에서도 2009년에 반도체가 처음으로 1위를 차지하면서 2021년까지 13년 동안 1위를 유지하고 있다. 이러한 반도체 위주의 무역구조는 글로벌 금융위기 이후인 2009년부터 고착화되었고, 우리나라의 대중수출 중에서 반도체 비중은 2010년 15.1%에서 2021년 30.8%로 크게 증가하였다. 2021년 우리나라가 대중국 반도체 무역에서 얻은 흑자가 269억 달러로 대중무역 전체흑자인 243억 달러를 넘어설 정도로, 대중무역은 이미 반도체 산업 위주로 고착화되었다.

넷째, 향후에는 중국이 수출과 투자 중심에서 소비 중심으로 전환되고 자국의 소비 시장이 크게 증가하면서, 중간재 교역 구조의 대중국 수출은 한계에 봉착할 것이다. 중국 정부의 수입대체 전략에 따라 중국 전체 수입품의 가공단계별 구성에서 소비재가 차지하는 비중은 2001년 4.4%에서 2021년 11.3%로 증가하였고, 중간재가 차지하는 비중도 2001년 62.4%에서 2021년 52.2%로 감소하고 있다. 그러나 대중 수출의 중간재 비중은 1992년 76.89%에서 2021년 79.60%로 거의 변함없이 유지되고 있다.

다섯째, 한중무역의 국가별 부가가치 비중에서도 서로간의 부가가치 비중이 상승하였다. 한국의 대중국 수출 부가가치 비중에서 중국의 비중이 2.9%에서 7.4%로 상승하였고, 중국의 대한국 수출에서 한국의 부가가치 비중이 1.3%에서 1.6%로 상승하였다.

여섯째, 한국의 대중국 수출 GVC 분석에 의하면, 중국에서의 최종재 생산, 소비가 점차 증가하고 있다. Belotti et al.(2020)에 따라 부가가치 분해 분석을 실시한 결과, 부가가치수출(VAX)는 2007년 66.61%에서 2019년 67.85%를 유지하고 있으나, 직접적으로 최종 소비된 VAX(DAVAX)는 2007년 42.34%에서 2019년 55.38%으로 상승하였다. 또한 VAX와 DAVAX와의 차이가 2007년 24.27%에서 2019년 12.47%로 감소한 결과, 중간재 수출 형태의 GVC 연계성은 점차 감소하고 있음을 발견하였다.

일곱 번째, 대중국 수출구조인 중간재 수출이 점차 글로벌가치사슬(GVC) 연계성이 낮아지고 있음을 확인하였다. 한국의 대중국 수출에 대한 GVC 참여율은 2007년 57.66%에서 2019년 44.62%로 감소하였다. 후방참여도가 전방참여도에 비해서 높은 수준이다. 후방참여도는 2007년 32.64%에서 2011년 41.83%까지 상승했다가 2019년 31.77%로 2007년과 비슷한 수준을 유지하였다. 전방참여도는 2001년 25.02%에서 2019년 12.84%로 하락하였다. 즉 후방참여도는 그대로인 상황에서 전방참여도는 지속적으로 하락하고 있다.

여덟 번째, 중국의 대한국 수출 GVC 분석에 의하면, 한국으로의 중국 수출이 최종재 생산, 소비의 형태로 전환되고 있다. VAX와 DAVAX와의 차이가 2007년 19.68%에서 2019년 20.19%로 비슷하게 유지되면서 중간재 수출 형태의 GVC 연계성은 계속 유지되고 있다. 해외부가가치(FVA)가 2007년 21.67%에서 2019년 13.22%로 지속적으로 하락한 것으로 보아, 생산의 해외 의존도가 점차 낮아지고 있다.

2. 전망 및 시사점

본 연구의 주요 전망 및 시사점은 다음과 같다. 첫째, 한중수교 이후의 한중 무역 변화를 간단히 정리하자면, 한국과 중국은 서로가 윈-윈하는 구조로 함께 성장하였다. 그러나 현재의 대중 수출구조는 고착화된 지 10년이 되었으며, 국내외의 통상환경 변화로 인해서 앞으로는 많은 변화가 예상되면서 과거와는 다른 대전환기에 직면할 가능성이 높다.[8] 특히 중국에 대해서 막대한 무역 흑자를 누렸던 시대가 저물어 가고 적자로 전환될 가능성이 높다. 2022년 상반기 무역 흑자를 살펴보면, 적자 가능성은 더욱 높아지고 있다. 이를 반영하듯이 2022년 상반기 대중 무역수지는 41억 8000만달러 흑자로 아직까진 반기 흑자 기조를 유지했지만 지난해 상반기 (116억3600만 달러)의 절반에도 못 미치지 못하고 있다.

둘째, 한중 무역이 새로운 전환기에 진입하게 되면서 자유로운 무역과 투자 환경 조성을 위한 제도적인 기반이 중요하게 되었다. 따라서 2018년 3월부터 시작된 한중 FTA의 서비스·투자의 2단계협상이 새로운 변화에 맞게 추진되어야 한다. 상품 무역 변화에 따라서 새로운 기준에 맞는 서비

---

8) '한·중국 자유무역협정(FTA) 이행상황 평가보고서'에 따르면 한국의 대중 무역흑자는 한중 FTA 발효 전(2011~2015년) 평균 532억 달러에서 발효 후(2016~2020년) 380억 달러로 28.6% 감소했다.

스 무역 자유화를 추진하여 한중 무역의 새로운 기회로 작용할 수 있게 해야 한다. GVC 분석에 따른 중간재 수출 형태의 GVC 연계성은 점차 감소하고 있는 현실에서, 서비스 분야의 개방을 확대하고 새로운 협력 모델과 협력다원화를 추진해야 한다. 이를 통해서 한중간의 서비스 무역이 양자간 무역에 비중이 확대되고 새로운 형태의 서비스 무역 활성화를 추진해야 한다.

셋째, 한중 무역은 향후 반도체 산업을 중심으로 재편될 것이며, 양자간의 문제가 아닌 글로벌 다자간의 문제로 확대되면서 한국의 경제안보 전략이 매우 중요해질 것이다. 예를 들면, 미국은 2022년 5월 23일 IPEF(인도태평양경제프레임워크)을 출범시켰다.[9] 미국, 한국, 일본, 호주, 뉴질랜드, 인도, 브루나이, 인도네시아, 말레이시아, 필리핀, 싱가포르, 태국, 베트남 등의 13개국이 참여하여 연결된 경제, 회복력 있는 경제, 청정경제, 공정한 경제의 4대 핵심 의제도 확인하였다.[10] 현재는 구체적인 운영방식도 정해지지 않아서 모호한 점들이 여전히 존재하지만, 18개월 이내로 장관급 회의를 통해서 정식으로 출범시킬 예정이다. 한국 정부는 미국이 주도하는 새로운 경제통상 협력체인 IPEF에 적극 참여하여 새로운 시대에 걸맞는 규범제정자(rule maker)로 나아가야 할 것이다.

---

9) 첫째, 연결된 경제(Connected Economy)에서는 데이터의 국경간 이동과 보호, 데이터 지역화, 첨단 디지털기술에 대한 국제 표준뿐만 아니라 무역원활화, 규제, 경쟁, 농업, 노동, 환경 등의 방대하고 전문적인 내용들을 포함하고 있다. 둘째, 회복력 있는 경제(Resilient Economy)에서는 주로 주요 원자재, 반도체, 핵심 광물 및 청정에너지 기술에 관련된 탄력적이며 통합적인 공급망 구축을 목표로 하고 있다. 셋째, 청정경제(Clean Economy)에서는 제로 청정에너지, 탈탄소, 사회 인프라를 통해서 기후변화에 대응하기로 하였다. 넷째, 공정한 경제(Fair Economy)에서는 탈세와 부패를 막기 위한 노력을 제시하면서 효과적인 세금부과, 돈세탁 방지, 뇌물방지제도 이행 등을 다루고 있다.

10) https://www.whitehouse.gov/briefing-room/statements-releases/2022/05/23/fact-sheet-in-asia-president-biden-and-a-dozen-indo-pacific-partners-launch-the-indo-pacific-economic-framework-for-prosperity/ (검색일: 2022.05.25)

| 참고문헌 |

남수중·왕윤종·박순찬·박승찬·조정원·김정인·최종석·오대원·유정원, 『한·중 경제협력의 새로운 도약을 위한 정책과 비전』, 대외경제정책연구원 연구보고서 18-30, 2018.

이장규·양평섭·이현태·오종혁·조고운·김시중·김부용·김권식·문익준·이창수·정영록, 『중국경제의 구조변화와 한국경제에 대한 시사점』, 중국종합연구, 2016.

이현태·최장호·최혜린·김영선·오윤미·이준구, 『중국의 제조업 발전 현황과 한국의 대응방안』, 대외경제정책연구원, 2017.

지만수, 『대중수출 둔화의 구조적 원인과 대응전략 : 수입대체와 생산기지 이전효과』, KIF 연구보고서 2017-07, 한국금융연구원, 2017.

김선진·이윤정, 「대중 수출의 구조적 특징과 시사점」, 『BOK 이슈노트』, 제2021-28호, 2021.

박정수·이상현·이순학·최은희·이홍식, 「제조업서비스업의 해외진출을 위한 한중 산업협력 방안」, 산업연구원, 2019.

양평섭, 「한국의 대중국 무역수지 변화와 시사점」, kiep 오늘의 세계경제, Nol17, No24. 대외경제정책연구원, 2017.

오래은·이홍배, 「한중간 수출경쟁력 변화와 구조적 특징 고찰」, 『중국지역학회』, 제9권 제1호(통권22호), 2022.

오혁중·곽노성, 「역내외 밸류체인과 부가가치 교역구조 분석을 통한 Asia Decoupling 가설 검증」, 『한국경제지리학회지』, 제22권 제4호, 2019.

전보희·조의윤, 「한·중 수교 30년 무역구조 변화와 시사점」, 『Trade Focus』, 38호, 한국무역협회, 2021.

정상준, 「국제무역에 따른 국가간 부가가치의 전유: 금융산업의 글로벌 가치사슬과 다국적 기업」, 『사회경제평론』, 통권 제67호, 2021.

현상백·나수엽·김영선·전수경, 「한·중 수교 25주년: 경제협력 성과 및 과제」, kiep 오늘의 세계경제, Vol.17 No.26, 2017.

Asian Development Bank, "Global Value Chain Development Report 2021 : Beyond Production", 2021.

Alesandro Borin Michele Mancini Daria Taglioni, "Measuring Exposure to Risk in Global Value Chains", Policy Research Working Paper 9785, 2021.

Belotti, F., Borin, A., and Mancini, M. "icio: Economic Analysis with Inter-Country Input-Output tables in Stata", Policy Research working paper, World Bank, World Development Report 2020, 2020.

Borin, A. and M. Mancini, "Follow the value added: bilateral gross export accounting", Economic Working Papers No.1026, Bank of Italy, 2015.

Borin, A. and M. Mancini, "Measuring What Matters in Global ValueChains and Value-Added Trade", Policy Research working paper. no. WPS8804; WDR 2020 Background Paper. Washington, D.C.: World Bank Group, 2019.

WTO, "Trade in Value Added and Global Value Chain : statistical profiles", 2020.

Koopman, R., Z. Wang and S. Wei, "Tracing Value-Added and Double Counting. in Gross Exports.", *American Economic Review*, 104(2), 2014.

무역협회 싸이트(Kita)

UN Comtrade 싸이트

https://www.whitehouse.gov/briefing-room/statements-releases/2022/05/23/fact-sheet-in-asia-president-biden-and-a-dozen-indo-pacific-partners-launch-the-indo-pacific-economic-framework-for-prosperity/ (검색일: 2022.05.25)

1990년 이후 개혁기 중국 도시 사회관리의 변화

● 박철현 ●

I. 서론

1992년 중국은 '사회주의 시장경제 건설'을 국정목표로 제시하고 본격적인 개혁을 시작한다. 사실 1978년 이후 중국은 개혁기에 들어섰지만, 1980년대 개혁은 농촌개혁과 경제특구 건설에 집중되었고, 1990년대 들어서 비로소 중국 사회주의의 핵심내용이라고 할 국유기업, 단위체제, 복지체제가 집중된 도시에 대한 본격적인 개혁이 시작되면서 체제전환도 가속화된다.

1980년대 농촌개혁 내용은 농업생산의 자율성 증대와 향진기업 건설이었다. 기존 인민공사(人民公社) 체제에서 농업생산의 주체는 생산대(生産隊)라고 하는 집체(集體)였는데, 1978년 이후 개혁기에 들어서면서 국가는 인민공사를 해체하면서 농업생산의 주체를 '개별 가구(戶)'로 바꾸었다. 부부와 자식으로 구성된 개별 가구는 농업생산의 주체로서, 생산물의 선택, 생산 방법, 노동력 투입 등을 자율적으로 결정할 수 있게 되었다. 또한, 기존 인민공사의 생산대대(生産大隊)에 소속되어 농업생산에 필요한 철강, 기계, 비료, 시멘트 등을 생산하던 '사대기업(社隊企業)'이 1980

---

* 국민대학교 중국인문사회연구소 HK연구교수.

년대 들어서 식품, 장신구, 생필품 등의 경공업 제품을 생산하는 '향진기업(鄕鎭企業)'으로 변신하여, 당시 농촌에 있던 잉여노동력을 흡수하였다. 이러한 농촌개혁은 농촌소득 증대로 이어졌다.

아울러, 1970년대 말과 1980년대 동남연해(東南沿海) 지역에 설치된 5개 경제특구는 '체제 외(體制外) 개혁'을 진행하는 공간이었다. 비록 개혁개방을 선언했지만 여전히 기존의 계획경제체제가 지배적이며 사회문화적 경직성이 강고한 당시 중국 상황에서 체제 전체를 대상으로 하는 시장경제 실험이 가져올 부작용을 우려한 국가는 체제의 바깥에 특정한 공간을 설정하고 이곳에서 점진적인 시장경제 실험을 수행하여 그 성과를 확산시키기 위해서, '구체제의 저항'을 최소화 할 수 있는 동남연해 지역에 '체제외 개혁'을 진행할 수 있는 경제특구를 설치한 것이다.[1]

한편, 집체농업을 수행하던 인민공사의 해체와 도농 간 인구이동을 막는 호구제도(戶口制度)의 이완을 배경으로 1980년대 농민들의 도시이주가 시작되었으나 소규모에 그쳤고 도시로 이주한 농민들도 주로 당시 막 생겨나기 시작한 개체호 등의 소규모 사영기업(私營企業)에 취업하였으며, 도시호구를 가진 주민들은 주로 사회경제적 복지와 임금이 제공되는 국유부문에 취업해있었다.

따라서, 이러한 농촌과 달리 도시는 1990년대가 되어서야 비로소 본격적인 개혁이 시작된다. 도시개혁의 핵심내용은 국유기업 개혁, 단위체제 해체, 복지체제 해체 등이며, 이에 따라 도시 사회관리도 변화되기 시작한다.[2]

---

1) 1979년 7월 중국은 선전(深圳) 주하이(珠海) 산터우(汕頭) 샤먼(廈門)을 수출특구로 지정했고, 1980년 5월에는 명칭을 경제특구로 바꾸고, 1988년 4월에는 하이난(海南)을 추가로 경제특구로 지정한다. '체제외 개혁'에 관해서는 다음을 참고: 박철현, 「중국 발전모델 전환형 특구의 형성: 충칭 량장신구(兩江新區)에 대한 다중스케일 분석」, 『공간과사회』, 제26권 2호, 2016, 94-97쪽.

본 연구의 목적은 1990년 이후 도시개혁이 본격화되면서 시작된 도시 '사회관리'의 변화의 특징을 시기별로 분석하는 것이다. 사회관리는 국가 의 사회에 대한 관리를 의미하는 것으로 중앙과 지방의 각급 정부와 그 직능부문은 정치적 사회적 경제적 수단을 동원하여 사회에 대한 관리를 수행한다.

이러한 사회관리는 해당 시기 체제 전환의 특징을 반영하는데, 1949년 10월 건국 이후 1970년대 말까지는 국가가 사회에 대해 고도의 관제(管制: 관리와 통제)를 수행하던 '사회관제(社會管制)'의 시대라고 할 수 있다. 이 시기 도시주민은 단위(單位: 직장)에 소속되어 국가가 단위를 통해서 제공하는 사회경제적 복지를 누리면서도 해당 단위에 설치된 공산당 조직 을 통한 국가의 정치적 지배를 받았다.3) 개혁기인 1980년대 들어서서 시 장이 사회와 경제를 운용하는 핵심적인 기제가 되고 호구제도도 이완되면

----

2) 본 연구는 사회관리를 '사회관제(社會管制)' 및 '사회치리(社會治理)'와 구분되는 개념으로 사용하는데, 때에 따라서는 양자를 포함하는 상위 개념으로 사용하기도 한 다. 왜냐하면, 중국에서 사회관리 개념이 실제 사용되는 경우를 보면, 1990년대 중후반 등상한 사회치리와는 확실히 구분되어 사용되기도 하지만, 1949년 건국 이후 국가가 사회에 대해서 진행해온 실천과 제도를 의미하는 개념으로 사용되기도 하기 때문이다. 따라서 본 연구에서 사회관리는 사회관제 및 사회치리와 구분되는 개념이면서, 동시에 양자를 포함하여 국가가 사회를 각종 수단을 동원하여 조직 동원하려고 하는 실천과 제도를 의미하는 개념으로 사용된다. 사회관리와 사회치리의 개념 차이와 사회치리로 의 방향전환에 관해서는 다음을 참고. 나사기·백승욱, 「사회치리(社會治理)로 방향 전환을 모색하는 광둥성의 사회관리 정책」, 『현대중국연구』, 제17권 2호, 2016.
3) 개혁기 이전 사회주의 시기 단위를 통해서 제공되던 사회경제적 복지의 수준과 내용은 해당 기업의 '지위'에 따라서 큰 차이가 존재했던 것이 사실이다. 중앙정부가 소유한 '중앙기업(中央企業)'인 대형 국유기업, 지방정부가 소유한 '지방기업(地方企業)', 도시주민들이 스스로 설립한 '집체기업(集體企業)'이 제공하는 복지의 수준과 내용은 상당한 차이가 존재하여, 중앙기업에 소속된 주민들은 의료, 연금, 주택, 교육, 문화 등에서 높은 수준의 폭넓은 복지를 누렸지만, 지방기업과 집체기업 소속 주민들은 이보다 못한 복지를 제공받았다.

서 중국 도시는 조금씩 변화하기 시작하지만, 앞서 살펴본 것처럼 이 시기
는 개혁이 농촌개혁과 경제특구 건설에 집중된 시기였다.[4] 따라서, 1980
년대 도시에서는 기존의 사회관제가 기본 틀로서 유지되고 있었다.

1990년대 들어서 국유기업 개혁, 단위체제 해체, 복지체제 해체를 핵심
내용으로 하는 도시개혁이 본격화되면서 기존의 '사회관제'는 사실상 불
가능해지고, 사회관제를 대신하여 점차 '사회관리(社會管理)'가 등장한
다. 특히, 1990년대는 농민공을 핵심으로 하는 유동인구(流動人口)가 도
시로 유입되어 '숙인사회(熟人社會)'로 인식되던 도시의 인구학적 이질
성이 급속히 증가하던 시기였다.[5] 따라서 국가는 폭발적으로 증가하는
유동인구에 대응하여 '잠주증(暫住證)'과 '수용송환제도(收容遣送制度)'
등을 도입하여 유동인구의 단속에 나선다.[6]

2000년대는 2001년 세계무역기구(WTO) 가입 이후 매년 10%를 넘나드
는 GDP 성장률이 지속되는 한편, 개혁기 경제발전 과정에서 축적된 사회
적 불평등과 차별에 저항하는 노동자, 농민, 도시빈민 등의 저항이 '권익
수호(維權)'의 형태로 표출되자, 이에 대응하여 국가가 통치 안정성을 유
지하고자 하는 '안정유지(維穩)'가 중요한 국정목표로 대두된 시기였다.
이 시기 사회관리는 '사구(社區: 주거지역)'를 통해 국가가 주민을 조직

---

4) 물론 1980년대에도 도시에서 개체호(個體戶)라고 하는 소규모 자영업과 사영기업이
   생겨나기 시작했고, 이러한 민영경제(民營經濟) 부문에 취업하려는 농민들이 도시에
   이주하기도 했으나 소규모에 불과했다.
5) 유동인구는 중국 도시에서 해당 도시호구(城市戶口) 미소지자로서 거주 생활하는
   사람을 가리키는 것으로 주로 농촌에서 이주해 온 노동자인 '농민공(農民工)'을 가리
   킨다. '숙인사회'는 '익숙한 사람(숙인)'으로 이뤄진 사회를 가리키는 것으로, 사회주의
   시기 중국 도시는 동일한 단위(직장)에 취업하여 장기간 비슷한 사회경제적 복지를
   누리는 사람들로 이뤄진 사회였기 때문에, 해당 단위 동료들 사이에는 유사한 정체성
   이 만들어졌고, 이러한 정체성은 다른 단위의 주민들과는 구분되었고, 단위 내부에는
   숙인사회가 형성되었다.
6) '잠주증'과 '수용송환제도'에 관해서는 II장을 참고.

동원한다는 특징을 가졌다. 이 시기는 1990년대 말 시작된 사구건설이 본 격화되어 사회관리에 있어서 사구 내부의 다양한 행위자의 중요성이 본격 적으로 대두되는 시기였다. 기존 단위체제를 대신하여 등장한 사구는 '지 역별 사구모델'이 만들어질 정도로 해당 지역의 사회경제적 특징을 반영 하여 건설되었다. 2005년에는 베이징시 동청구에서 사구의 격자망화 관리 가 시작되어, 기층 사회관리에 중대한 변화가 나타났다.

2010년대에는 국가가 사회를 일방적으로 조직 동원하는 사회관리 개념 에서 점차 탈피하여, 일정한 영역 – 주로 사회경제적 복지 – 에 주민과 사 회조직의 일정한 참여가 허용되고 이러한 영역에서 국가와 사회가 함께 통치할 것을 강조하는 '사회치리(社會治理)' 개념이 등장하기 시작한다.[7] 또한, 중국의 정보통신기술이 비약적으로 발전하여, 'BAT(baidu, alibaba, tencent)'로 대표되는 중국 정보통신기술 기업들은 세계적인 지명도와 기 술력을 보유하게 되었고, 이러한 정보통신기술이 도시 사회관리에 활용된 '스마트시티(智慧城市)'가 등장하여 '사회관리의 정밀화'가 가능해졌다. 관련 산업발전, 공공서비스 제공, 사회관리의 정밀화를 목적으로 하는 스 마트시티는 중국 정부의 전폭적인 지원에 힘입어 전국적인 범위에서 건설 되었다. 이전 시기 등장한 격자망화 관리와 결합된 스마트시티는 2019년 말 시작되어 전 세계로 확산된 코로나19에 대응하여 방역관리 플랫폼으로 전환되었으며, 도시에는 국가 주도의 사구 중심 폐쇄식 방역체계가 구축 되었다.

본 연구는 1990년 이후 본격화된 도시 사회관리의 변화는 해당 시기 국가가 체제 전환이 초래한 사회경제적 정치적 변화에 대응하는 과정에서

---

7) '사회치리' 용어가 최초로 공식 사용된 것은 2013년 11월 「전면 심화 개혁의 몇 가지 중대 문제에 관한 중공중앙의 결정(中共中央關於全面深化改革若干重大問題的 決定)」에서였다. 「中共中央關於全面深化改革若干重大問題的決定」 http://politics. people.com.cn/n/2013/1116/c1001-23560979-13.html (검색일: 2022.04.25)

이뤄진 것으로 인식한다. 중국은 1978년 이후 개혁기에 들어섰지만, 앞서 살펴본 것처럼 1980년대는 농촌개혁과 경제특구 건설의 시기였고, 중국 사회주의 체제의 핵심내용이라고 할 수 있는 국유기업, 단위체제, 복지체제가 집중되어있는 도시에서는 본격적인 변화가 시작되지 않았다. 1990년대 들어서 비로소 사회주의 시장경제 건설을 목표로 설정한 본격적 체제 전환이 시작되었고, 이후 해당 시기 체제 전환이 초래한 변화에 대응하는 과정에서 국가의 사회관리 변화도 진행된 것이다.

본 연구는 다음과 같이 구성된다. 우선 서론에 이어서 II장에서는 1990년대 국유기업 개혁, 단위체제 해체, 복지체제 해체를 배경으로 진행된 기존 '숙인사회'의 해체, 농민공의 대규모 도시유입, 잠주증과 수용송환제도에 의한 유동인구 단속의 문제를 다룬다. III장에서는 세계무역기구 가입 이후 GDP 고속성장과 함께 나타난 '권익수호'와 '안정유지'의 문제를 배경으로, 2000년대 본격화된 사구건설 과정을 분석하고, 지역별 사구모델의 특징, 사구 내부의 중요 행위자들의 문제를 다룬다. 특히, 격자망화 관리를 분석하여, 국가의 사회관리가 기층 사구를 중심으로 진행되고 있음을 밝힌다. IV장에서는 2010년대 중국 정보통신기술 기업의 발전을 배경으로 '국가 치리의 현대화'를 위해서 등장한 스마트시티가 이전 시기 구축된 격자망화 관리와 결합하는 양상을 분석한다. 아울러, 체제에 대한 강력한 도전이 되고 있는 코로나19에 대응하여 국가가 구축한 방역관리 플랫폼이 사구 중심 방역체계에 기초해있으며, 스마트시티가 관련 기술 지원을 한다는 점을 밝힌다. V장 결론에서는 본문의 내용을 정리하고, 코로나19를 계기로 기존의 사회치리가 사회관리로 '역행'할 가능성을 점검한다.

II. 1990년대 도시개혁과 단위체제의 해체

1. 사회주의 시기 사회관제

II장에서는 먼저 사회주의 시기 사회관제를 살펴보고, 1980년대를 거쳐서 1990년대 도시개혁을 배경으로 진행된 국유기업 개혁, 단위체제 해체, 복지체제 해체, 그리고 '잠주증'과 '수용송환제도'의 문제를 다룬다.

1949년 10월 건국 이후 중국은 농촌 농업 부문에서 추출한 잉여가치를 도시 공업 부문에 이전시켜서 공업화를 위한 자본을 마련했다. 잉여가치를 추출한 방식은 농업세와 농산물 수매제도였다. 농업세는 토지에 직접 부과하는 것이며, 농산물 수매제도는 국가가 농업집체(農業集體: 농업합작사, 인민공사)가 생산한 농산물을 저가로 강제로 수매하는 것이다. 국가가 수매한 농산물은 도시에 저가로 공급되고, 도시 공업 부문에서 생산된 공산품은 생산비보다 고가로 농업 부문에 공급된다. 인구의 약 90%가 농민인 상황에서 이러한 농업생산물과 공업생산물의 '부등가 교환'으로 인해서 농업 부문의 잉여가치는 도시 공업 부문에 이전되었고, 도시 공업 부문은 이러한 잉여가치를 자본으로 하여 공업화를 추진했다. 중요한 점은, 이러한 방식의 추출이 가능하기 위해서는 농민의 도시 이주 차단은 물론, 공업기업과 소속 노동자들이 집중된 '도시'에 대한 국가의 관리가 필수적이었다.

농민의 도시 이주 차단은 1958년 1월 시행된 '중화인민공화국 호구등기조례(中華人民共和國戶口登記條例)'에 근거한 호구제도에 의해서 가능해졌다. 호구제도는 모든 중국인을 출생지에 따라서 도시호구와 농촌호구로 나누고, 농촌호구 소지자의 도시로의 자유로운 이동을 엄격히 금지하였다.

도시 사회관리는 단위체제와 가거제(街居制)를 중심으로 이뤄졌다. 단위는 직장을 가리키는 것으로 국가기관단위(國家機關單位), 사업단위 (事業單位), 기업단위(企業單位)으로 나뉘었다. 국가기관단위는 공산당, 정부, 인민대표대회, 사법기관 등을 가리키며, 사업단위는 국가가 사회적 공익목적으로 설립한 교육, 과학기술, 문화, 위생 등 분야의 학교, 연구소, 예술단체, 병원 등을 가리킨다. 기업단위는 국가가 경제적 생산, 판매, 경영을 목적으로 설립한 기업을 가리킨다. 이 3가지 단위 중 기업단위가 가장 많았다. 기업은 다시 중앙과 지방의 정부가 설립한 국유기업과 도시주민들이 스스로 조직한 집체기업(集體企業)으로 나뉘었다. 국유기업은 소속된 도시주민들에게 교육, 의료, 주택, 문화 등의 사회경제적 복지를 제공했고, 동시에 내부에 설치된 공산당 조직을 통해서 주민에 대한 정치적 지배를 실현했다.[8]

가거제는 '가도판사처(街道辦事處) - 거민위원회(居民委員會) 제도'를 가리킨다. 사회주의 건설과정에서 단위에 소속되지 못한 도시주민 - 미성년자, 주부, 노령자, 고아, 퇴직자, 실업자, 퇴역군인, 장애인 등 - 은 가거제의 관할 대상이 되었다. 가도판사처는 시정부(市政府) - 구정부(區政府)에 직속된 도시 말단 정부이며, 거민위원회는 기업 소속이 아닌 '거민(=주민)'의 자치조직이었다. 가거제는 단위에 소속되지 못한 도시주민들에 대한 사회경제적 복지의 제공과 정치적 지배의 실현을 담당했는데, 사회주의 시기 도시 사회관리는 단위체제가 핵심이었고 가거제는 단위체제를 보완하는 역할을 했기 때문에, 가도판사처 - 거민위원회가 동원할 수 있는 자원은 제한적이었고, 그 결과 주민에게 제공되는 사회경제적 복지는 단위에 비해서 낮은 기초적인 수준에 불과했다. 또한, 거민위원회는

---

8) 국유기업도 중앙정부가 소유한 중앙기업(中央企業)이냐, 지방정부가 소유한 지방기업(地方企業)이냐, 그리고 업종에 따라서 제공되는 사회경제적 복지의 양과 질은 상당한 차이를 보였다. 또한, 집체기업은 일반적으로 국유기업보다 낮은 수준의 사회경제적 복지를 소속 주민들에게 제공했다.

주민이 그 주임과 간부를 선출하는 형식이지만 사실상 가도판사처가 지정한 인물(주로 공산당원)이 선출되었기 때문에, 그 자치성은 명목적인 것에 머물렀다. 따라서 이 시기 국가는 단위체제와 가거제를 통해서 강력하게 도시주민을 관리 통제하는 사회관제를 실시하고 있었다.9)

개혁기에 들어선 1980년대는 계급투쟁과 계획경제로부터의 이탈을 선언했지만 기존 사회주의의 경직성과 엄격함이 여전히 유지되고 있었고, 농촌개혁과 경제특구 건설이 진행되고 있었으며 도시에서도 개체호와 같은 소규모 사영기업이 생겨나고 있었지만 본격적인 국유기업 개혁이 실시되지 않았기 때문에, 사회주의 시기 구축된 '단위체제 - 가거제'라는 사회관리 방식이 기본적으로 유지되고 있었다.

2. 국유기업 개혁과 '숙인사회'의 해체

국유기업은 국가가 사회와 경제를 운용하는 핵심적인 기제로서, 경제적으로는 생산, 판매, 경영의 주체이며, 사회적으로는 소속 노동자와 그 가족에게 교육, 의료, 주택, 문화 등의 사회경제적 복지를 제공했으며, 정치적으로는 내부에 설치된 공산당 조직을 통해서 소속 주민에 대한 조직과 동원을 실현하였다. 따라서, 1990년대 들어서 본격화된 국유기업 개혁은 곧 기존 국유기업이 수행했던 정치적 경제적 사회적 역할을 재구성하는 것을 의미했다.

국유기업 개혁의 핵심내용은 산업구조 조정과 소유권 개혁이었다. 전자는 군사, 석유, 석탄, 교통, 기계, 야금, 자원, 통신 등 기간산업 분야를 제외한 분야 기존 국유기업의 90%를 사유화(私有化 privatization)시키는

---

9) 夏建中, 「從街居制到社區制: 我國城市社區30年的變遷」, 『黑龍江社會科學』, 2008 第5期.

것이었고, 후자는 주식제를 도입하여 보유한 주식의 숫자에 의해서 기업에 대한 소유권을 행사하는 방식으로 바꾸는 것이었다.

국유기업 개혁은 곧 기존 단위체제의 해체를 초래했다. 앞서 보았듯이 단위체제는 '사회경제적 복지 제공과 정치적 지배'를 도시의 단위(=기업) 내부에 실현함으로써 해당 단위가 경제적 역할을 수행하면서도 주민에 대한 국가의 정치적 지배와 사회적 조직을 가능하게 하는 역할을 했다. 그런데, 국유기업 개혁과 시장기제의 확산에 의해서, 이제 도시주민은 기업을 통하지 않고서도 생활에 필요한 각종 식량 등의 생필품과 복지를 '시장'에서 화폐로써 구매할 수 있게 되었고, 이는 곧 국가가 주민에게 정치적 지배를 수용하게 할 '수단'이 약화되었다는 것을 의미한다. 즉, 정치적 지배를 수용하게 할 대가로서의 사회경제적 복지의 축소와 시장의 탄생에 의해서 기존의 단위체제는 해체될 수밖에 없게 된 것이다.

1990년대 국유기업 개혁에 의한 단위체제 해체와 함께 중국 도시에는 농민공이 증가하기 시작했다. 1980년대는 농촌 향진기업이 농촌의 잉여노동력을 상당한 부분 흡수했으나, 1990년대 들어서 환경변화로 향진기업의 경쟁력이 약화되자 향진기업에 취업해있던 농촌 잉여노동력이 당시 국유기업 개혁이 진행되던 도시로 이동하기 시작한 것이다. 농민공은 1980년 발전하기 시작한 개체호 등의 사영기업에는 물론, 국유기업 개혁으로 기존의 도시호구 소지자를 해고하고 저임금의 농민공을 고용할 수 있게 된 국유기업에도 취업하기 시작했다. 일정 수준의 임금과 사회경제적 복지를 제공해야 하는 도시호구 소지자와 비교해서, 농민공은 저임금을 받고 사회경제적 복지도 제공해야 할 필요가 없기 때문에, 국유기업으로서는 높은 기술과 경험을 필요로 하지 않은 분야와 업무에는 고비용의 도시호구 소지자가 아니라 저비용의 농민공 고용을 선호하기 시작한 것이다.

문제는 이러한 원인에 의해서 농민공의 도시이주가 폭발적으로 증가했다는 점이다. 농촌 향진기업의 성장세 감소와 도시에서의 사영기업 발전과 국유기업 개혁에 의한 저임금 노동력에 대한 수요 증가로, 1990년대 농민공의 도시이주는 증가하여 도시의 기존 '숙인사회'는 점차 해체되기 시작했다. 기존 동일한 직장에서 다니는 노동자와 그 가족으로 구성된 단위체제가 국유기업 개혁에 의해서 해체되는 것과 함께, 농촌에서 도시로 이주한 농민공의 증가로 도시 사회에는 '낯선 사람들'이 증가하였고 이는 곧 '사회경제적 문화적 동질성'을 특징으로 하는 기존의 숙인사회를 해체시킨 것이다.

3. 잠주증 제도와 수용송환제도

도시 사회에서 저임금 노동력인 농민공의 증가는 곧 기존 도시주민에게는 실업가능성의 증가와 노동조건의 악화를 의미했고, 특히 도농이원구조(城鄉二元結構)가 초래한 사회문화적인 차별로 인해서, 도시정부는 기존 도시호구 소지자의 사회경제적 권익의 보호와 '유동인구(流動人口)' 관리를 위한 제도인 잠주증과 수용송환제도를 도입한다. 즉, 국유기업 개혁에 의한 단위체제의 해체와 유동인구 관리를 위한 잠주증 및 수용송환제도의 도입이 1990년대 사회관리의 주요 내용이 된다.

'잠주증(暫住證)'은 최초의 경제특구 선전에서 1984년 최초로 시행되었다가 이후 전국적인 범위에서 사용되었다. 잠주증은 도시호구 미소지자인 유동인구(주로, 농민공)에 대해서 특정 기간 도시 거주를 허용하는 증서로, 잠주증 소지자는 허용된 거주기간이 만료되기 전에 공안기관(公安機關)에서 갱신해야 하며, 갱신하지 않으면 도시 거주가 불가능하다. 잠주증은 유동인구의 도시거주 기간을 특정하여 허용함으로써, 유동인구의 대규모 도시이주를 일정 정도 제한하는 역할을 했다. 도시정부로서는 시장경제 발전을 위해서는 저임금 노동력인 농민공이 도시로 이주해야 하지만, 농민공의 대규모 도시유입은 치안, 주택, 교통 등 각종 도시문제를 발생시킬 뿐 아니라 기존 도시호구 소지자의 이해관계와 충돌하기 때문에, 농민공의 도시이주 규모를 '적정 수준'으로 제한할 필요가 있고, 이러한 제한을 위해서 만들어진 제도가 곧 잠주증인 것이다. 잠주증은 공안기관이 발급, 관리하며, 만료된 잠주증 소지자 혹은 잠주증 미소지자는 공안의 단속에 걸리면 원칙적으로 호구 소재지로 강제송환된다.

'수용송환제도(收容遺送制度)'는 만료된 잠주증 소지자 혹은 잠주증 미소지자인 유동인구를 수용송환소에 잠시 머물게 한 후 호구소재지로 송환하는 것이다.10) 이 제도는 원래는 건국 직후인 1952년 국민당 잔류군인, 기녀, 실업부랑민들을 대상으로 시정부가 노동개조(勞動改造)를 진행하고 일자리를 마련해주는 제도였다. 호구제도가 공식 시행되기 직전인 1953-57년 시기에는 농촌인구의 도시유입을 통제하기 위한 제도로 실시되었다.

개혁기에 들어서 1982년 중국 정부는 「「도시 유랑구걸인원 수용송환방법」의 공포에 관한 통지」를 하달하여, 민정부(民政部)와 공안부(公安部)가 '수용송환제도'를 담당하게 하고, 마오쩌둥 사망과 문화대혁명 종결로 일정하게 이완된 사회적 분위기를 배경으로 임의로 도시로 유입된 농촌 출신 유랑자와 구걸자에 대한 단속이 시행되었다. 특히, 1990년대 도시개혁 과정에서 농민공의 대규모 도시유입이 진행되자, 잠주증과 수용송환제도는 농민공의 도시유입을 일정하게 제한하는 기능을 하게 되는데, 문제는 이러한 강제송환 과정에서 강제노역, 구타 같은 인권유린 사건이 종종 발생했다는 점이다. 당시 중앙정부의 재정부족으로 수용송환소 운영비용이 지방정부 부담으로 전환되면서 지방정부는 재정마련을 위해서 수용

---

10) 이하 수용송환제도의 전반적인 내용과 2003년 발생한 쑨즈강(孫志剛) 사건으로 인한 수용송환제도의 폐지에 대해서는 다음을 참고: 주쉬펑 저, 박철현·이광수 공역, 『중국 정책변화와 전문가 참여』, 학고방, 2014, 262-276쪽.

자들에 대한 강제노역을 실시하고, 이 과정에서 구타로 인한 사망사건까지 발생하기도 했다.

이상과 같이 1990년대는 국유기업 개혁에 의한 기존 단위체제의 해체, 도시로 유입된 대규모 농민공의 단속을 위한 잠주증과 수용송환제도 도입을 특징으로 하는 사회관리가 진행되었다. 잠주증과 수용송환제도 모두 1980년대 시작되었으나, 본격적인 사회관리의 기제로 사용된 것은 농민공의 대규모 도시이주가 시작된 1990년대 들어서였다. 또한, 중국 정부는 단위체제를 대신하여 사회관리 기제를 구축하기 시작하는데 이것이 바로 '사구(社區)'이다. 사구는 1990년대 말부터 도시지역에서 건설되기 시작하는데, 기존의 가거제를 기초로 한다.

III. 2000년대 '권익수호'/'안정유지'와 사구건설

1. 사회적 불평등과 차별의 심화

2000년대 사회관리의 중요한 배경은 바로 사회적 불평등과 차별의 심화였다. 이러한 불평등과 차별에 저항하는 노동자, 농민 등 사회적 약자에 의한 '권익수호'가 분출하여 국가의 통치 안정성에 위협이 될 정도가 되자, 국가는 이에 대응하여 '안정유지'를 주요 국정목표로 설정했다.

앞서 보았던 1990년대 국유기업 개혁에 의한 단위체제 해체, 복지제도 해체는 실업자를 양산하였고 기존 단위가 제공하던, 교육, 의료, 주택, 문화 등의 복지는 상품이 되었다. 그 결과 2000년대 경제는 연평균 9%를 넘는 GDP 성장률을 기록했지만, 불평등도 상당히 신화되었다. 특히, 중국의 소득 불평등을 보여주는 지니계수는 2000년대 0.4를 넘어서기 시작해서 2008년 0.491에 달했고 이후 잠시 하락했다가 2019년에는 0.465까지

올라갔다. 이는 상당히 높은 수준이었다.[11]

사회적 약자의 '권익수호'를 위한 집단행동은 시위, 파업, 분신, 관공서 습격 등의 형태로 과격화되었고, 이에 대응하여 국가는 중앙에 정법위원회 – 중앙안정유지영도소조 – 중앙사회치안종합치리위원회를 중심으로 하는 안정유지 기구를 구성한다.[12] 문제는 안정유지를 위한 이러한 기구의 유지비용도 상당히 증가하여, 국방예산을 초월할 정도였다는 점이다.[13] 따라서, 2004년 9월 16차 4중전회의 「당의 집정능력건설 강화에 관한 중공중앙의 결정」은 곧 안정유지가 매우 절박하고 중대한 문제라는 국가의 위기의식을 보여준다.

2. 사구건설과 사구행위자

국가는 중앙의 안정유지 기구와 함께 도시 기층사회의 사구건설을 통해서 '안정유지'를 도모한다. II장에서 언급했듯이 단위체제 해체에 대응하는 사구건설은 1990년대 말부터 시작된다.

사구건설 과정을 보면, 1987년 9월 민정부(民政部)는 '전국도시 사구서비스 공작 좌담회(全國城市社區服務工作座談會)'를 개최하고, 최초로 도시지역 사구건설을 공식적으로 제기한다. 이 회의의 핵심내용은 '가도판사처'와 '주민위원회' 중심으로 사구를 건설하고 주민들에게 필요한 서

---

11) 다음을 참고: 「Gini index: inequality of income distribution in China from 2004 to 2019」 https://www.statista.com/statistics/250400/inequality-of-income-distribution-in-china-based-on-the-gini-index/ (검색일: 2022.05.01)

12) 장윤미, 「중국 '안정유지(維穩)'의 정치와 딜레마」, 『동아연구』, 32권 1호, 2013, 116-118쪽.

13) 2011년 안정유지(state protection) 예산과 관련해서는 다음을 참고. 「China internal security spending jumps past army budget」 https://www.reuters.com/article/us-china-unrest-idUSTRE7222RA20110305 (검색일: 2022.03.01)

비스를 제공해야한다는 것으로, 주로 사회보장 서비스 제공에 그 강조점이 있었다. 이후, 1996년 3월에는 상하이에서 '도심공작회의(城區工作會議)'가 개최되어 「가도와 주민위원회의 건설과 사구관리의 강화에 관한 정책의견」을 제시한다. 또한, 1999년 2월에는 민정부가 '전국사구건설시험구(全國社區建設試驗區)'를 선정한다. 2000년 11월 중공중앙은 「전국에서 도시사구건설을 추진하는 것에 관한 의견」을 제시하고, 사구 당지부(黨支部)의 건설과 거민위원회의 자치를 강조했다.

이러한 단위체제에서 사구로의 이행에서 가장 큰 특징은 기존 단위체제가 동일한 단위에 소속된 주민들로 구성되는 것이라면, 사구는 사구가 관할하는 행정지역의 주민들로 구성된다는 사실이다. 즉, 개혁의 심화와 함께 시장이 사회경제적 자원 배분의 핵심적인 기제가 되자, 기존의 단위는 과거와 같은 사회경제적 복지의 제공이나 정치적 지배의 실현이 사실상 불가능하게 된 문자 그대로의 '직장'이 되어버렸고, 이제 국가는 직장이 아니라 거주지역에 기반하여 주민을 조직하고 동원하기 위한 사구를 건설하게 되었다는 것이다. 즉, 2000년대 들어서 국가는 사구건설을 기초로 사회관리를 진행하게 된 것이다.

사구 공간의 주요 행위자는 가도판사처, 거민위원회, 주민대표대회, 업주위원회, 사구중개조직 등으로 구성된다. 앞서 살펴보았듯이, 가도판사처는 최말단 행정권력으로 공산당 공작위원회(工作委員會)가 설치되어있으며, 사구 관할범위 내 모든 거민위원회와 행정기관, 기업, 사회단체 등에 설치된 공산당 조직을 관장한다. 거민위원회는 1950년대부터 존재한 주민자치조직으로서, 사회주의 시기 단위체제를 보조하는 역할에 그쳤지만, 1990년대 단위 해체가 진행되자 사구 범위의 기존 도시호구 소지자와 유동인구 모두를 관리하는 중요한 역할을 하게 된다. 업주위원회(業主委員會)는 1998년 이후 공식 탄생한 상품으로서의 주택의 소유자(業主)들이 자신의 이해관계를 지키기 위한 모임이다. 주민대표대회는 공식적으로

는 사구 내부의 최고권력기구로 거민위원회 주임과 위원을 선출하는 역할
을 하는데, 거민위원회는 사실상 가도판사처의 당 공작위원회가 지명한
인물이 주임으로 선출되는 것이 일반적이다. 사구중개조직은 사구 내부의
각종 사회경제적 활동의 주체로서, 사구와 사구 외부를 연결하는 역할을
한다.

3. 격자망화 관리와 사구중심 사회관리

이상과 같이 사구건설을 통한 도시 사회관리를 보다 강화하기 위해서
국가는 '격자망화 관리'를 도입한다. 격자망화 관리는 2004년 베이징 동청
구(東城區)에서 최초로 시작되었다.[14] 이것은 동청구 전체를 동일한 면적
의 격자(網格 grid)로 나누고 격자마다 7명의 격자 관리인원을 배치하여,
이들로 하여금 격자 내부의 각종 업무를 담당하게 하고, 격자들을 상호
연결한 '격자망'을 통해서 사구에 대한 사회관리를 시행하는 것이다. 2011
년 동청구 전체에 598개의 격자에 1천여 명의 관리인원이 배치된다.[15]

동청구는 격자망화 관리 '행정체계'도 구축했다. 구체적으로는, '사구
→ 가도판사처 → 구정부'로 이어지는 각 행정 층위에 격자망화 관리를
담당하는 지휘센터를 설치하고, 이들로 하여금 기층사회에서 발생하는 각
종 정보의 수집을 담당하게 하여, 실시간 대응이 가능한 체계를 구축했다.
아울러, 이러한 '행정체계'는 '지오코드(Geocode)', '위성항법장치(GPS)
지도', '정보 수집 및 전송 시스템' 등 정보통신기술이 지원되고, 기층의
격자 관리원이 수집한 정보는 각 행정체계 층위의 '격자망화 관리 서비스

---

14) 동청구는 고궁(故宮), 톈안문(天安門), 시정부, 중앙정부 기관 등이 밀집되어 '안정유
지'의 필요성이 매우 높은 지역이다.

15) 田磊, 「網格化的北京東城區」, 『南風窓』, 8期, 2011

센터(網格化管理服務中心)'를 거쳐서 최종적으로 구정부까지 실시간으로 자동 보고되고, 구정부는 해당 사안에 대한 대응조치를 취하게 된다.[16)

2000년대 등장한 이러한 '사구 격자망화 관리'는 중앙정부에 의해서 국가의 사회관리를 강화할 방안으로 높은 평가를 받으며 전국적인 범위로 확산되었으며, 도시만이 아니라 농촌에서 이러한 격자망화 관리를 도입하고 있다.

IV. 2010년대 사회치리, 스마트시티 건설, 코로나19 방역 건설

1. 사회치리의 등장

사회관리라는 표현이 최초로 등장한 것은 1998년 「국무원 기구개혁 방안에 관한 설명(關於國務院機構改革方案的說明)」에서 정부의 기본 직능을 거시조정, 사회관리, 공공서비스라고 강조한 부분이었다. 이후 2002년 공산당 16차 전국대표대회에서 사회관리는 곧 정부의 4대 주요 직능 중 하나로 등장하면서, 2000년대 내내 각종 문건을 통해서 사회관리의 중요성이 강조되다가 2013년 중국공산당 18차 중앙위원회 3차 전체회의에서 최초로 '사회치리(社會治理)'가 등장한다.

사회관리와 사회치리의 주요 차이는 다음과 같다.[17) 첫째 주체 측면에서, 전자(사회관리)가 각급 정부가 주체인 것에 비해서, 후자(사회치리)는

---

16) 張蒼, 「城市網格化管理的兩種代表模式及其比較分析 — 以北京市東城區與廣東省深圳市爲案例」, 『深圳社會科學』, 6期, 2019.

17) 邵光學·劉娟, 「從"社會管理"到"社會治理": 淺談中國共産黨執政理念的新變化」, 『學術論壇』, 37期, 2014, 44-46쪽.

정부만이 아니라 사회조직, 사업단위, 기업단위, 주민 등도 주체가 됨으로써 전자에 비교해서 주체가 매우 다양하다. 둘째 주체가 담당하는 직능 측면에서, 전자가 정부가 사회에 대해서 진행하는 관리라면, 후자는 다원적 주체의 책임을 강조하므로 정부를 제외한 사회조직, 개인 등이 담당하는 직능도 중요해진다. 셋째 실현방식 측면에서, 전자가 정부에 의해서 탑다운(自上而下) 방식으로 이뤄진다면, 후자는 다원적 상호작용이다. 넷째 실천경로 측면에서, 전자가 정부에 의한 행정명령이라면, 후자는 행정명령 이외에도 시장 법률 문화 관습 등의 방식을 취하며, 민간조직 및 시민사회에 의한 적극성 능동성이 중요한다. 다섯째 사회적 서비스와의 관계 측면에서, 전자는 정부가 사회적 서비스 제공의 주체이며 사회 구성원은 제공의 대상이라면, 후자는 사회 구성원이 적극 자신의 요구를 제기하고 정부는 그에 대한 자금지원을 한다는 점에서 일정한 자율성을 가지지만 기본적으로는 정부의 감독과 평가의 대상이 된다.

이상과 같이 사회관리에서 사회치리로의 변화는 다음과 같은 의미를 가진다. 첫째, 국가가 일방적으로 사회를 관리하는 기존의 사회관리 방식은 변화된 사회경제적 정치적 상황에 적합하지 않다는 점이다. 2000년대는 기존 단위체제 해체와 이를 대체할 사구건설으로 특징지워지는 바, 국가는 과거와 같이 사회를 직접적으로 조직하고 동원할 수 있는 수단이 사라졌다. 과거와 같이 사회경제적 복지를 대가로 주민을 정치적 조직 동원할 수 있는 단위체제는 존재하지 않으며, 사구 내부에 당 공작위원회 당 지부 등 공산당 조직이 존재하지만 농민공 등 유동인구의 폭발적 증가와 사회의 다원화로 과거와 같은 정치적 조직과 동원은 불가능하게 되었다. 둘째, 이러한 상황에서 국가는 도시 기층사회의 사회경제적 행정적 서비스 제공의 역할을 담당하는 사회조직(社會組織) 사회공작자(社會工作者)를 지원하여 이들이 사구 주민에게 제공하는 서비스를 '구매'하는 방식을 취한다. 또한, 이러한 사회조직과 사회공작자에 대해서는 등록제도와 자격증 제도를 실시하여, 국가가 인정하는 사회조직과 사회공작자만이 서비스 제공의 주체가 될 수 있다. 이런 방식을 통해서, 국가는 사회조직과 사회공작자를 통해서 사구 층위 사회경제적 행정적 서비스의 공백을 방지하는 간접적인 방식으로 사구에 대한 관리를 시행하게 되었다.

다시 말해서, 과거와 같은 단위체제를 통한 도시 주민에 대한 정치적 조직과 동원이 불가능해진 상황에서, 사회조직 사회공작자의 서비스를 구매하는 방식으로 사구 층위 주민에 대한 사회경제적 행정적 서비스의 공백을 방지하면서도, 이들 사회조직 사회공작자들에 대한 등록제도와 자격증제도를 통해서 국가의 간접적 개입을 보장하는 것이다. 무엇보다도, 이러한 사회관리에서 사회치리로의 변화는, 단위체제의 해체와 시장경제의 확산으로 국가가 기층사회에 개입할 수 있는 자원과 수단이 약화된 것이 근본적인 배경이다. 즉, 국가의 근본적인 통치 안정성을 위협하지 않는 범위와 분야에서 사회의 참여를 보장하는 것이 사회치리의 핵심내용이다.

2. 스마트시티

문제는 사회치리로의 전환은 앞서 언급한 권익수호 증가와 이에 대응하는 안정유지를 배경으로 이뤄졌다는 사실이다. 즉, 일정한 범위와 분야에서 사회의 적극적 참여를 허용 고무하는 것은 폭증하는 권익수호에 대응하는 국가의 안정유지라는 맥락 속에서 이뤄졌기 때문에, 사회치리가 통치 안정성을 위협하지 않는 한도 내에서 시행되기 위해서는 기층사회의 안정유지가 무엇보다도 중요했다. 2000년대 전국적으로 확산된 '격자망화 관리'로도 이러한 기층사회의 권익수호에 대응하는 것은 한계가 있었다.

2010년대 발전된 중국의 정보통신기술은 이러한 한계를 돌파하는 데 일정한 도움이 되었다. 즉, 정보통신기술이 기존의 격자망화 관리와 결합함으로써 기층사회의 관리가 더욱 정밀하게 될 수 있었다는 것이다.[18]

중국의 스마트시티에 대한 인식은 2011년 9월 베이징(北京)에서 "스마트시티 건설, 사회관리 창신(建設智慧城市, 創新社會管理)"을 주제로 개최된 국제도시포럼에서 명시적으로 드러난다. 여기서 당 조직부 부장 자오창마오(趙長茂)는, "과학적 집정(科學執政)"의 관점에서 사회관리의 과학화 수준을 제고하기 위해서 스마트시티의 건설이 필요하다는 점을 강조하고 있다. 즉, 그는 현재의 사회관리 방법은 급속한 경제발전과 사회변화의 속도를 따라가지 못하고 있으므로, 스마트시티를 단지 생산력 발전만이 아니라 생산관계 발전으로 인식함으로써 사회관리의 이념과 방식을 변혁시킬 필요가 있다는 점을 강조한다. 국가는 스마트시티를 과학적 사회관리체제 구축을 위한 것으로 보고 있는 것이다.

중국 스마트시티의 역사는 2009년 IBM의 "스마트 지구(Smarter Planet)" 사업으로 시작되었다고 할 수 있다. 2012년에는 중국 최초의 "스마트시티 시점명단(智慧城市試點名單)"이 발표되었다. 2014년에는 중앙정부가 「스마트시티의 건전한 발전촉진에 관한 지도의견」을 발표한다.

특히 중요한 것은 이 해에 발표된 「신형도시화계획 2014-2020」에도 스마트시티가 신형도시화의 내용이자 실현 수단으로 설정되었다는 점이다.[19] 여기서, 스마트시티 건설의 목적은 공공서비스 효율제고, 관련 산업발전, '사회치리(社會治理)'의 정밀화가 명시된다. 앞서 살펴보았듯이, 사회주의 시기와 1980년대까지 단위체제에 의해서 일정하게 유지되던 도시

---

18) 이하 스마트시티 관해서는 다음을 참고. 박철현, 「중국 개혁기 사회관리체제 구축과 스마트시티 건설: 상하이 푸동신구의 사례를 중심으로」, 『공간과사회』, 제27권 1호, 2017.

19) 이 계획에 따르면 스마트시티 건설의 방향은, 정보네트워크 광대역화(信息網絡寬帶化), 정보화에 대한 계획적 관리(規劃管理信息化), 기초설비의 지능화(基礎設施智能化), 공공서비스 쾌속화(公共服務便捷化), 산업발전현대화(産業發展現代化), 사회치리 정밀화(社會治理精細化)이다. 다음을 참고. http://www.gov.cn/zhengce/2014-03/16/content_2640075.htm (검색일: 2015.12.01)

의 '인구학적 동질성'이 1990년대 도시지역 개혁의 본격화에 의해서 급속히 약화되었고, 단위체제를 대체하여 사구건설이 진행되었다. 스마트시티는 이렇게 사구 중심 사회관리체제를 기초로, 2010년대 등장한 사회치리의 테크놀로지라고 할 수 있다. 즉, 2000년대 전국적인 범위에서 진행된 격자망화 관리 위에 정보통신기술이 결합하여 사회치리의 정밀화를 위해서 만들어진 것이 곧 스마트시티인 것이다.

3. 코로나19와 사회관리

이상과 같이 2010년대 사구 층위의 격자망화 관리와 결합된 스마트시티 건설을 특징으로 하는 사회관리는 2019년 말 시작된 코로나19로 커다란 도전에 직면한다. 코로나19는 2003년 발생한 사스(SARS)와 비교해도 그 확산의 범위와 속도가 훨씬 광범위하고 빠르다는 특징을 가졌다.

중국 국무원은 2020년 1월 「코로나19 바이러스 감염의 폐렴 상황 사구 예방 및 통제 업무의 강화에 관한 통지」와 「최근 코로나19 바이러스 감염의 폐렴 업무방안 인쇄발행에 관한 통지」를 발표하고, '빅데이터+격자망화' 등의 정보통신기술을 활용한 방역업무를 강조한다.[20]

또한, 3월 30일에는 시진핑 주석이 '사회치리 체계와 치리 능력'의 현대화를 강조한다. 이것은 곧, 기존 사회관리체제에 코로나19 사태는 강력한 도전이 되었으며, 기존 격자망화 관리 스마트시티를 기초로 하되, '질병－위생'에 특화된 기술을 활용할 것을 요구한 것이다. 방역관리 플랫폼과 건강코드가 바로 그 테크놀로지이다.

---

20) http://www.nhc.gov.cn/jkj/s3577/202001/dd1e502534004a8d88b6a10f329a3369.shtml (검색일: 2020.04.30); http://www.gov.cn/xinwen/2020-01/28/content_5472795.htm (검색일: 2020.04.30)

'방역관리 플랫폼은' 기존 스마트시티 격자망화 관리 시스템을 기초로 하되, 코로나19에 특화된 시스템으로 구성되어있다.[21] 주로 기업이 플랫폼을 개발하고 해당 지방정부의 인가를 거쳐서 사용되는 방식이다. '격자망화 방역관리 플랫폼'은 정부, 방역지휘센터, 병원, 격자망화 관리원, 사구 등에서 사용할 수 있다. 이 플랫폼은, 빅데이터, 시각화 등의 기술을 이용하고 있는데, 하나의 화면에 전염병 추세, 예방 및 통제 태세 등의 데이터를 파악할 수 있고, 관할범위 내 예방 및 통제 업무에 대한 분석과 조정이 가능하다.

주민, 노동자들은 사구와 직장 등에 설치된 코로나19 검사소에서 출입 정보를 입력하고 사구와 직장의 담당 부처는 이 정보를 가도판사처에 보고한다. 이 과정에서 수집된 정보는 가도판사처 - 구정부까지 직접 보고되어, 해당 정보에 대한 각급 정부의 대응을 위한 기본적인 자료가 된다.

문제는 이러한 '방역관리 플랫폼'의 원활한 작동을 위해서는 '개별 인구'의 정보가 수집되어야 한다는 것이다. '건강코드(health code)'가 이러한 개별 인구의 코로나19 관련 정보를 수집하는 역할을 하는 기술이다. 이 건강코드는 2020년 2월 저장성(浙江省) 항저우에서 최초로 시작되었다. 개인이 자신의 스마트폰에 관련 애플리케이션을 다운로드 해서 설치하면서 관련 정보를 입력하면, 녹색, 홍색, 황색 중 하나의 건강코드가 확정된다. 녹색은 통행가능, 홍색은 14일 집중격리 혹은 자가 격리하면서 14일 연속 무증상 신고 후 녹색으로 전환되고, 황색은 7일 집중격리 혹은 자가 격리하면서 7일 연속 무증상 신고 후 녹색으로 전환된다. 이후 건강코드는 중국 전역으로 확산되어 사용되고 있다.

---

21) 이하, 방역관리 플랫폼과 건강코드 관련 내용은 다음을 참고. 박철현, 「코로나19와 중국 스마트시티: 격자망화 관리, 방역관리 플랫폼, 건강정보코드와 사회관리체제」, 『중국지식네트워크』, 특집호, 2020, 261-269쪽.

국가는 공항, 아파트단지, 쇼핑몰, 시장, 학교 등에 건강코드 검사설비와 인력을 배치하여 인구의 이동을 통제하고 있으며, 관련 정보는 방역관리 플랫폼을 거쳐서 행정적 위계를 따라서 사구-가도판사처-구정부-시정부로 자동 보고된다.

이상과 같이 코로나19에 대응하여 개발된 방역관리 플랫폼과 건강코드는 기존의 격자망화 관리 스마트시티의 방역-위생 부문에 편입되어 기존 사회관리 중요한 구성요소로 자리잡고 있다.

V. 결론

본 연구는 도시에 초점을 맞추어 1990년대 이후 사회관리의 변화를 살펴보았다. 1990년대는, 국유기업 개혁과 단위체제 해체에 의해 기존 사회주의 시기와 1980년대에 기본적으로 유지되던 '사회관제'가 사회관리로 변화되는 것이 핵심내용이다. 이 시기는 산업구조 조정과 소유권 개혁에 의한 국유기업 개혁으로, 사회경제적 복지 제공과 정치적 지배 실현을 특징으로 하는 기존 단위체제는 해체되었고, 호구제도의 이완과 시장경제의 확산에 의해서 농민공으로 대표되는 대규모 유동인구의 도시 유입으로 도시 사회의 '인구학적 이질성'은 증가하여, 국가는 농민공을 대상으로 하는 '잠주증'과 '수용송환제도'를 통한 사회관리에 나섰다.

2000년대는 이미 해체된 단위체제를 대체할 사구건설이 중요한 사회관리의 내용이다. 문제는 이 시기가 세계무역기구 가입 이후 경제의 고속성장이 지속되는 가운데, 사회적 불평등과 차별에 저항하는 노동자 농민 도시빈민 등 사회적 약자의 '권익수호'와 이에 대응하는 국가의 '안정유지'가 국가의 사회관리의 중요한 배경이라는 점이다. 따라서 이 시기 국가는 도시 기층사회인 사구 공간의 중요 행위자인 가도판사처, 거민위원회, 업주위원회, 주민대표대회, 사구중개조직 등을 통해서 주민에 대한 정치적 조직과 동원에 주력하는 한편, '격자망화 관리'가 사구를 통한 사회관리의 주요한 기제로 급부상하여 전국적으로 확산된다.

2010년대는 사회치리의 등장과 사회관리에 있어서 정보통신기술의 활용이 중요한 특징이다. 국가가 더 이상 과거의 단위체제와 같이 도시주민을 조직 동원할 수 없는 상황에서, 사구 내부의 사회경제적 서비스 기능을 사회조직과 사회공작자가 제공하게 하고 그에 대해 국가가 비용을 지급하는 방식을 취함으로써, 주민에 대한 사회경제적 서비스의 공백을 방지하면서도 그러한 서비스 공급의 주체인 사회조직과 사회공작자에 대한 등록제도와 자격증제도를 통해서 사구에 대한 국가의 간접적 개입을 보장한다. 또한, 격자망화 관리에 정보통신기술을 적용한 스마트시티가 전국적인 범위로 확산되어 사회관리의 기제가 된 것도 매우 중요한 점이다. 중국에서 스마트시티 건설은 관련 산업발전 및 공공서비스 제공과 함께 '사회치리의 정밀화'를 그 목적으로 명시함으로써 스마트시티가 단순한 정보통신기술에 의한 도시생활의 현대화가 아니라, 국가의 사회관리를 위한 중요한 기제가 되었다. 2019년 말 시작된 코로나19는 유례없을 정도로 확산의 속도와 범위가 빠르고 넓은 특징으로 인해서 기존 국가의 사회관리에 중대한 도전이 되었다. 국가는 코로나19 방역을 위해서 기존 스마트시티에 방역관리 플랫폼과 건강코드 기술을 적용하여 인구의 이동을 통제하는 사구 중심 국가 주도 방역체계를 구축하였다.

중요한 점은 2010년대 진행된 사회관리의 사회치리로의 변화가 다시 '역행(逆行)'될 가능성이 존재한다는 것이다. 기본적으로 사회치리로의 변화는 도시 기층사회에서 사회의 참여 가능성과 범위를 확대하는 것이 기본이 되는데, 최근 코로나19 방역을 계기로 국가의 행정권력이 사구 층위에 기존과 비교할 수 없을 정도의 범위와 강도로 침투하고 있으며 이는 앞서 언급한 스마트시티에 기초한 방역관리 플랫폼의 구축과 '개인 정보'

를 수집해서 상부로 전송하는 건강코드라는 최신 정보통신기술에 의해서 뒷받침된다. 이렇게 보면 코로나19 이전에 진행된 사회치리로의 변화가 중지되고 국가의 사회에 대한 관리의 강화를 의미하는 사회관리로의 '역행'이 관찰되는 것이 현실이다. 향후 중국의 사회관리 변화는 코로나19 방역의 방식과 강도에 의해서 결정될 것으로 예상된다.

| 참고문헌 |

나사기·백승욱, 「사회치리(社會治理)로 방향전환을 모색하는 광둥성의 사회관리 정책」, 『현대중국연구』, 제17권 2호, 2016.

박철현, 「중국 개혁기 사회관리체제 구축과 스마트시티 건설 : 상하이 푸동신구의 사례를 중심으로」, 『공간과사회』, 제27권 1호, 2017.

_____, 「중국 발전모델 전환형 특구의 형성: 충칭 량장신구(兩江新區)에 대한 다중스케일 분석」, 『공간과사회』, 제26권 2호, 2016.

_____, 「코로나19와 중국 스마트시티: 격자망화 관리, 방역관리 플랫폼, 건강정보코드와 사회관리체제」, 『중국지식네트워크』, 특집호, 2020.

장윤미, 「중국 '안정유지(維穩)'의 정치와 딜레마」, 『동아연구』, 32권 1호, 2013.

주쉬핑 저, 박철현·이광수 공역, 『중국 정책변화와 전문가 참여』, 학고방, 2014.

邵光學·劉娟, 「從"社會管理"到"社會治理" : 淺談中國共産黨執政理念的新變化」, 『學術論壇』, 37期, 2014.

張蒼, 「城市網格化管理的兩種代表模式及其比較分析 - 以北京市東城區與廣東省深圳市爲案例」, 『深圳社會科學』, 6期, 2019.

田磊, 「網格化的北京東城區」, 『南風窓』, 8期, 2011.

夏建中, 「從街居制到社區制: 我國城市社區30年的變遷」, 『黑龍江社會科學』, 第5期, 2008.

「中共中央關於全面深化改革若干重大問題的決定」http://politics.people.com. cn/n/2013/1116/c1001-23560979-13.html (검색일: 2022.04.25)

「國家新型城鎮化規劃(2014-2020年)」http://www.gov.cn/zhengce/2014-03/16/ content_2640075.htm (검색일: 2015.12.01)

「關於加强新型冠狀病毒感染的肺炎疫情社區防控工作的通知」 http://www. nhc.gov.cn/jkj/s3577/202001/dd1e502534004a8d88b6a10f329a3369. shtml (검색일: 2020.04.30)

「關於印發近期防控新型冠狀病毒感染的肺炎工作方案的通知」http://www. gov.cn/xinwen/2020-01/28/content_5472795.htm (검색일: 2020.04.30)

「China internal security spending jumps past army budget」https://www.reuters.com/ article/us-china-unrest-idUSTRE7222RA20110305 (검색일: 2022.03.01)

「Gini index: inequality of income distribution in China from 2004 to 2019」 https://www.statista.com/statistics/250400/inequality-of-income-distribu tion-in-china-based-on-the-gini-index/ (검색일: 2022.05.01)

한중 문화콘텐츠 산업 교류 30년의 특징과 시사점

● 노수연 ●

I. 서론

1992년 한중수교 이후 30년간 한중 경제 교류는 무역과 투자를 막론하고 한국이 우위를 점하는 상황에서 진행된 초기 단계를 거친 후, 2001년 중국의 WTO 가입을 계기로 중국의 경제성장이 두드러지면서 오늘날에는 경쟁자이자 협력자로서의 관계로 발전하기에 이르렀다. 산업의 경우, 1990년대만 해도 제조업이 절대적인 비중을 차지했으나 2000년대 들어서면서 서비스업에 대한 관심이 높아졌고 특히 1990년대 후반부터 중국에서 소위 '한류(韓流, K-Wave)'라 부르는 한국 문화콘텐츠에 대한 호감도가 높아지면서 양국 간 문화콘텐츠 분야에서의 교류도 눈에 띄게 늘어났다.

문화콘텐츠산업은 고성장·고부가가치, 규모의 경제, 전후방 연관효과, 친환경·녹색산업, 국가브랜드 제고 등을 특징으로 하고 있어 한중 양국 모두 미래 성장 동력의 하나로 중시해 온 산업이다. 따라서 본 연구에서는 무역 및 투자 데이터 분석과 기업사례 분석을 통해 문화콘텐츠 산업에서의 한중 양국 간 교류의 흐름과 현황, 특징을 주요 이슈와 함께 살펴보고 한국 문화콘댄츠 산업 종사자와 정책 입안자에게 중국과의 교류에 관

* 고려대학교 글로벌학부 부교수.

한 시사점을 제공하고자 한다.

Ⅱ. 한중수교 이후 문화콘텐츠 분야 무역 현황

한중수교는 1992년에 이루어졌으나 문화콘텐츠 분야의 투자, 무역은 2000년대에 들어서야 본격화되었으며, 양국 투자환경의 제약으로 인해 투자보다는 무역에서 더 빠른 성장을 보여 왔다.[1]

수출의 경우, 2006년 한국 콘텐츠 해외 수출에서 홍콩을 포함한 중국의 수출 비중이 전체의 18.5%를 차지하면서 중국은 일본, 북미에 이어 세 번째로 큰 수출시장이 되었다. 그러다 2009년에는 한국의 콘텐츠산업 수출액에서 홍콩을 포함한 중국의 비중이 23.8%로 증가하면서 중국은 북미를 제치고 일본(27.2%)에 이어 두 번째로 중요한 수출시장이 되었다. 이어서 중국, 홍콩, 대만을 통합하여 산출한 중화권의 경우 2015년에는 일본을 넘어 제1의 수출시장이 되었으며, 이후 중국 정부의 '한한령(限韓令)' 시행에 따른 무역축소 우려에도 불구하고 2017년에도 수출이 꾸준히 증가하면서 2위인 일본의 약 2.3배에 달하는 수출액을 달성해 굳건히 수출시장 1위를 유지하였다. 2019년에는 전체 수출액의 42%가 중화권에서 발생했으며 이 중 72.4%(전체 수출액의 30.4%)가 중국에 대한 수출[2]이었던 것을 고려하면 한국의 문화콘텐츠 수출에서 중국의 중요성은 간과할 수 없는

---

1) 문화체육관광부가 콘텐츠수출입 통계를 집계하여 발표하기 시작한 2006년 이후의 무역데이터를 활용하였다. 또한 문화체육관광부와 한국콘텐츠진흥원의 보고서에서 지역별 연도별 수출입액 집계 과정에서 시기별로 중국어권 지역에 대한 범위가 다르기 때문에 2차 자료에서는 중국 본토만의 정확한 통계치는 확인하기 어려운 한계가 있음을 밝혀 둔다.

2) 양수영, 「중국의 고강도 산업규제가 한중 콘텐츠 비즈니스에 미치는 영향」, 『Kocca focus』, 통권136호, 2022, 12쪽.

수준이다. 2020년에도 한국의 콘텐츠산업 수출액에서 중화권의 비중은 39.9%에 달해 여전히 1위를 유지하고 있다. 따라서 '한한령'으로 인한

〈표 1〉 한국 콘텐츠산업 지역별 연도별 수출액과 주요시장의 비중 (단위: 백만 달러)

	중국[1] (홍콩포함)	중화권[2]	일본	동남아시아	북미	유럽	합계
2006 년	233.2 18.5%	0.0	343.9 27.3%	109.6 8.7%	340.4 27.0%	98.0	1262.1
2007 년	306.8 21.7%	0.0	356.6 25.3%	173.8 12.3%	356.2 25.3%	121.8	1410.5
2008 년	362.8 20.1%	0.0	371.9 20.6%	355.4 19.7%	407.1 22.6%	183.6	1804.0
2009 년	579.7 23.8%	0.0	661.3 27.2%	458.4 18.9%	387.5 15.9%	217.4	2,430.7
2010 년	747.7 24.5%	0.0	800.2 26.2%	671.9 22.0%	403.9 13.2%	267.7	3049.0
2011 년	1118.9 27.0%	0.0	1248.0 30.1%	776.7 18.7%	468.3 11.3%	325.1	4146.4
2012 년	1229.4 27.6%	0.0	1347.9 30.2%	861.7 19.3%	491.4 11.0%	329.5	4459.9
2013 년	1305.8 27.5%	0.0	1455.9 30.6%	931.3 19.6%	519.1 10.9%	348.8	4750.3
2014 년	1341.2 26.2%	0.0	1597.5 31.2%	957.4 18.7%	511.4 10.0%	311.3	5117.4
2015 년	1450.7 26.6%	0.0	1398.5 25.6%	800.0 14.6%	884.5 16.2%	553.4	5462.5
2016 년	1812.8 31.6%	0.0	1376.1 24.0%	873.1 15.2%	710.8 12.4%	561.2	5741.7
2017 년	0.0	3837.4 44.7%	1656.0 19.3%	1304.4 15.2%	811.6 9.4%	522.4	8589.5
2018 년	0.0	3441.8 36.8%	1842.6 19.7%	1254.7 13.4%	1488.2 15.9%	678.1	9352.5
2019 년	0.0	4152.5 42.0%	1658.7 16.8%	1395.0 14.1%	1194.9 12.1%	688.1	9877.9
2020 년	0.0	4573.3 39.9%	1210.9 10.6%	2417.3 21.1%	1466.0 12.8%	937.9	11466.7

주 1) 2006~2016년 대중국 콘텐츠 수출액은 홍콩을 포함한 중국에 대한 수출액임.
주 2) 2017년부터 대중국 콘텐츠 수출액은 중국 본토, 홍콩, 대만을 포함한 중화권에 대한 수출액임.
자료: 문화체육관광부, 『2007문화산업백서』, 2008, 48쪽; 문화체육관광부, 『2008년 문화산업통계(2007년 기준)』, 2009, 96쪽; 문화체육관광부. 『2009문화산업통계(2008년 기준)』, 2010, 82쪽; 문화체육관광부·한국콘텐츠진흥원, 『2011콘텐츠산업통계(2010년 기준)』, 2011, 73쪽; 문화센터. 콘텐츠산업: 지역별 연도별 수출액 현황. http://stat.mcst.go.kr/portal/subject/subject03/STBL-1014273 (검색일: 2022.07.04)

한국 콘텐츠 수출 제약에도 불구하고 한국 콘텐츠 수출이 중화권에 편중되는 경향은 지속하고 있으며 이러한 경향은 앞으로도 상당 기간 지속할 것으로 전망된다.

한국 문화콘텐츠산업 수입에서도 중국은 중요한 비중을 차지한다. 2006년 한국의 문화산업 수입에서 홍콩을 포함한 중국의 비중은 전체의 20.2%로 북미(33.4%)에 이어 두 번째로 큰 수입파트너였으며, 특히 캐릭터와 출판 분야의 수입이 절대적이었다.

〈표 2〉 2006년 한국의 문화산업 지역별 수입현황   (단위: 천 달러, %)

산업 구분	중국 (홍콩 포함)	일본	동남아	북미	유럽	기타	합계
출판	38,342	63,761	21,892	104,232	66,450	12,507	307,184
만화	159	3,426	-	218	162	-	3,965
음악	134	972	111	1938	4,782	410	8,347
영화	3,672	4,506	361	34,031	2,914	329	45,813
애니메이션	40	5,000	-	50	5	-	5,095
방송	5,724	9,521	646	46,709	9,439	524	72,563
캐릭터	84,177	19,700	37,152	31,193	3,456	36,231	211,909
에듀테인먼트	-	-	-	218	-	98	316
합계	132,248	106,886	60,162	218,589	87,208	50,099	655,192
비중	20.2	16.3	9.2	33.4	13.3	7.6	100.0

자료: 문화체육관광부, 『2007문화산업백서』, 2008, 48쪽.

2020년 한국의 콘텐츠산업 수입액 중 중국, 홍콩, 대만을 통합한 중화권의 수입은 약 2억 2,400만 달러로 북미(37.9%)에 이어 여전히 두 번째로 큰 수입파트너였으며, 그 비중은 27.3%로 확대되었다. 특히 2006년 통계에는 집계되지 않았던 게임 분야가 2020년 통계에 추가됨으로써 중화권으로부터의 3대 수입 분야로 기존의 출판, 캐릭터를 제치고 게임이 1위를 차지했다.

〈표 3〉 2020년 한국 콘텐츠산업의 지역별 수입액 현황 (단위: 천 달러, %)

산업 구분	중화권	일본	동남아	북미	유럽	기타	합계
출판	73,958	23,114	19,906	68,760	66,057	2,561	254,371
만화	184	5,779	66	235	134	95	6,493
음악	133	2,431	70	3,215	6,027	270	12,146
영화	2,129	4,747	-	13,609	5,745	2,101	28,330
게임	77,392	36,655	442	139,342	10,447	6,516	270,794
애니메이션	115	7,409	49	118	100	-	7,791
방송	1,254	8,738	183	43,601	4,483	843	59,102
캐릭터	68,621	15,252	40,793	23,301	10,224	230	158,420
지식정보	64	683	58	6,073	1,715	875	9,467
콘텐츠솔루션	117	140	26	12,405	-	682	13,369
합계	223,968	104,947	61,592	310,658	104,931	14,173	820,283
비중	27.3	12.8	7.5	37.9	12.8	1.7	100.0

주: 중화권은 중국 본토, 홍콩, 대만을 합한 값임.
자료: 문화체육관광부, 『콘텐츠산업조사(2020기준)』, 2022, 70쪽.

한중수교 30년간 진행된 문화콘텐츠 무역에서 주목할 만한 점은 2017년을 전후로 한 사드배치의 여파이다. 2016년 7월 북한의 핵과 미사일 위협에 대응한다는 명목으로 사드(THAAD)를 주한미군에 배치하기로 최종 결정한 데 이어 2017년 4월 경북 성주에 발사대를 배치하자, 중국 정부의 반발이 매우 거셌으며 중국 사회에서의 반한·혐한 사례도 늘어났다 (〈표 4〉 참고).

〈표 4〉 2016년 사드 배치 결정 이후 중국의 대표적인 반한·혐한 사례

시기	출처	반한, 혐한적 기사 사례 공격 내용
2016	중국 Global Times	• 미국 스포츠웨어 K-Swiss 광고의 박보검이 만리장성이라는 중국인선수와 바둑을 두어 이기는 장면은 중국인 모욕
	시나 웨이보	• 온라인 투표 참가자 30만명 중 86%가 한국연예인 활동 저지를 지지한다고 응답 • 25만개 댓글 중 '애국심이 연예오락보다 우선이다'가 대부분임.
	환구시보	• 사설에서 중국 내 한류스타 활동 제약에 대해 한국이 책임져야 한다고 주장

2017	국내 한겨레 신문	• 전방위 공세 한한령은 한국 대중문화를 넘어 클래식, 뮤지컬, 미술분야 타격(백건우, 조수미, 이용백 취소) • 한국콘텐츠진흥원 중국사업피해 신고센터 17건 신고(12일 동안) • 시나 웨이보에서 한국 웹툰과 웹소설 소멸
2020	중국 웨이보	• 예능프로그램에서 이효리가 자신의 캐릭터 이름을 마오로 정한 것에 대해서 중국 네티즌을 중심으로 마오쩌둥 주석을 비하한 것이라는 비난이 빗발침.
	중국 Global Times	• 블랙핑크 멤버들이 에버랜드에서 판다와 접촉한 1일 사육사 체험에서 화장을 하고 때때로 장갑이나 마스크를 끼지 않은 사실을 두고, 중국의 '국보'로 불리는 판다의 건강에 위험을 끼칠 수 있다며 중국 누리꾼의 비난이 빗발쳤다고 보도
	중국 환구시보	• BTS의 팬플리트 수상 소감에 대해 중국 네티즌들이 중국 국가의 존엄성을 무시했다는 반응을 실음. 이후에도 수차례 BTS와 한국의 반응을 비판함.

자료: 채지영, 「한류 20년, 성과와 미래전략」, 한국문화관광연구원, 2020, 200쪽.

　중국 정부는 다양한 경제영역에서 한국과의 교류를 제약하는 암묵적인 조치를 취했으며, 특히 문화콘텐츠 분야의 타격이 매우 클 것으로 우려되었다. 실제로 중국 게임시장 진출시 반드시 발급받아야 하는 허가증인 이른바 판호(版號)의 신규발급이 2017년 이후 이루어지지 않아 한국 게임의 중국 시장 신규 진출이 불가능해졌고, 중국 TV에서 한국 프로그램이 사라졌으며 각종 공연이 취소되었다. 그러나 한국과 중화권 간의 수출입에서 한국의 수출이 2020년의 경우 약 45억 7천만 달러, 수입이 2억 2,400만 달러로 양자 간 무역에서 한국이 절대적인 흑자를 보고 있으며, 전체 글로벌 시장에서 중국을 위시한 중화권의 비중이 수출의 약 40%, 수입의 27%를 차지하고 있다는 사실을 근거로 할 때 '한한령'과 같은 정치외교적 목적으로 시행되는 암묵적 규제가 실제 교역에 미치는 영향은 단기적, 제한적일 수 있음을 시사한다.

Ⅲ. 한중수교 이후 문화콘텐츠 분야 투자 현황

중국의 문화콘텐츠시장은 성장속도도 빠르고 잠재력도 큰 시장인 만큼 중국 국내 기업뿐만 아니라 전 세계 기업들이 지대한 관심을 가져왔다. 그러나 정치, 사상적인 이유로 인해 문화콘텐츠시장의 개방수준은 여타 산업에 비해 현저히 낮은 수준이다. 심지어 가장 최근에 발표되어 시행 중인 2020년도 〈외국인투자 네거티브 리스트〉에서는 항목 수가 2019년 40개에서 33개로 7개 항목이 축소 조정되는 등 외국인투자에 대한 규제를 완화하여 투자를 적극 유치하고자 하는 입장을 보이고 있으나, 33개 금지 항목 중 8개가 문화콘텐츠산업에 해당된다(〈표 5〉 참고). 이처럼 문화콘텐츠산업은 여전히 외국인투자에 대해 상대적으로 높은 진입장벽을 유지하고 있는 산업 중 하나이다.

〈표 17〉 중국의 2020년 외국인투자 네거티브 리스트 중 문화콘텐츠 관련 내용

분야	금지 항목
정보전송, 소프트웨어 및 정보기술 서비스업	17. [투자금지] 인터넷 뉴스 서비스, 인터넷 출판 서비스, 인터넷 시청 프로그램 서비스, 인터넷 문화경영(음악 제외), 인터넷 대중정보발표 서비스
문화, 체육 및 엔터테인먼트	27. [투자금지] 언론사 28. [투자금지] 도서·신문·정기간행물·음향·전자출판물의 편집, 출판, 제작 업무 29. [투자금지] 각급 라디오·TV 방송국, 라디오·TV 송출망발사기지, 중계국, 방송위성, 위성업로드기지, 위성수신기지 및 중계국, 마이크로주파수기지, 감측소, 케이블 송출망), [종사금지] 라디오·TV 영상신청 업무, 위성방송 지면 시설 설치 서비스 30. [투자금지] 라디오·TV 방송프로그램 경영 및 제작 31. [투자금지] 영화 제작회사·배급회사·상영회사 및 영화수입사업 32. [투자금지] 문화재 경매회사, 문화재 판매점 및 국유 문화재 박물관 33. [투자금지] 문화예술 공연단체

자료: 이한나, 「2020년 중국 '외국인투자 네거티브 리스트'의 주요 내용 및 평가」, 『KIEP 북경사무소 브리핑』, Vol.22, No.1, 2020, 8-9쪽.

이에 따라 세계적인 문화콘텐츠 기업도 중국에서는 고전을 면치 못하기 일쑤이며, 오히려 성공한 사례를 찾기가 어려울 지경이다. 일반적으로

해외 문화콘텐츠 시장에 진입하는 방식은 로열티(라이센스) 판매(수출에 해당), 프로젝트 단위 협력, 신규법인 설립의 경우에도 단독진출과 합자합작(조인트 벤처) 등이 있다. 한국의 문화콘텐츠 기업 역시 직접진출보다는 수출을 위주로 해 왔다.

〈그림 1〉은 1993년부터 2021년간 한국기업이 중국 문화콘텐츠시장에서 설립한 법인 수와 투자금액을 나타낸다. 한중수교 이래 30년간 한국의 중국 문화콘텐츠산업 투자는 신규법인 수 644개와 투자누계금액 약 4억 3,500만 달러로 각각 동기간 한국의 대중국 투자의 0.8%와 0.2%의 미미한 수준에 그친다.

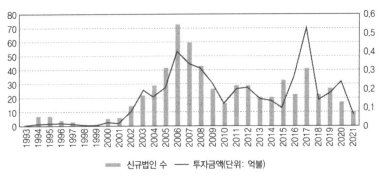

〈그림 1〉 한국의 중국 문화콘텐츠산업 투자 추세(1993~2021년)

신규법인 수 —— 투자금액(단위: 억불)

자료: 한국수출입은행 해외직접투자통계 https://stats.koreaexim.go.kr/sub/detailedCondition.do (검색일: 2022.05.25)

반대로 중국의 한국 문화콘텐츠산업에 대한 투자는 2000년에 시작되었으며 2021년까지의 투자 실적은 69개 업체 설립과 약 8천만 달러의 투자액에 그친다(〈표 6〉 참고). 이는 1993년~2021년간 중국이 한국에서 수행한 투자 중 업체 기준 0.8%(전체 업체 수 8,565개), 도착금액 기준 1.2%(전체 도착금액 68억 6천만 달러)에 해당하는 규모이다. 이처럼 한중 양국의 문화콘텐츠산업의 직접투자는 무역에 비해 매우 저조한 편이다.

〈표 6〉 중국의 한국 문화콘텐츠산업 투자 추세(2000~2021년) (단위: 개, 천 USD)

연도	업체 수	도착금액	연도	업체 수	도착금액
2000년	2	210	2011년	2	5,290
2001년	3	523	2012년	6	1,499
2002년	0	0	2013년	4	1,803
2003년	2	87	2014년	6	2,654
2004년	2	496	2015년	8	3,333
2005년	2	110	2016년	6	2,123
2006년	1	52	2017년	3	1,243
2007년	6	2,662	2018년	3	1,893
2008년	2	136	2019년	3	471
2009년	3	277	2020년	2	4,241
2010년	2	49,994	2021년	1	49
			계	69	79,145

주: 산업 중분류 중 여가·스포츠·오락을 대상으로 했으므로 실제와 일부 다를 수 있음.
자료: 산업통상자원부 외국인투자통계 http://www.motie.go.kr/motie/py/sa/investstatse/investstats.jsp (검색일: 2022.05.25)

Ⅳ. 한중 문화콘텐츠산업 주요 기업 사례

1. 중국 진출 한국기업의 사례: 퍼니 플럭스

앞서 언급했듯이 세계 표준 관점에서 볼 때 중국 문화콘텐츠산업의 진입장벽은 여전히 높은 편이며, 여기에 2016년 사드배치 사태 이후 중국정부의 한국 문화콘텐츠에 대한 비우호적인 태도, 2021년 8월부터 중국 내 문화콘텐츠산업, 인터넷과 관련해 실시되는 중국 당국의 고강도 규제 등이 더해지면서 한국 문화콘텐츠기업의 중국 진출은 어려움을 겪고 있다. 따라서 중국의 제도적 진입장벽을 어떻게 극복할 것인지가 한국기업의 중국시장 진출 성패를 가르는 결정적인 요소이다. 여기에서는 위기를 기회로 바꾼 사례로서 퍼니 플럭스의 중국 시장 진입 과정을 소개한다.[3]

퍼니 플럭스(FunnyFlux)는 2008년 설립한 한국의 애니메이션 및 캐릭터 제작업체로서 대표작으로는 〈출동! 슈퍼윙스〉 시리즈와 〈엄마 까투리〉가 있다. 설립 초기부터 세계시장을 염두에 두었으며 중국시장 진출은 알파그룹(奧飛娛樂)과의 협업을 계기로 2014년 본격화되었다.

특히 〈출동! 슈퍼윙스(超級飛俠)〉는 한중 공동합작의 성공사례로 꼽힌다. 알파그룹과 퍼니플럭스는 2014년 공동으로 TV용 3D 애니메이션인 〈출동! 슈퍼윙스〉를 제작했다. 〈슈퍼윙스〉는 세계문화교육 애니메이션으로 3~6세 유아를 대상으로 한 풀(full) 3D CGI 작품으로 2014년 한국에서 먼저 방영한 후, 2015년 중국 및 전세계 96개국에 수출되었다. 알파그룹은 한국을 제외한 아시아지역(중국 포함)과 중동지역의 배급을 맡고, 전 세계 나머지 지역은 CJ E&M이 배급을 맡았다. 특히 중국에서는 런칭 2년 만에 유아 브랜드 선호도 4위를 기록하고 VOD 누적 뷰 200억을 돌파하는 성과를 거두었다.[4]

알파그룹은 공동제작과 함께 중국 소재 개별 방송국에 프로그램을 판매하였다. 중국에서는 嘉佳卡通(首播), 金鷹卡通, 卡酷少儿, 炫動卡通, 中央電視臺少儿頻道, 中央電視臺綜合頻道 등 중국의 대표적인 키즈 채널과 중앙채널에서 방송되었다. 또한 LeTV(樂視), Iqiyi(愛奇藝), Mango TV(芒果TV), Youku(優酷) 등 온라인플랫폼에서도 큰 인기를 얻었다. 2017년에는 제14회 중국 애니메이션 금룡장 최우수 애니메이션 브랜드상(中國動漫金龍獎最佳動漫品牌獎)도 수상할 정도로 중국 내에서 큰 인기와 함께 작품성도 인정받았다. 2018년 7월에는 중국 문화부가 시상하는 "중국 문화예술정부상 제3회 애니메이션상"에서 최우수 애니메이션 국제시장개척상을 수상하였다(中國文化藝術政府獎第三屆動漫动獎

3) 이상훈·노수연, 「중국 문화콘텐츠시장 진입과 중국파트너의 역할: 외국기업의 지분매각 사례를 중심으로」, 『현대중국연구』, 제21권 제1호, 2019, 139-180쪽에서 발췌한 내용이다.

4) 슈퍼윙스. http://www.funnyflux.kr/works/6/view.do (검색일: 2019.05.03)

漫之最佳動漫國際市場開拓奬). 즉 중국에서 〈슈퍼윙스〉 시리즈는 알파그룹과 공동제작되면서 국산 애니메이션으로 분류되면서 외국계 TV용 애니메이션이 중국시장 진입에서 겪는 어려움을 피할 수 있었다. 또한 〈슈퍼윙스 2〉 연구개발 보조금으로 2018년 중국정부로부터 232만 위안을 지원받기도 했다.[5]

애니메이션 공동제작으로 시작된 중국측 파트너와의 협력은 2015년 지분 양도로 이어지면서 더욱 견고해졌다. 알파그룹은 홍콩 소재 100% 자회사인 알파홍콩을 통해 2015년 12월에 퍼니플럭스의 지분 43.79%를 850만 달러에 인수해 정길훈 대표에 이어 2대 주주가 되었다. 첫 번째 지분인수 당시 양사는 〈출동!슈퍼윙스〉의 콘텐츠개발, 유통채널확대, 상업화 등에서 협력하기로 했다. 이어 2017년 9월 다시 알파홍콩을 통해 추가로 1,620만 달러에 퍼니플럭스의 16.23% 지분을 인수해 알파그룹이 총 60.02%를 보유한 1대 주주가 되었고, 퍼니플럭스는 알파그룹의 자회사로 편입되었다. 2015년 지분양도 당시에는 공동제작한 〈슈퍼윙스〉에 대한 IP 협력으로 영역을 제한했으나, 2017년 추가지분 양도 때는 협력영역을 퍼니플럭스가 현재 보유하고 있는 IP 뿐만 아니라 미래에 창조하는 IP까지 포함함으로써 훨씬 광범위한 협력을 논하게 되었다. 계약에 따르면 퍼니플럭스는 알파홍콩 및 관계사가 한국을 제외한 전세계에서 퍼니플럭스와 업무협력을 하는 독점권을 갖게 되고, 업무범위는 애니메이션 투자 및 발행, 완구 개발 및 생산, 판매, 상품화와 상업서비스 등을 포함한다.[6] 그만큼 알파그룹의 지대한 관심과 전폭적인 지원 하에 중국시장에서의 사업 확장에도 날개를 달게 된 셈이다.

"출동!슈퍼윙스' 애니메이션 시리즈의 조회 수는 4년 사이에 260억 건

---

5) 奧飛娛樂股份有限公司, 『奧飛娛樂股份有限公司2018年年度報告』, 2019, 172쪽.

6) 東方財富網, 「奧飛娛樂1.06億元收購韓國動漫公司FunnyFlux60.02%股份」(2017.09.27) http://finance.eastmoney.com/news/1354,20170927781380081.html (검색일: 2019.02.27)

에 달하고 현재 130여 개 국가와 지역에서 방송되고 있다. 특히 부가사업도 활발히 진행 중이며, 파생상품 매출액만 60억 위안을 넘어섰다.[7] KFC, 피자헛 등 요식업과 '출동! 슈퍼윙스' IP가 협력해 어린이 요리세트, 식기, 한정판 완구 등 시리즈 수권 제품을 출시하였고, 쇼핑몰과 결합해 가족 프로그램 등을 개발, 쇼핑몰의 고객 유입량을 늘이는데 좋은 효과를 얻고 있다. 또한 '출동! 슈퍼윙스'를 배경으로 한 중국 최초의 테마파크가 2021년 충칭(重慶)에 개장했으며 六旗集團과 공동으로 저장성 하이옌(海鹽) 시에도 설립을 추진 중이다. 2017년 5월 항저우(杭州)에서 첫 극장 공연 '러디의 비밀임무(樂迪的秘密任務)'를 개봉한 이후 전국 각지에서 상영되고 있으며, 의류, 가방, 완구, 도서 등이 꾸준한 인기를 얻고 있다."[8] 이러한 중국사업은 알파그룹의 주도로 진행되고 있다.

알파그룹은 중국 캐릭터 완구시장 점유율 1위 기업으로서 파생상품 디자인과 생산 및 판매, 콘텐츠 창작과 관리, 영유아용품, TV미디어, 인터액티브 엔터테인먼트 업무의 5대 사업을 위주로 한다. 따라서 애니메이션 출시와 동시에 완구를 론칭할 수 있도록 캐릭터 디자인과 완구기획 협업이 가능했다. 그 결과 2018년 알파그룹은 타 분야의 경영실패로 적자를 보았으나 퍼니플럭스는 오히려 중국 사업에서 막대한 이익을 보았다. 퍼니플럭스의 2018년 매출은 2017년 대비 40% 증가한 170억원, 영업이익은 2배 정도 늘어난 8억원으로 추정되며, 주목할 것은 매출의 60~70%를 중국에서 거뒀다는 사실이다.[9] 이처럼 퍼니플럭스가 중국에서 급성장할 수

---

7) 徐露, 「《超級飛俠》IP方Funnyflux獲奧飛娛樂1620萬美元增資」(2017.09.27), https://baike.baidu.com/tashuo/browse/content?id=70e3fa16915cf20e14800bc1&lemmaId=16746111&fromLemmaModule=pcBottom (검색일: 2019.04.25)

8) KOTRA, 「중국 애니메이션산업, 뉴미디어 사용자 확대로 지속 성장」(2019.04.23), http://news.kotra.or.kr/user/globalAllBbs/kotranews/album/2/globalBbsDataAllView.do?dataIdx=174382 (검색일: 2019.04.29)

9) 한국경제, 「"'출동 슈퍼윙스'로 中 애니메이션 시장 꽉 잡았죠"」(2019.01.17), https://

있었던 데는 알파그룹의 투자가 결정적인 역할을 했다는 것이 회사측 입장이다.

알파그룹은 경영과 창작에는 일절 관여하지 않고 있으며, 시즌당 70~80억원에 상당하는 제작비도 알파그룹과 퍼니플럭스가 각각 6대 4의 비율로 부담한다. 각종 완구 등의 로열티 수익도 비슷한 비율로 나눈다. 퍼니플럭스는 국산 애니메이션이 아니면 프라임 타임대에 방영되기 어려운 중국시장 현실을 극복하기 위해 알파그룹의 투자를 수용했고, 그 결과 중국시장을 개척하고 유지하는데 알파그룹이 큰 버팀목이 되어주고 있다고 평가한다.

퍼니플럭스의 중국사업은 비단 알파그룹의 주도적 역할에만 의존하지는 않는 행보를 보이고 있다. 2017년 5월 퍼니플럭스는 중국 항저우시에 240만 위안을 투자해 100% 자회사인 杭州華尼動漫有限公司를 설립하였다. 즉 중국기업에 지분을 양도한 후에도 지속적으로 중국사업을 확대해 나가고 있다.

중국 정부의 해외산 애니메이션에 대한 수입 제한과 국산 애니메이션 창작에 대한 지원을 고려했을 때 외국기업의 입장에서 방송권과 방송시간을 안정적으로 확보하기 위해서는 중국과의 공동제작을 통해 작품을 중국 국산작품으로 인정받게 하는 것이 가장 현실적인 해결방안일 것이다. 또한 애니메이션의 수익이 결국 인지도 있는 캐릭터를 활용한 각종 부가사업에서 발생한다는 점과, 중국 TV 방송까지 성공하기 위해서는 중국정부의 정책에 대한 대응능력 또는 교섭력이 있어야 한다는 사실을 고려할 때 실력과 규모를 겸비한 중국 완구회사나 게임회사 등과의 공동제작이 절실하다. 퍼니 플럭스는 이러한 요구조건을 만족시키는 파트너인 알파그룹을 파트너로 영입함으로써 중국시장의 리스크를 최소화하고 수익을 극

www.hankyung.com/entertainment/article/2019011757781 (검색일: 2019.02.23)

대화하는 내실을 기할 수 있었다. 그러나 이런 식의 기업합작은 중국에서의 사업 주도권을 보장할 수 없고 외국기업도 아이코닉스처럼 자체적으로 부가사업 수익을 확보할 방안을 마련해야 하므로 중국에 직접 법인을 설립하는 것도 고려할 필요가 있다.[10] 이런 의미에서 퍼니 플러스의 항저우 지사 설립은 알파그룹과의 소통채널이라기보다는 중국시장에서의 자체적인 사업영역 확대를 위한 행보라고 판단된다.

2. 한국 진출 중국기업의 사례: 텐센트

한국 문화콘텐츠시장의 대외 개방도는 높지만 전세계 여러 나라에서 발생한 한류(韓流) 열풍에 힘입어 자국의 문화콘텐츠에 대한 소비자의 자부심이 높기 때문에 문화콘텐츠분야에서 후발주자라 할 수 있는 중국기업의 한국시장 진입이 결코 쉽지 않다. 결국 깐깐한 한국 소비자를 어떻게 매료시킬 것인지가 중국기업의 한국시장 진출 성패의 결정적인 요인이다. 이에 중국기업은 초기에는 한국 국내시장을 타깃으로 하기 보다는 오히려 한국기업의 경쟁력 학습이나 한국 음악, 드라마 등 콘텐츠의 중국어권 시장에서의 영향력을 활용한 중국으로의 재진출을 염두에 두고 한국시장에 진출을 시도했다.

게임 역시 중국기업은 한국 시장 진출 초기만 해도 국내 게임사 퍼블리싱(유통)을 통해 간접 진출하는 데에 그쳤다. 그러나 이제는 신작을 직접 국내에서 서비스하고 적극적인 인력 채용과 M&A를 통해 한국 게임 시장을 급속도로 장악하고 있다.

현재 국내 매출 상위 10개 게임 중 5개가 중국산 게임일 정도이다. 일례로 2021년 10월 1일 모바일데이터분석 솔루션 모바일인덱스에 따르면 9

---

10) 한중콘텐츠연구소, 「최근 한중 애니메이션 합작 현황」, 2017, http://kccl.co.kr/22099251
    1685 (검색일: 2019.04.28)

월 30일 매출(안드로이드 기준) 상위 10개 중 5개는 중국산 게임이다. ▷5위 원신(미호요) ▷6위 미니어스(빌리빌리) ▷8위 기적의검(4399코리아) ▷9위 라이즈 오브 킹덤즈(릴리스 게임즈) ▷10위 히어로즈 테일즈(37모바일 게임즈)가 차지했다. 이 중 3개 게임은 출시 1년이 넘었지만 꾸준히 매출 10위권을 유지하며 장기 흥행을 유지하고 있다. 중국 게임의 완성도 또한 과거보다 급격히 높아져 근래 출시된 게임들은 질적으로 국내 게임사를 능가한다는 평까지 나온다. 국내에서 인기를 끌고 있는 중국 게임 '원신' 의 경우 PC·모바일·콘솔 3가지 기종으로 크로스 플레이를 구현해 국내 게임사들마저 기술력을 인정한 사례다. 한국의 경우 기존 모바일·PC 간 연동을 넘어 콘솔기기까지 접목된 사례는 아직 없다. 국내 이용자도 중국 산 게임에 호평을 보내고 있다. 실제 원신(4.5) 등 매출 상위권 중국 게임 들은 구글플레이스토어 평점(5점 만점) 4점대의 높은 만족도를 유지했다. 반면 국내 게임은 카카오게임즈의 '오딘'을 제외하면 모두 3점대 또는 2점 대에 머물고 있다.[11]

게임분야에서 가장 적극적으로 한국 진출을 추진하는 기업이 텐센트이 다. 텐센트는 과거 '크로스파이어', '던전앤파이터' 등 한국의 인기게임을 중국 시장에 퍼블리싱하는 역할을 위주로 하였으나, 2006년 온라인 애완 동물 기르기 게임을 개발한 고페츠(GoPets)에 약 58억 원을 투자한 것을 시작으로 2010년까지 레드덕, 스튜디오혼, 아이덴티티 게임즈, 리로디드 스튜디오, 탑픽, 넥스트플레이 등 한국 게임업체에 200억 원 이상의 자금 을 투자하였다. 또한 2011년 한국지사 텐센트코리아를 설립하며 본격적인 한국시장 진출을 알리기도 했다. 2014년 6월 한국에서 모바일게임 콘퍼런 스를 개최하여 국내 모바일 게임업체에게 자사의 모바일 게임사업을 소개 하는 등 한국 게임업체의 인수합병 확대 가능성을 적극적으로 타진하기도

---

11) 헤럴드경제, 「"자국 시장은 막아놓고…" 중국 게임 한국에서 판친다」(2021.10.1), http://mbiz.heraldcorp.com/view.php?ud=20211001000584 (검색일: 2022.05.26)

하였다. 이후 2017~2021년간에도 지분투자를 중심으로 한 국내 게임업체에 대한 투자를 적극적으로 하고 있다. 특히 텐센트는 "소유는 하되 간섭은 하지 않는다"는 투자 원칙을 고수하면서 벤처 캐피탈로서 안정적인 투자수익을 올리는 데 집중해 왔다(〈표 7〉 참고).

〈표 7〉 중국 텐센트의 국내 게임기업 주요 투자 사례(2006~2021년)

시기	투자대상기업(한국)	금액	투자내용
2006년	고펫츠(GoPets)	3281.3만 위안 (약 58억 원)	
2010년	GH 호프 아일랜드(GH Hope Island)	25억 원	2010년 벤처캐피탈인 캡스톤파트너스와 500억 원 규모의 벤처펀드를 구성해 투자 실시
	아이덴티티 게임즈(Eyedentity Games)	39.99억 원	
	레드덕(Redduck)	15억 원	
	넥스트플레이(Nextplay)	15억 원	
	톱픽(Toppig)	20.2억 원	
	리로디드 스튜디오(Reloaded Studios)	54.95억 원	
	스튜디오 혼(Studio Hon)	14.5억 원	
2014년	네시삼십삼분(4:33 Creative Lab)	1.1억 달러 (약 1277억 원)	25% 지분 보유
	CJ게임즈(CJ Games)	5억 달러 (약 5805억 원)	28% 지분 보유. 3대 주주
	파티게임즈(PATI Games)	200억 원	지분 15.33% 보유
2017, 2018년	크래프톤(블루홀)	5,700억 원	지분투자(2대 주주) 2017년 700억 원, 2018년 5,000억 원 투자
2018년	카카오게임즈	500억 원	지분투자 자회사 에이스빌이 지분확보
2021년	액트파이브	n.a.	지분투자(최대주주)
	로얄크로우	177억 원	지분투자(2대 주주)
	앤유	n.a.	
	라인게임즈	500억 원	지분투자

자료: Venturesquare, 「텐센트의 한국 투자 스토리」(2012.01.05), https://www.venturesquare.net/1808 (검색일: 2022.07.01); 한경닷컴 게임톡(2014.11.10), 「4:33, 텐센트와 라인 '세계최초' 공동투자 유치」, https://gametoc.hankyung.com/news/articleView.html?idxno=23559 (검색일: 2022.07.04); The Bell(2010.05.24), 「中 텐센트, 국내 7개 게임사에 184억 투자」, https://www.thebell.co.kr/free/NewsPrint.asp?key=73103 (검색일: 2022.07.04); 뉴스핌(2016.06.22), 「중국 텐센트는 '게임회사' 10년 M&A로 글로벌 업계 정상 우뚝」, https://m.newspim.com/news/view/20160622000049 (검색일: 2022.07.04); 양수영, 「중국의 고강도 산업규제가 한중 콘텐츠 비즈니스에 미치는 영향」, 「Kocca focus」, 통권 136호, 한국콘텐츠진흥원, 2022, 8쪽.

이와 동시에 텐센트는 다년간의 인기 게임 퍼블리싱 경험과 자본을 토대로 하여 게임 개발에도 공격적으로 나섰으며, 2015년 자체 개발한 멀티플레이어 온라인 배틀 아레나 게임인 펜타스톰(王者荣耀)이 전 세계적으로 공전의 히트를 기록하면서 경쟁력을 입증하였다.

특히 한국이 미국, 일본에 이어 3위 규모의 중국 게임 소비시장으로 부상하면서 텐센트는 한국을 해외진출의 전략적 요충지로 중요시하고 있다. 2020년 중국에서 선보인 게임 '천애명월도'의 모바일 버전인 '천애명월도M'의 해외 첫 출시국으로 2022년 6월 한국을 선택한 것도 이러한 이유에서 비롯되었다. 또한 텐센트 한국지사는 중국 업체로서는 최초로 한국게임산업협회 가입도 추진하고 있으며, 가입이 성사될 경우 한국 업체들의 동향을 더 손쉽게 파악할 수 있게 된다. 텐센트 한국지사는 최근 홍보·마케팅 인력도 충원한 것으로 알려졌다.[12]

V. 결론

한중수교 이후 양국 간의 전통적인 문화콘텐츠산업 교류는 무역, 투자, 인적교류를 망라하고 과거에는 한국에서 중국으로의 일방적 진출이 많았다. 협업 시스템 역시 한국의 우수한 기획력, 기술력과 중국의 자본, 개발 가능성 있는 스토리의 조합이 주로 논의되었다. 또한 다양한 문화콘텐츠 분야 중에서도 방송, 영화, 애니메이션, 게임 등 특정 영역에 교류가 집중되는 경향이 강했다. 그러나 최근 들어 중국도 한국과 동등하거나 심지어

12) 조선일보, 「중국 게임, 한국 시장 야금야금 … 상위 오르고 수백억 투자」(2022.07.04), https://www.chosun.com/economy/tech_it/2022/07/04/REIG7B2UPJCTTPLR27PPAFZOJE/? utm_source=naver&utm_medium=referral&utm_campaign=naver-news (검색일: 2022.07.04)

경쟁우위를 보이는 분야가 점점 생겨나고 있다. 대표적인 사례가 게임분야로, 텐센트의 적극적인 한국기업 인수 및 진출은 한국 모바일게임의 판도를 뒤흔들어 현재 상위 10위권 모바일게임 중 절대다수는 이미 중국산이 되었다고 해도 과언이 아니다.

문화콘텐츠 산업은 정치외교, 이데올로기, 국민 정서 등이 섞여 있는 복잡한 산업이다. 단순히 정부 차원에서 정책적 협력을 강조하고 공동제작을 권장하거나 교류 플랫폼을 설치한다고 해서 자연스럽게 교류 확대나 심화로 연결되는 산업도 아니고, 그렇다고 정부가 무조건 규제한다고 해서 일시에 소비수요가 사라지는 산업도 아니다.

2015년 12월 발효된 한중 FTA가 양국 간 문화콘텐츠 분야 협력을 가속화할 것이라는 낙관적 전망도 있었으나, 실제 협정문에서는 문화콘텐츠 분야에 대한 파격적인 규제완화는 없었고 따라서 투자의 비약적인 증가도 없었다. 2016년 사드사태 이후 경직된 양국 외교관계는 '한한령'이라는 이름으로 한국 문화콘텐츠 분야 종사자의 중국 진출을 제약했고, 이는 개별 기업이나 프로젝트에게는 치명적인 타격을 주었을 수 있겠으나 정량지표인 무역, 투자에서는 뚜렷한 감소가 없이 오히려 증가하는 추세를 보였다.

따라서 정치적 이슈의 해결도 물론 중요하지만 이와 함께 '콘텐츠의 힘'으로 양국 국민 간의 지속적인 교류를 이끌어내는 것도 중요하다. 국가적, 민족적 색채를 강조하기 보다는 글로벌 시장을 겨냥한 범인류적인 성향의 우수한 콘텐츠는 정치 환경의 변화에도 불구하고 다양한 경로를 통해 교류될 것이다.

문화콘텐츠 시장에서 진행되는 한중 기업의 교류가 제로섬(zero-sum game)이 아니라 포지티브섬 게임(positive-sum game)이 될 수 있도록 기회요인의 관점에서 적극적으로 이를 활용할 수 있는 방안을 모색할 필요도 있다. 예를 들어 양국 모두 최근 K-wave, C-wave라는 명칭으로 자국 문화를 외국에 전파하는 등 세계 시장 진출에 적극적인 만큼 양국이 세계 시장에서 함께 발전할 수 있는 동반자라는 인식을 가지는 것이 중요하다.[13] 또한 교류 분야를 기존의 영화, 방송, 게임, 애니메이션, 음악에서 출판, 만화, 지식정보 등 보다 다양한 분야로 확대하는 한편, 뉴미디어, 플랫폼, 웹툰, 웹소설 등 새롭게 등장하면서 중국의 부상이 두드러지는 분야로까지 협력 영역을 확대해 나갈 수 있을 것이다.

| 참고문헌 |

문화체육관광부, 『2007문화산업백서』, 2008.

_____, 『2008년 문화산업통계(2007년 기준)』, 2009.

_____, 『2009문화산업통계(2008년 기준)』, 2010.

_____, 『콘텐츠산업조사(2020기준)』, 2022.

문화체육관광부·한국콘텐츠진흥원, 『2011콘텐츠산업통계(2010년 기준)』, 2011.

채지영, 『한류 20년, 성과와 미래전략』, 한국문화관광연구원, 2020.

양수영, 「중국의 고강도 산업규제가 한중 콘텐츠 비즈니스에 미치는 영향」, 『Kocca focus』, 통권 136호, 2022.

이상훈·노수연, 「중국 문화콘텐츠시장 진입과 중국파트너의 역할: 외국기업의 지분 매각 사례를 중심으로」, 『현대중국연구』, 제21권 제1호, 2019.

이한나, 「2020년 중국 '외국인투자 네거티브 리스트'의 주요 내용 및 평가」, 『KIEP 북경사무소 브리핑』, Vol.22 No.1, 2020.

---

13) CJ E&M의 뮤지컬 사업계획이나 MBC의 〈아빠! 어디가?〉 포맷의 동남아시장 진출사례처럼 한중 협력을 통해 제3국으로의 동반진출을 계획하거나 시도하는 사례를 적극적으로 참고하고 활용해야 한다.

뉴스핌, 「중국 텐센트는 '게임회사' 10년 M&A로 글로벌 업계 정상 우뚝」
  (2016.06.22), https://m.newspim.com/news/view/20160622000049 (검색
  일: 2022.07.04)

문화셈터, 「콘텐츠산업: 지역별 연도별 수출액 현황」, http://stat.mcst.go.kr/portal
  /subject/subject03/STBL-1014273 (검색일: 2022.07.04)

산업통상자원부 외국인투자통계, http://www.motie.go.kr/motie/py/sa/investstatse
  /investstats.jsp (검색일: 2022.05.25)

슈퍼윙스, http://www.funnyflux.kr/works/6/view.do (검색일: 2019.05.03)

조선일보, 「중국 게임, 한국 시장 야금야금 … 상위 오르고 수백억 투자」(2022.
  07.04), https://www.chosun.com/economy/tech_it/2022/07/04/REIG7B2
  UPJCTTPLR27PPAFZOJE/?utm_source=naver&utm_medium=referral
  &utm_campaign=naver-news (검색일: 2022.07.04)

한경닷컴 게임톡, 「4:33, 텐센트와 라인 '세계최초' 공동투자 유치」(2014.11.10),
  https://gametoc.hankyung.com/news/articleView.html?idxno=23559 (검
  색일: 2022.07.04)

한국경제, 「"출동 슈퍼윙스'로 中 애니메이션 시장 꽉 잡았죠"」, (2019.01.17),
  https://www.hankyung.com/entertainment/article/2019011757781 (검색
  일: 2019.02.23)

한국수출입은행 해외직접투자통계, https://stats.koreaexim.go.kr/sub/detailed
  Condition.do (검색일: 2022.05.25)

한중콘텐츠연구소, 「최근 한중 애니메이션 합작 현황」(2017), http://kccl.co.kr/
  220992511685 (검색일: 2019.04.28)

헤럴드경제, 「"자국 시장은 막아놓고 … " 중국 게임 한국에서 판친다」(2021.
  10.01), http://mbiz.heraldcorp.com/view.php?ud=20211001000584 (검
  색일: 2022.05.26)

KOTRA, 「중국 애니메이션산업, 뉴미디어 사용자 확대로 지속 성장」(2019.04.23),
  http://news.kotra.or.kr/user/globalAllBbs/kotranews/album/2/globalBbs

DataAllView.do?dataIdx=174382 (검색일: 2019.04.29)

The Bell, 「中 텐센트, 국내 7개 게임사에 184억 투자」, 2010.5.24, https://www.
thebell.co.kr/free/NewsPrint.asp?key=73103 (검색일: 2022.07.04)

Venturesquare, 「텐센트의 한국 투자 스토리」(2012.01.05), https://www.ventures
quare.net/1808 (검색일: 2022.07.01)

奧飛娛樂股份有限公司, 『奧飛娛樂股份有限公司2018年年度報告』, 2019.

徐露, 「《超級飛俠》IP方Funnyflux獲奧飛娛樂1620萬美元增資」(2017.09.27),
https://baike.baidu.com/tashuo/browse/content?id=70e3fa16915cf20e14
800bc1&lemmaId=16746111&fromLemmaModule=pcBottom (검색일:
2019.04.25)

東方財富網, 「奧飛娛樂1.06億元收購韓國動漫公司FunnyFlux60.02%股份」(2017.
09.27), http://finance.eastmoney.com/news/135420170927781380081.html
(검색일: 2019.02.27)

한중 문화갈등의 발생 양상과 특징

● 임대근 ●

Ⅰ. 머리말

한국과 중국은 올해로 수교 30주년을 맞는다. 유사 이래 양국 관계는 지리적 근접성에 따라 긴밀한 교류를 축적해 왔다. 중국은 한자와 유가를 중심으로 아시아 지역의 전통문화 형성을 주도했다. 한국 또한 한자문화권, 유가문화권의 일원으로 간주했던 바, 중국과 지속적인 상호작용을 통해 독창적 문화를 창조해왔다. 수천 년에 이르는 양국의 역사적 상호작용은 정면과 부면의 결과를 모두 초래했다. 한국에 있어 중국은 문화의 원천이기도 했으나 억압과 침략의 현실이기도 했다.

조선과 청 왕조의 멸망이 이어지고 일본 제국에 의해 식민지와 반식민지 경험을 겪은 이후, 한반도의 분단으로 인해 한국과 중국의 관계는 단절되었다. 중국의 정통성을 자임하는 중화민국(대만)과의 관계가 계속돼왔으나 세계사에 있어 대륙 중국의 부상은 거부할 수 없는 흐름이었다. 1992년 한중수교는 근대국가 수립 이후 양국 관계의 공식적 복원을 천명한

---

* 이 글은 「한‑중 문화갈등의 발생 양상 연구」, 『한중문화연구』, 제63집, 2022를 수정·보완한 것이다.

** 한국외국어대학교 융합인재학부 교수.

사건이었다. 한국과 중국은 근대국가의 관계를 수립한 이래 30년, 한 세대의 시간을 공유해왔다.

한국과 중국은 서로 다른 체제 속에서 역사적 관계를 복원함과 동시에, 이를 동시대화하고, 나아가 건강한 미래를 창조해야 하는 삼중의 과제를 떠안게 되었다. 한중 관계는 1992년 공식적으로 이른바 '선린우호 협력관계'에서 출발하여 2008년 '전략적 협력 동반자 관계'로까지 격상되었다. 양국 관계는 지난 30년 동안 경제와 안보 분야의 필요성에 의해 긍정적인 성과를 도출해왔다. 정부 주도의 문화외교와 민간 중심의 문화교류 또한 적지 않은 성과를 축적해 왔다.

그러나 양국 문화의 상호작용이라는 측면을 살펴보면, 관계에 대한 수사가 화려해질수록 갈등의 골은 깊어지는 역설적 상황이 연출되고 있는 점도 사실이다. 명명과 인식이 상호 배반의 관계를 구성하는 상황인 것이다. 이 글은 이런 상황에서 이전의 관련 연구[1]에 뒤이어 새롭게 발생하고 있는 최근 한국과 중국의 문화갈등 양상을 정리하고 그 특징과 의미를 분석한 뒤 이를 극복할 대안이 무엇인지 논의하고자 한다.

II. 한중 문화갈등 발생의 시기별 양상

한중 관계는 1992년 수교부터 2002년 '동북공정' 사태가 발생하기까지 밀월기 혹은 상호 탐색기를 보냈다. 양국 관계는 '동북공정' 이후 다양한 문화갈등을 간헐적으로 노출해 오다가, 2016년 한한령 발동과 더불어 문화냉각의 시기로 들어선 이래 2020년부터는 문화갈등이 빈발하는 양상을

---

1) 임대근, 「한−중 문화갈등의 발생구조와 대응 방안」, 『한중사회과학연구』, 제10권 3호, 2012.

보이고 있다. 지난 30년 동안 이어진 한중 문화갈등의 흐름을 시간 축에 따라 정리하면 〈그림 1〉과 같다.

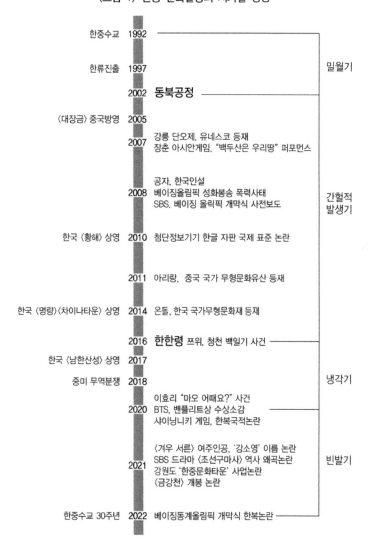

〈그림 1〉 한중 문화갈등의 시기별 양상

한중수교	1992	밀월기
한류진출	1997	
	2002	**동북공정**
〈대장금〉 중국방영	2005	
	2007	강릉 단오제, 유네스코 등재 / 장춘 아시안게임, "백두산은 우리땅" 퍼포먼스
	2008	공자, 한국인설 / 베이징올림픽 성화봉송 폭력사태 / SBS, 베이징 올림픽 개막식 사전보도 / 간헐적 발생기
한국 〈황해〉 상영	2010	첨단정보기기 한글 자판 국제 표준 논란
	2011	아리랑, 중국 국가 무형문화유산 등재
한국 〈명량〉〈차이나타운〉 상영	2014	온돌, 한국 국가무형문화재 등재
	2016	**한한령** 쯔위, 청천 백일기 사건
한국 〈남한산성〉 상영	2017	냉각기
중미 무역분쟁	2018	
	2020	이효리 "마오 어때요?" 사건 / BTS, 밴플리트상 수상소감 / 샤이닝니키 게임, 한복국적논란
	2021	〈겨우 서른〉 여주인공, '강소영' 이름 논란 / SBS 드라마 〈조선구마사〉 역사 왜곡논란 / 강원도 '한중문화타운' 사업논란 / 〈금강천〉 개봉 논란 / 빈발기
한중수교 30주년	2022	베이징동계올림픽 개막식 한복논란

한중관계는 문화교류와 갈등의 층위에서 크게 네 시기로 나뉘어 볼 수 있다. 1992년 수교 이후 2002년까지 초기 10년은 상호탐색의 시기였다. 1949년 사회주의 중국 수립 이후 40여 년 동안 서로 다른 체제를 구축해 온 양국은 공식 외교 관계의 수립에도 불구하고 상호탐색과 이를 통한 인식 전환의 시간이 필요했다. 한국의 적성국이었던 '중공'은 중화민국(대만)을 대신하여 새로운 '중국'으로 호명되어야 했으며, 중국은 이른바 '항미원조'(抗美援朝) 전쟁의 당사자였던 '남조선'을 '한국'으로 조정하는 과정을 거쳐야 했다. 수교 초기 10년은 양국의 역사적 관계를 복원하기 위한 시기였다. 이 시기 중국에 진출하기 시작한 한류는 그러한 관계 복원의 상징으로서 문화교류 현상이었다.

2002년 '동북공정'(東北工程)은 한중 문화갈등의 첫 번째 변곡점이었다. 중국 당국이 오늘날 동북 지역에 포진해 있던 고구려, 발해 등의 고대사를 자국 역사로 편입하려는 공식 계획은 한국인에게 강력한 반발을 불러왔다. 이후 양국 문화갈등은 2~3년을 주기로 간헐적으로 발생했다.

2007년 강릉 단오제 유네스코 등재 논란, 창춘(長春) 아시안게임 한국 여자 쇼트트랙 선수팀 "백두산은 우리땅" 퍼포먼스, 2008년 공자 한국인설 논란, 베이징올림픽 성화봉송 폭력 사태, 한국 SBS 베이징올림픽 개막식 사전 보도 사건, 2010년 첨단정보기기 한글 자판 국제 표준 논란, 2011년 아리랑 중국 국가무형문화유산 등재 논란, 2014년 온돌 한국 무형문화재 등재 논란, 2016년 트와이스 멤버 쯔위의 청천백일기 사건 등이 이어졌다.

2016년 '한한령'(限韓令)은 한중 문화갈등의 두 번째 변곡점이었다. 한국 정부의 사드(THAAD, 고고도 미사일 방어 체계) 배치에 대한 보복으로 중국은 한한령, 즉 한국 대중문화의 중국 유입을 제한하는 행정명령을 발동했다. 이후 2020년까지 약 4년 동안 양국 문화교류는 냉각기를 거쳤다. 냉각기에는 한편으로 한한령이 지속되었으나 다른 한편으로는 한한령이 곧 해제되리라는 기대가 이어지던 시기였다. 상호 교류와 갈등이 모두 정지된 시기이기도 했다. 한한령이 해제되고 교류가 재개, 복원되리라는 기대가 더 이상 유효하지 않다는 판단에 이른 시점에 양국 문화갈등은 새로운 전기를 맞게 되었다.

2020년 이효리의 "마오 어때요?" 사건은 한중 문화갈등의 빈발기를 이끌어내는 도화선으로 작동했다. 이후 2020년 하반기부터 BTS 밴플리트상 수상 소감 논란, 샤이닝니키 게임 한복 국적 논란, 중국 유튜브 콘텐츠의 김치 종주국 논란, 2021년 중국 TV드라마 〈겨우 서른〉(三十而已) 여주인공 '강소영' 이름 논란, SBS 드라마 〈조선구마사〉 역사 왜곡 논란, 강원도 '한중문화타운' 사업 논란, 중국영화 〈금강천〉 한국 수입 및 개봉 논란, 2022년 베이징동계올림픽 개막식 한복 논란까지 이어지고 있다. 특히 2020년 이후부터는 한중 문화갈등이 빈발하면서 한국 내 반중감정과 중국 내 반한감정을 고조시키고 있다.

Ⅲ. 한중 문화갈등의 특징과 의미

한중 문화갈등은 때로는 한국이 요인을 제공하기도 하고 때로는 중국이 요인을 제공하기도 한다. 또한, 때로는 한국과 중국 정부가 계획적으로 추진하는 사업이 갈등 발생의 원인을 제공하기도 하고 때로는 민간에서 일어나는 돌발 상황이 갈등으로 비화하기도 한다. 수교 이후 한중 문화갈등 사례를 이전의 연구에서 시도한 바와 같이[2] 갈등 발생 요인 제공의 주체에 따라 구분하면 〈표 1〉과 같다.

이 정리를 살펴보면 다음과 같은 몇 가지 득징이 드러난다.

---

2) 임대근, 앞의 논문.

첫째, 한중 문화갈등의 원인을 제공하는 주체는 양국의 중앙정부 또는 지방자치단체(지방정부), 민간 기관이나 기업, 집단 등을 두루 지목할 수 있다. 양국 정부가 추진하는 사업들은 사전에 계획된 경우들인데, 이들이 갈등을 일으킬 수 있다는 점을 충분히 인지할 수 있음에도 불구하고 상대국에 대한 적절한 설명 없이 관련 문제를 다루고 있다는 점은 아쉬운 부분이다. 민간에서 일어나는 문화유산에 대한 갈등은 정부가 다루고 있는 문제들의 연장선에 있다고 해도 과언이 아니다. 강릉 단오제, 온돌, 아리랑 등으로 이어지는 무형문화유산의 보호와 전승을 위한 양국의 '독자적'인 노력이 양국 국민의 반감을 불러일으키면서 결국 공자, 한글, 한복, 김치 등의 문제로 연쇄 작용을 일으키면서 반중 정서, 반한 정서를 확산하는 상황이다.

〈표 1〉 한중 문화갈등의 원인 제공 주체 구분

갈등 원인 주체	한국	중국
관방	강릉 단오제 유네스코 등재(2007) 온돌 한국 국가무형문화재 등재(2014) 강원도 '한중문화타운' 사업 논란(2021)	동북공정(2002) 아리랑 중국 국가무형문화유산 등재(2011) 한한령(2016) 베이징동계올림픽 개막식 한복 논란(2022)
민간	창춘 아시안게임 퍼포먼스(2007) SBS 베이징올림픽 개막식 사전 보도(2008) 쯔위 '청천백일기' 사건(2016) 이효리 "마오 어때요?" 사건(2020) BTS 밴플리트상 수상 소감(2020) 〈겨우 서른〉 '강소영' 이름 논란(2021) 〈조선구마사〉 역사 왜곡 논란(2021)	공자 한국인설(2008) 베이징올림픽 성화봉송 사태(2008) 첨단정보기기 한글자판 표준 논란(2010) 샤이닝니키 게임 한복 국적 논란(2020) 김치 종주국 논쟁(2020) 〈금강천〉 한국 개봉 논란(2021)

둘째, 한중 문화갈등의 소재는 대체로 역사 문제나 국적문화(national culture)에 관한 문제가 주종을 이룬다. 역사 문제는 고대사 영역과 현대사 영역의 사례가 복합돼 있다. 고대사와 관련된 문제는 중국이 고구려 등 한국의 고대사를 자국 역사로 편입한 '동북공정'이 대표적이다. 최근에는

현대사와 관련한 문제도 갈등의 소재로 등장하고 있는데, 예컨대 이효리의 "마오 어때요?" 사건은 중국의 현대 지도자인 마오쩌둥을 비하했다는 논란에 휘말렸고, BTS의 밴플리트상 수상 소감은 한국전쟁을 바라보는 양국의 판이한 시각으로 인해 촉발됐다. 특히 한국전쟁 문제는 한중 양국 사이에 해결 불가능한 인식을 드러내는 사안으로 보인다. 2021년 한국에서 벌어진 중국영화 〈금강천〉(金剛川, 한국제목 '1953 금성대전투')의 개봉 및 상영에 관한 한국 대중의 반발은 이런 상황을 잘 보여준다. 국적문화와 관련한 갈등은 주로 특정한 문화 현상의 기원 또는 종주국이 어디인가를 두고 벌인 논쟁이다. 한국의 강릉 단오제 유네스코 등재, 온돌 한국 국가무형문화재 등재, 중국의 아리랑 국가무형문화유산 등재, 공자 한국인설, 첨단정보기기 한글 자판 표준 논란, 샤이닝니키 게임 한복 국적 논란, 김치 종주국 논쟁 등은 모두 특정한 문화유산의 국적을 문제 삼으면서 발생한 갈등의 사례들이다.

셋째, 한중 문화갈등에 있어 '동북공정'과 '한한령'은 두 개의 큰 변곡점을 형성한다. 동북공정은 한중수교 이후 양국 관계가 밀월기 또는 상호 탐색기를 끝내고 본격적인 문화갈등의 시기를 열게 했다. 한국인과 한국 사회에 대한 동북공정의 영향은 매우 심각한 효과를 유발했다. 이로써 한국인은 이후에 발생하는 다양한 문화갈등을 정확한 사실과 관계없이 '××공정'이라고 명명하는 관습을 갖게 되었다. '한글공정'(첨단정보기기 한글 자판 표준 논란), '한복공정'(샤이닝니키 게임 한복 국적 논란) '김치공정'(김치 종주국 논쟁) 등과 이를 아우르는 '문화공정'이라는 명명이 등장했다. 그러나 주지하는 바와 같이 중국어 '공정'(工程)은 우리말에 '사업'(project)에 해당하는 개념으로 주로 공공기관이 대규모 인력이나 물자를 투입하여 수행하는 정책 내용을 의미한다. 따라서 '공정'이란 중국의 공산당 또는 중앙정부나 지방정부가 주로 수행하는 계획적인 사업인데 이를 민간에서 발생하는 돌발적인 이슈를 명명하는데에도 활용하고 있는 상황은 합리적이지 않다. 이는 결국 한국인에게 있어 동북공정이 중국에 대하여 얼마나 큰 정서적 반감을 불러오게 된 사건인지를 잘 보여준다.

넷째, 한중 문화갈등의 최근 경향은 대중문화콘텐츠 관련성이 점차 높아지는 추세를 나타내고 있다. 앞서 말한 대로 2016년 한한령이 발동된 이후 한국 내부에서는 한한령 해제에 대한 기대감이 지속해서 커져 오고 있었으나 2020년 이효리의 "마오 어때요?" 사건을 계기로 잠복해 있던 중국에 대한 반감이 폭발하게 되었다. 뒤이어 BTS, 게임, 유튜브, TV드라마, 영화 등으로 이어지는 문화콘텐츠가 한중 문화갈등의 진앙지 역할을 하게 되었다. 사실 한중 문화갈등이 간헐적으로 발생하던 2000년대만 하더라도 갈등의 요인이 주로 역사 문제, 문화유산의 국적성 논란에 기인하고 있었고, 문화콘텐츠는 오히려 이를 완충하는 역할을 하기도 했다. 예컨대 동북공정 사태가 발생한 이후 2005년 한국 TV드라마 〈대장금〉의 중국 방영은 한국에 대한 중국인의 이미지를 제고하는데 큰 역할을 했다.[3] 그러나 최근의 한중 문화갈등은 이효리 "마오 어때요?" 사건, 샤이닝니키 게임 한복 국적 논란, 김치 종주국 논쟁, 〈겨우 서른〉 여주인공 '강소영' 이름 논란, SBS 〈조선구마사〉 역사 왜곡 논란, 중국영화 〈금강천〉 한국 수입 상영 등 문화콘텐츠 자체가 갈등의 원인으로 작동하고 있는 점이 주목된다. 다시 말하면 문화콘텐츠는 2000년대에는 한중 문화갈등의 외부에서 완충작용을 했으나, 이제는 갈등 구조의 내부에서 인과관계를 형성하고 있다.

다섯째, 한중 문화갈등을 한국과 중국 내부에서 내치를 위한 도구로 활용하는 경향이 있다. 중국의 한한령 발동은 대표적인 사례다. 물론 특정

---

3) 이에 관해서는 다음의 연구를 참조. 김주연·안경모, 「중국에서의 한류콘텐츠 선호가 한국상품 구매, 한국방문 및 한글 학습의도에 미치는 영향」, 『한국콘텐츠학회논문지』, 제12권 5호, 2012; 황낙건, 「중국 내 K-DRAMA 특성이 한류 문화콘텐츠 만족과 국가 이미지에 미치는 영향」, 『한국엔터테인먼트산업학회논문지』, 제8권 1호, 2014. 참조

국가가 타국의 문화 유입을 정책적으로 금지하는 것은 자율적인 조치다. 예컨대 우리나라도 정부 수립 이후 1998년까지 일본의 대중문화 수입을 금지했다.[4] 한한령과 같은 중국의 한국 대중문화 유입 금지 조치는 크게 는 자국 문화산업의 보호와 국내 이데올로기 통제, 한국 대중의 여론 형성 유도 등의 목적을 가지고 있으나, 최근 시진핑 정부의 강력한 전방위적 통제 중심의 정책 동향을 볼 때, 자국 내부의 이데올로기 통제가 가장 중요한 목적으로 보인다. 중국은 내부 이데올로기 통제를 위해 한중 문화 갈등을 활용하는 경향을 나타내고 있다. 이런 경향은 중국 내부에서 강력 하게 부상하고 있는 문화민족주의, 팬덤애국주의 등과 결합하면서 하향 (top-down) - 상향(bottom-up) 구조가 호응하고 있는 상황을 연출하고 있 다. 한국 내부에서도 민족주의를 강조하는 입장은 중국과의 문화갈등을 기회로 삼아 문화민족주의를 강화하려는 경향을 보이는 것은 물론이다.

여섯째, 한중 문화갈등은 문화교류나 충돌과 같은 '문화' 내부의 문제로 인해서만 발생하는 것은 아니다. 특히 한반도를 둘러싼 다양한 국제관계 는 한국인의 중국 인식에 많은 영향을 미치고 있다. 예컨대 2018년 이후 본격화한 중미 무역분쟁 등은 양국 대중의 정서를 자극하는 경향이 있다. 또한, 갈등 사안은 다양한 문화적 환경과 연관되면서 발생하고 있는데, 특히 한류의 중국 진출과 성행, 한국 내 중국 관련 영화의 상영을 통한 '중국인의 타자화' 현상 등과도 연관된 것으로 보인다. 앞서 [그림1]에 예 시한 바와 같이 한국 사회에서는 2010년대 이후 중국인 또는 조선족 캐릭 터를 타자화하는 영화가 지속해서 상영되었다. 〈황해〉(2010), 〈차이나타 운〉(2014), 〈명량〉(2014), 〈남한산성〉(2017) 등은 대표적인 사례다.

---

4) 정재정, 『주제와 쟁점으로 읽는 20세기 한일관계사』, 역사비평사, 2014, 273-289쪽.

IV. 한중 문화갈등의 원인과 접근법

한중 문화갈등은 다양한 원인에 의해서 발생하고 있다. 전체적으로는 중국 내부의 원인, 한국 내부의 원인, 국제정세의 원인 등으로 구분해 볼 수 있다. 중국 내부의 원인은 앞서 살펴본 대로 이데올로기 강화 정책 방침 고수, 자국민 일원화 전략에 따른 국가주의, 문화민족주의, 팬덤애국주의의 부상 등을 지목할 수 있다. 한국 내부의 원인으로는 한류 등에 따른 문화심리 만족감의 장애 요소 및 자극 요소에 대한 반응, 한중 관계에 대한 역사적 기억의 복원에 대한 콘텐츠(예컨대 〈명량〉, 〈남한산성〉 등)의 역할 등을 거론할 수 있다. 국제정세 원인으로는 중미 대결 구도('사드' 배치, 중미 무역분쟁 등) 이후 반중감정의 고조 등을 살펴볼 수 있다.

한중 문화갈등은 역사, 문화, 국제관계, 콘텐츠 등이 원인이 되어 작동한다. 그 결과는 한중 사이의 경제 효과, 국제관계 효과, 문화교류 효과, 상호인식 효과 등으로 파급된다.

따라서 한중 문화갈등을 단순히 문화 내부의 문제로 환원하거나 한중 당사자만의 문제로 가두게 되면 이에 대한 접근과 대응 방안을 합리적으로 제시하기 어렵다. 한중 문화갈등은 다양한 문제가 복합적인 층위에서 형성하고 있는 현상이다. 즉 이에 대한 접근 방법 또한 여러 층위에서 수행될 필요가 있다.

첫째, 역사적 측면에서 접근이 필요하다. 특히 1992년 이후 한중 관계를 둘러싼 주요 사건들과의 연관성에 대하여 연구 및 조사가 이뤄져야 한다. 물론 1992년 한중수교 이전부터 존재해 왔던, 고대로부터 근대로 이어진 역사 속에서 한국과 중국의 관계에 대한 인식의 문제도 중요한 부분이다. 한사군의 설치, 고구려와 수의 전쟁, 나당 연합과 삼국통일, 몽골의 고려 침입, 조선 건국과 국호 결정, 임진왜란, 병자호란, 임오군란과 청군(위안스카이)의 개입, 청일전쟁, 중국에서의 독립운동, 한국전쟁 등에 이르는 일련의 역사적 사건은 한국인의 중국 인식에 적잖은 영향을 미치고 있을 것으로 추론할 수 있다.

둘째, 구조적 측면에서 접근이 필요하다. 한중 문화갈등의 발생과 확산, 잠복의 구조를 파악하면 이에 대한 대응 방안을 모색해 볼 수 있다. 이에 대해서는 이전의 연구를 통해 제시한 바 있는 도해[5]를 검토할 필요가 있다. 이 구조를 통해 볼 때, 한중 문화갈등이 발생하고 순환하는 과정에서 유명인사와 언론의 역할은 매우 중요하다고 판단된다. 특히 전통미디어 (legacy media)든 뉴미디어든 막론하고 갈등의 유발에 영향을 미치고, 또 갈등이 악화하는 경우에는 이를 다시 조정하려는 경향을 보인다. 따라서 한중 문화갈등은 구조적인 접근을 통한 해결을 모색할 필요가 있다.

셋째, 경제적 측면에서 접근이 필요하다. 한국과 중국 양국의 이익 지점 은 여전히 경제 영역에서 구성되고 있다. 한중 문화갈등은 때때로 경제와 무역 분야와는 전혀 독립적인 변수로 작동하는지 그렇지 않으면 오히려 심각한 영향을 미칠 수 있는지에 대한 조사 연구가 필요하다. 상식적인 추론으로는 한중 문화갈등은 경제 무역 분야에 영향을 미칠만한 충분한 개연성을 가지고 있다. 문화콘텐츠 상품은 이에 대한 직접적인 타격을 받 는 영역이며, 관광 상품, 화장품 등의 유사문화 상품 또한 타격이 불가피 한 영역이다. 따라서 한중 문화갈등이 경제적 측면에 유발하는 효과가 어 떠한지에 대한 분석과 전망이 필요하다.

넷째, 국제관계적 측면에서 접근이 필요하다. 한중 관계는 표층으로만 보면 한국과 중국의 양자 관계라고 말할 수 있지만, 그 심층은 다소 복잡 한 다자 관계로 구성된다. 한국의 상대국인 중국은 대륙 중국과 홍콩, 혹 은 대만을 포괄하는 서로 다른 정치 체제를 보유하고 있고, 한국은 북한이 라는 변수를 가지고 있다. 한국에게는 미국과 일본이라는 동맹 관계의 층

---

5) 임대근, 앞의 논문, 88쪽.

위가 존재하고 중국에게는 북한과 러시아라는 동맹 관계의 층위가 존재한다. 한중 문화갈등은 한중 관계, 한일 관계, 중미관계, 중일 관계, 미대만 관계, 한대만 관계, 남북관계 등의 다양한 국제관계의 흐름 속에서 논의될 필요가 있다.

다섯째, 문화콘텐츠 측면에서 접근이 필요하다. 앞서 살펴본 대로, 문화콘텐츠는 2000년대 한중 문화갈등을 완충하는 역할을 했지만, 2010년대 이후부터는 문화콘텐츠가 결과적으로 양국에 반감의 정서를 유발하는 도구로 활용되었고, 2020년대 이후에는 문화콘텐츠 자체가 갈등의 요인으로 부상하고 있다. 특히 2010년대 한국의 문화콘텐츠 가운데 반중 정서를 고양하게 된 계기로서 〈황해〉, 〈차이나타운〉, 〈명량〉, 〈남한산성〉 등이 미친 효과에 주목할 필요가 있다. 또한, 최근 중국이 〈금강천〉, 〈장진호〉(長津湖) 등 한국전쟁을 중심으로 한 일련의 콘텐츠를 만들면서 한국 사회에 영향을 미치고 있는 점도 주목해야 할 필요가 있다.

V. 한중 문화갈등의 '긍정적' 신호들

한중 문화갈등은 양국 관계에 심각한 위협이 된다. 특히 민간에서 발생하는 여론과 정서의 문제로 비화하고 있어서 이를 내버려 둘 경우, 상호인식과 태도에 있어 장기적으로 지속하는 문제로 고착될 가능성도 있다. 그러나 한중 문화갈등이 빈발하고 있는 상황에서도 여전히 긍정적 신호들은 존재한다. 우리는 이와 같은 긍정적 신호를 통해 해법을 모색할 수 있는 노력을 거듭할 필요가 있다.

첫째, 중국 내부에 한국 문화콘텐츠에 대한 수요가 상존한다는 점이다. 지난 2016년 한한령이 발동된 시점을 전후하여 한국의 대중국 문화콘텐츠 수출 및 수입 규모를 살펴보면 이를 확인할 수 있다. [표2]6)를 보면 2015

년 대비 2018년을 비교하여 살펴봤을 때, 한국의 대중국 문화콘텐츠 수출액은 2배 이상 증가했다. 또한, 한국 문화콘텐츠의 국가별 수출 비중 또한 26.6%에서 36.8%로 증가했다. 다만, 출판과 영화, 방송 등과 같은 이데올로기 집약형 콘텐츠는 증가 폭이 작거나 대폭 감소하는 경향을 보였다. 이에 대한 대응은 당연히 필요한 것이지만, 전체적으로 중국 내 한국의 문화콘텐츠 수요가 여전히 증가하고 있다는 점은 긍정적 신호라 할 수 있다.

둘째, 한국 내부에도 중국 문화콘텐츠에 대한 수요가 상존한다. 예를 들어 최근 중국의 웹소설 시장은 급격하게 성장하고 있는데, 국내에서 이에 대한 인기도 급상승하고 있다. "구체적인 예를 들면 2019년 12월 현재 '네이버 시리즈'의 월간 인기 순위 1~20위 중에는 『폐후의 귀환』(重生之將門毒后) 3위, 『천재소독비』(蕓汐傳) 6위, 『서녀명란전』(知否知否應是綠肥紅瘦) 15위, 『천월연가』(乘鸞) 17위 등 4편의 중국 웹소설이 포함되어 있다. 아직 한국어로 번역된 중국 웹소설의 수가 그다지 많지 않다는 현실을 고려하면 한국 내에서 중국 웹소설은 선풍적인 인기를 끌고 있다고 해도 과언이 아니다."[7] 웹소설의 주요 독자는 청년 세대인 것으로 보이는데, 동시대의 중국 웹소설이 20세기 중반 이후의 중국 무협소설, 홍콩 영화 등의 역할을 유사하게 수행하면서 중국이라는 국가 이미지에도 영향을 줄 수 있는 개연성을 가지고 있을 것으로 판단된다.

---

6) 문화체육관광부, 「2016 콘텐츠산업 통계조사」, 한국콘텐츠진흥원, 2016; 「2019 콘텐츠산업 통계조사」, 한국콘텐츠진흥원, 2019의 해당 부분을 재구성.

7) 전기정, 「한중 웹소설의 특징 및 시장 현황 비교 분석」, 『열린정신인문학연구』, 원광대 인문학연구소, 2020, 61쪽.

〈표 2〉 한국의 대중국 문화콘텐츠 수출/수입액 (단위: 천달러)

2015년			2018년		
수출액	구분	수입액	수출액	구분	수입액
34,888	출판	47,504	17,765	출판	59,351
1,492	만화	111	2,461	만화	35
89,761	음악	129	111,962	음악	144
1,057,119	게임	51,852	2,981,534	게임	72,850
11,221	영화	3,387	17,164	영화	3,818
2,162	애니메이션	12	7,629	애니메이션	75
63,702	방송	2,293	60,540	방송	2,956
118,563	캐릭터	72,175	158,423	캐릭터	70,309
46,878	지식정보	-	56,505	지식정보	41
24,921	콘텐츠솔루션	-	27,783	콘텐츠솔루션	15
1,450,707	합계	177,463	3,441,766	합계	209,592
26.6%	비중	20.8%	36.8%	비중	22.8%

셋째, 한국 내부의 추상적 국제화 또는 글로벌라이제이션의 실체를 노출하는 측면도 있다. 그동안 우리 사회는 국제화, 글로벌라이제이션이라는 구호를 지속해서 강조해 왔다. 그러나 가장 가까운 이웃인 중국과의 문제에 있어서조차 갈등이 지속하면서 정서적 반감으로 대응하고 있는 상황은 우리 사회의 글로벌라이제이션이라는 구호가 명실상부하지 못하다는 반증을 드러낸 것이기도 하다. 이러한 문제를 계기로 우리 사회가 추구하는 국제화, 글로벌라이제이션의 구체적인 의미와 지향이 어디에 있는지를 충분히 논의해야 하는 과제가 발생했다는 점에서 긍정적인 신호로 작동할 수 있다.

넷째, 한국 내부에서 '한류'에 대한 문화심리가 과도한 자존감으로 작동하는 경향이 있다. 한국 사회는 역사적으로 '수출 입국'을 표상으로 하는 경제적 성과, 국제 스포츠대회에서의 수상을 통한 체육 분야의 성과를 통해 전 국민의 민족주의적 심리를 자극하고 이를 통해 국가적 정체성을 이식하는 작업을 이어왔다. 최근 이는 코로나 팬데믹 상황에서의 'K-방역'이라는 용어로까지 이어지고 있다. 한류는 한국민의 문화심리를 지탱함으로써 국가 정체성과 국민 정체성을 형성하는 도구로 활용되어왔는데, 그 과정에서 과도한 자존감이 작동하는 경향이 없지 않았으나, 한중 문화갈등이 지속하고 특히 중국의 한한령이 발동하면서 한류에 대한 심리가 조정되는 긍정적인 역할을 하는 것으로 판단된다.

다섯째, 한중 문화갈등은 양국 간 문제의 소재가 어디에 있는지 분명하게 설정할 수 있게 하는 '지목 효과'가 있다고 판단된다. 문제가 무엇인지도 모르는 상황보다는 문제가 노출됨으로써 그에 대한 관리를 해 나갈 수 있는 방안을 마련할 수 있도록 하는 점이 장기적으로는 긍정적인 방향으로 작동할 수 있을 것이다. 이처럼 문제가 노출된 이상, 한국 사회는 점진적 문제 해결을 통해 더욱 성숙한 의식을 갖는 사회로 변화할 수 있으리라 기대할 수 있다. 한중 문화갈등을 특정한 과정으로 파악할 경우 한국 사회는 다양한 논쟁과 토론을 통해 이 문제를 다루는 출구를 모색함으로써 내부의 다양한 이견을 조정하면서 성숙한 의식을 갖는 방향으로 성장해 가야 할 필요가 있다는 점에서 이를 긍정적인 신호로 해석해 볼 수 있다.

VI. 몇 가지 제언

한중 문화갈등을 효율적으로 관리하고 궁극적으로는 건강한 양국 관계를 만들어나가기 위하여 지속적인 노력이 필요함은 물론이다. 이를 위해 몇 가지 측면에서의 제언을 통해 시론적 논의를 마무리하고자 한다.

첫째, 한중 문화갈등은 제도와 이념, 관습, 정서의 요인이 교착된 문제로서 접근해야 한다. 이들은 모두 문제 해결을 위해 지난한 노력을 요구하는 요인들인데, 그나마 제도적 차원에서는 대응 방안을 마련해 볼 수도 있다. 예컨대 한중 문화갈등의 관리를 위한 제도적 장치를 설치하는 것이다. 한중 문화 관련 대응 체계를 상시로 마련하여 외교부와 문화체육관광부가 공동으로 대응할 필요가 있다. 일례로 한국국제문화교류진흥원 (KOFICE), 해외문화홍보원, 한국콘텐츠진흥원 등은 이런 임무를 수행할 수 있는 적합한 기관으로 판단된다. 이념의 측면에서는 상호 국가 이념을 구성하고 있는 역사와 현상을 정확하게 인식하고 이해하는 노력이 필요하다. 정서적으로는 문화콘텐츠의 접근 면을 확대함으로써 상호 정서의 교감을 지속해나갈 필요가 있다. 이러한 노력이 거듭된다면, 제도 – 이념 – 관습 – 정서로 복합 연쇄된 문제가 점진적으로 개선될 수 있을 것이다.

둘째, 한중 문화갈등은 다자적 국제관계의 맥락 속에 놓여 있다. 따라서 다자적 관계의 맥락에 대한 인식이 필요하다. 한중, 한일, 중미, 중일, 한대만, 미대만, 남북관계 등이 그것이다. 특히 홍콩, 대만에 대한 우리의 인식과 선택은 중국에 대한 메시지를 효과적으로 전달할 수 있는 수단이 된다. 이들을 적절한 지렛대로 삼을 수 있도록 하는 노력이 필요하다. 또한, 30년 전 한중수교 당시를 돌이켜보면, 양국은 상호 이익이 극대화되는 지점에서 이를 성사시켰다. 즉 한국에게는 북방정책의 가시화가 필요했고, 중국에는 천안문사태 이후 개혁개방을 지속하기 위한 외국 자본의 투자가 절실했다. 이러한 상황을 볼 때 한중 양국의 상호 이익이 극대화되는 지점을 지속해서 발굴하는 노력도 필수적이다.

셋째, 중국을 포함한 중화권에 관한 연구와 교육이 확대될 필요가 있다. 중국의 좌경화에 대한 이해는 물론, '10년 이후'의 중국을 예측하고 설명할 수 있는 연구 조사가 필요하다. 또한, 중국을 단순한 '대상'에서 '관계'로 인식하고 간주하는 관점이 긴요하다. 앞서 말한 바와 같이 한중 관계는 다양한 다자적 맥락 속에서 구성되는데, 예컨대 오늘날 대학(원) 교육과정에서 한중 관계론, 중미 관계론, 중일 관계론 등의 교과를 설치하고 이에 대한 교육을 정밀하게 수행하고 있는 곳이 얼마나 되는지 회의적이다. 중국과 미국, 일본 관계의 전문가들이 협업을 통해서만 이러한 문제를 직시하고 전체적인 판도를 설명해 낼 수 있을 것이다.

넷째, 세계시민교육 또는 글로벌라이제이션 관련 교육을 강화해야 한다. 한중 문화갈등은 단지 한국과 중국 '사이'만의 문제가 아니라 우리 사회 내부의 문제로 되돌아오기도 한다. 그동안 추상적인 구호에 그쳤던 세계시민교육, 글로벌라이제이션 교육을 재점검하고 초중등 교육은 물론 대학교육에서도 이를 강화해 나갈 필요가 있다. 물론 시민사회의 교육 또한 중요한 지점이다. 이를 통해 우리는 우리 내부의 중국에 대해서도 재고해보는 기회를 가질 수 있다. 특히 '조선족'으로 대상화되는 우리 내부의 중국에 대한 혐오는 상당 부분 중국에 대한 반감으로 이어진다. 우리 사회의 혐오 문제로 연결될 수 있는 이러한 문제를 걷어내고 보편적 '환대'(hospitality)에 대한 인식의 전환과 교육의 확대가 필요하다.

다섯째, 언론과 지식인의 적극적 역할이 확대되어야 한다. 특히 한중 문화갈등의 발생 및 전개 과정에서 언론의 미확인 사실 보도, 왜곡 보도, 선정 보도 등은 막대한 영향을 미쳐왔다. 사실관계를 정확하게 파악하고 이에 기반을 둔 정보와 상호이해의 관점을 제공하는데 언론과 지식인이 역할을 다해야 한다. 특히 다양한 문화교류가 봉쇄되고 있는 상황에서 양국 언론인, 지식인을 포함하는 전문가들의 회의체 가동은 매우 중요한 현실적인 교류 방안이 될 수 있다.

여섯째, 2022년은 한중수교 30주년이 되는 해이다. 이를 새로운 계기로 삼아 한중 관계 개선을 모색할 필요가 있다. 다행스럽게도 양국 문화부는 2021~2022년 '한중문화교류의 해'를 설정하고 다양한 교류를 추진하고 있다. 다만 최근 상황(중국 내부의 엔터테인먼트 산업에 대한 통제 강화 등)을 살펴볼 때, 대중문화 분야의 교류가 효과적으로 전개될 수 있을지는 의문의 여지가 있다. 그럼에도 거듭되는 노력을 통해 양국 문화교류의 끈을 이어가야 한다. 그뿐만 아니라 2022년 출범하게 될 한국의 새 정부는 대중국 관계를 설정하면서 이러한 문제들을 충분히 인식하고 그에 따라 정책 방향을 결정할 수 있어야 한다.

| 참고문헌 |

정재정, 『주제와 쟁점으로 읽는 20세기 한일관계사』, 역사비평사, 2014.

김주연·안경모, 「중국에서의 한류콘텐츠 선호가 한국상품 구매, 한국방문 및 한글 학습 의도에 미치는 영향」, 『한국콘텐츠학회논문지』, 제12권 5호, 2012.

문화체육관광부, 「2016 콘텐츠산업 통계조사」, 한국콘텐츠진흥원, 2016.

문화체육관광부, 「2019 콘텐츠산업 통계조사」, 한국콘텐츠진흥원, 2019.

임대근, 「한-중 문화갈등의 발생구조와 대응 방안」, 『한중사회과학연구』, 제 10권 3호, 2012.

전기정, 「한중 웹소설의 특징 및 시장 현황 비교 분석」, 『열린정신인문학연구』, 원광대 인문학연구소, 2020.

황낙건, 「중국 내 K-DRAMA 특성이 한류 문화콘텐츠 만족과 국가 이미지에 미치는 영향」, 『한국엔터테인먼트산업학회논문지』, 제8권 1호, 2014.

중국 청년의 민족주의, 팬덤과 혐오의 공진(共振)

● 정주영 ●

Ⅰ. 문제제기

한중수교 30주년인 올해, 한중관계는 오히려 혼란과 교착상태에 있다. 한국의 고조화된 반중(反中)감정이 여론조사 수치로 제시되고 있으며, 온라인상의 한중 청년간 충돌과 설전이 사회적 우려의 수준에 이르렀다.1) 주지해야 할 것은 이 갈등과 반목의 상황에서 세계화 시대 역설적 현상으로서의 '민족주의'가 주요 혐의자로 소환되었다는 사실이다. 특히나 그 주도 세력이 새로운 문화와 담론을 이끌어가는 '청년'이라는 점에서 이전과

* 이 글은 「중국 청년의 민족주의, 팬덤과 혐오의 공진(共振)」, 『중소연구』, 통권 174호, 2022를 수정·보완한 것이다.

** 인천대 중국학술원 상임연구원.

1) 시사IN, 「중국의 모든 것을 싫어하는 핵심 집단, 누굴까?」, 717호, https://www.sisain.co.kr/news/articleView.html?idxno=44821; 시사IN, 「중국에 대한 반감, 그 반대편에 친미가 있다」, 721호, https://www.sisain.co.kr/news/articleView.html?idxno=45021; 미디어오늘, 「'반중정서'와 '혐오' 구분하는 숙제 안은 언론」(2022.02.12), http://www.mediatoday.co.kr/news/articleView.html?idxno=302305; 한겨레, 「MZ세대, '선 넘는 중국'에 부정적 인식 쌓여 … "혐오는 경계"」(2022.02.10), https://www.hani.co.kr/arti/society/society_general/1030502.html

의 의외성과 차별성이 부각되고 있다. 이 낯선 상황은 인터넷 민족주의, 한중 청년의 세대적 상황과 특징, 팬덤 민족주의, 미디어의 상업적 보도 행태 요인 등 다양한 이론과 시각으로 연구되고 있다. 그러나 현재의 현상은 보다 근본적인 질문하에서 다루어져야 한다. 즉, 한중 청년들의 관계에서 왜 비합리적인 편견이 적대적 감정을 형성하고 합리적인 상호이해의 노력을 압도하게 만들었는가에 대한 것이다. 이 질문은 한중 청년들이 "민족주의적이다"라는 기정사실화 혹은 편견을 피하고, 한중 청년간의 상호이해, 나아가 한중간 발전적 관계형성을 위한 인식과 태도의 문제를 함께 논의하고자 하는 의도를 갖는다.

본 연구가 주목하는 것은 중국 청년들의 민족주의적 감정 형성과 분출의 메커니즘이다. 현재 한중 청년들의 반감(反感)의 정서는 민족주의와 개인주의, 팬덤과 혐오라는 언뜻 보면 별개로 존재하며 조우할 수 없는 인식과 감정들이 서로 연결되고 교차하며 일으키는 화학적 결합의 결과이다. 이러한 이질적 요소들의 공진(共振)의 메커니즘은 국가별 상황과 맥락의 차이를 가지고 있으나 기본적인 구조와 방식에서는 한중간 큰 차이를 보이지 않는다. 한국과 중국 청년들이 처한 공통의 현실적 상황에 기반하여 문제를 진단하는 연구로는 다카하라 모토아키(2007)의 연구가 있다. 모토아키는 '불안형 민족주의' 개념을 제시하며 한중일 3국 청년들간의 민족주의적 갈등은 사회적 모순과 시대적 배경이 그 근본 원인으로 작용하고 있는 것임을 강조하였다.[2] 본고는 국가간 차이보다는 현 청년 세대가 갖는 특징이 더 중요하다는 기본적 인식하에서 중국 청년들의 민족주의 메커니즘에 대한 연구를 우선적으로 수행하고자 한다.

초기 온라인상에서 한중 청년들의 문화·역사 논쟁이 벌어지던 시점

---

2) 다키하라 모토아키 저, 정호석 역, 『한중일 인터넷 세대가 서로 미워하는 진짜 이유 불안형 내셔널리즘의 시대, 한중일 젊은이들의 갈등 읽기』, 삼인, 2007.

에는, 반중·반한 정서가 청년들의 기본정서로 인식되기보다는 상업적 이
득을 취하려는 언론매체의 자극적 보도행태가 주원인으로 제기되었다.[3]
특히 한국 언론매체의 책임론이 강하게 제기되었으며 이에 대한 보도 행
태의 교정이 요구되었다. 그러나 한국 사회에는 한중 갈등의 근본적인 원
인은 중국의 부상에 필연적으로 수반되는 중화주의적 민족주의의 강화와
공세성이라는 견해가 강하게 제기되었다. 그 근거로 '소분홍(小粉紅)' 등
의 극단적 민족주의 성향의 집단의 등장이 제시되었다.

　최근에는 중국 청년들의 민족주의에 대해 보다 사회·문화적인 접근이
이루어지고 있다. 대표적으로 팬덤민족주의를 들 수 있다. 2015년 이후 중
국에 새롭게 등장한 '팬덤애국주의'라는 개념을 중심으로 중국 청년들의
혐한 정서와 행태를 분석하는 것으로, 중국 팬덤문화에 애국주의와 국가
주의가 작용하여 팬덤민족주의로 변질되었다는 것이다.[4]

　본 연구는 기존 연구의 시각과 분석이 모두 타당성을 갖는다고 인정하
며 결론에 동의한다. 상업적 이익을 추구하는 무책임한 언론 보도 행태,
중국의 부상이 유발하는 근본적 문제들, 협력의 바탕에서 문제의 소지로
변화된 수천년간 양국이 공유해온 전통과 문화, 현대사회에서 청년의 겪
는 좌절과 고난, 이 모두가 현재 양국의 국민 정서에 영향을 미치고 있다.
그러함에도 기존 연구가 현 상황을 분석하고 대안을 모색하는 관점과 방
식에 한계가 있음을 지적하는 바이다. 즉 기존 연구들은 문제 진단에 있어
단편적 원인을 제시하고 있으며 종합적인 분석과 설명을 하지 못하고 있

---

3) 반중 여론을 의식해 기사를 쓰다가 오보를 낸 사례로 중국의 쇼트트랙 선수 런쯔웨이가
　　2018년 평창 동계올림픽 때 "한국팀이 넘어진 것"을 평생 기억할 순간으로 꼽았던
　　일화를 마치 2022년 베이징 동계 올림픽 때 한 발언처럼 보도한 것을 들 수 있다.
　　미디어 오늘, 「'반중정서'와 '혐오' 구분하는 숙제 안은 언론」, 2022.02.12.
4) 劉海龍, 「像愛護愛豆一樣愛國：新媒體與"粉絲民族主義"的誕生」, 『現代傳播』
　　第4期, 2017.

다. 때문에 개선방안에 대한 제안에 있어서도 "교류와 협력 강화"라는 원론적인 제시에 머무르고 있다.

본 연구는 상기한 문제들을 보완하기 위하여 중국 청년들의 감정에 착목하여 이것이 민족주의적 행태와 대외적 혐오로 표출되는 메커니즘을 분석해보고자 한다. 중국 신세대 청년인 '주링허우(90後)'는 태어나면서부터 부유한 국가와 가정에서 경제적 풍요를 누리며 독생자로서 사랑을 받으며 성장한 세대이다. 또한 세계화 시대에 다원화된 이념의 영향을 받아 강한 개성과 개인주의적 성향을 가지고 있다. 이처럼 중국 세대 중 가장 세계화된 세대인 중국 신세대 청년이 세계화 시대의 가장 역설적 현상인 민족주의의 주력 세력으로 활동하고 있는 것이다. 이것을 기존의 민족주의 개념과 분석틀로 설명하는 데는 한계가 존재한다. 또한 하나의 이론과 접근방식으로는 충분한 분석을 할 수도 없다. 그것은 매우 복잡한 이질적이고 극단적인 감정과 상황의 연결, 혼재와 교차를 통해 이루어지는 복합적인 과정이다. 중국 신세대 청년들이 갖는 민족주의 이념과 행위를 이해하기 위해서는 자기 몰입적 개인주의와 민족주의라는 극단의 정서, 혐오와 팬심이라는 극단적 감정이 서로 연결되고 교차하여 궁극적으로 공진(共振)하는 메커니즘을 보아야 한다. 이러한 문제의식을 가지고 본 연구는 현재 중국 청년들이 처한 사회구조적 현실과 그로 인해 획득된 인식과 행위방식이 어떻게 민족주의라는 거대이념과 조우하며, 국가로 스타를 대체한 팬덤문화가 대외적 혐오와 연결되어 공격적 팬덤민족주의를 형성하는지에 대한 관계성과 메커니즘 분석을 시도하였다.

물론 팬덤민족주의와 '소분홍'으로 대변되는 중국 청년들의 극단적 민족주의를 중국 대다수의 청년이 가진 보편적 정서로 볼 수 있는가, 일부 청년들의 돌출적 행위가 유발하는 문제들을 과잉해석하는 것이 아닌가 하는 근본적 문제를 고민해보아야 할 것이다. 디아망(Diamant)은 격렬한 민족주의적 행위자들의 대표성에 대한 문제를 제기했다. 즉, "민족주의적 항의 시위 혹은 지지를 하는 중국인들을 중국 국민을 대표하는 것으로 볼 수 있는가?"라는 질문이다. 그리고 그는 "대표하지 않는다"는 결론을 제시한다. 자신의 신념에 대한 희생이 전제간 되는 행위의 지속성을 척도로 평가한다면, 각종 불매운동과 항의도 일시적인 것이며 오히려 정치적으로 포장되어 이용된 경우들이 다분하다는 것이다. 때문에 현실을 적시하기 위해서는 입증을 위한 '자료'가 필요하며 그게 근거하여 판단해야 함을 강조하였다.5) 현재 중국 청년들의 민족주의적 정서의 수용정도나 "소분홍" 등의 적극적 행위자들의 대표성을 정확하게 판단할 수 있는 통계자료를 비롯한 기타 자료를 찾기는 어렵다. 그러나 "중화민족"을 중심으로 하는 중국 정부의 민족주의 강화 정책의 방향과 그에 상응하는 구체적인 조치들과 맞물려 중국 청년들의 국내외 모두에서 가시화되는 민족주의적 행위들은 그저 일시적인 화제성 이슈로만 다룰 수 없는 문제이다. 또한 인터넷상에서 조성된 청년 커뮤니티의 특성과 그들 간의 전파성을 고려할 때에도, 향후 변화에 대한 조사와 연구가 중요시되는 문제이기도 하다. 전문성을 담보하기는 어렵지만 중국 청년들의 상황과 심적 상태를 글로 게재한 중국 블로거들의 평가에서도 중국 청년과 극단적 민족주의의 문제가 이미 보편화된 것임을 알 수 있다.6)

본 연구가 중국 청년들의 민족주의적 감정의 형성과 분출 메커니즘에 주목하는 이유는 한중 청년 간의 상호이해, 나아가 한중관계의 우호적 발전을 위한 상호이해와 공존의 여지들을 만들기 위해서이다. 중국 청년들을 상대국에 대해 배타적이고 편협한 인식을 가지고 있다고 기정사실화하고 보다 저변에 있는 감정과 메커니즘을 보지 않는다면, 그것은 또 다른

---

5) Neil J. Diamant, 「중국의 민족주의, 과연 실재하는가?」, 『Jeju PeceNet』, 2012.
6) 중국의 한 인터넷 블로거는 탕핑(躺平)과 애국주의·민족주의적 행위를 동시에 행하고 있는 중국 청년을 보편적 현상으로 설명하고 있다. https://www.163.com/dy/article/GAEH7GA60543W697.html.

편견과 고정관념 안에 그들을 가두어버리는 결과를 가져올 것이다. 복잡한 인과관계를 파악하지 못하면 현상을 피상적으로 인식할 수 밖에 없다. 현재 한중 청년들은 매우 유사한 사회적 배경에서 문제와 좌절감에 직면하여 자신의 불안을 외부로 향하는 공세적 민족주의의 극단적 행위로 표출시키는 구조 안에 있다. 유사한 상황에 있는 양국 청년은 오히려 공감에 기반하여 서로를 바라보고 보다 큰 그림을 그려볼 기회가 없다.

본 연구의 질문과 분석들은 더 나아가 왜 우리가 한중관계의 교착상태에 있으며, 더 발전적 한중관계를 수립하기 위하여 보다 근본적인 고민들을 해야 하는가에 대한 질문과 접해있다. 또한 그간 경제를 중심으로 발전시켜왔던 한중관계가 한계에 봉착했음을 인지하고 향후 무엇을 중심으로 관계를 새롭게 구성해가야 하는가에 대한 대답을 찾는 고민과 성찰의 과정이기도 하다.

본 논문은 서론의 문제제기에 이어 2장과 3장에서 중국 청년들의 극단적 상황과 감정들이 어떻게 연결되고 작동하는지에 대한 메커니즘을 분석할 것이다. 2장에서는 '주링허우(90後)' 청년들의 특징에 대한 이해와 함께 그들의 자기 몰입적 개인주의가 어떻게 민족주의라는 거대 담론을 수용하고 그에 헌신하는지를 볼 것이다. 또한 '감정 공동체'로 변화된 중국 민족주의가 어떻게 중국 청년들을 행위 주체로 세워내는지를 분석할 것이다. 그리고 이러한 메커니즘에서 탄생한 소분홍의 메커니즘을 살펴볼 것이다. 3장에서는 중국 민족주의가 중국 청년들의 문화이자 감정인 팬덤(열정적 애정)과 혐오(절대적 증오)의 극단적 감정에서 어떻게 화학적으로 결합하는지를 분석할 것이다. 국가와 결합한 팬덤문화가 팬덤민족주의로 나타나면서 이것이 대외적 혐오를 형성하는 기제가 됨을 살펴보고자 한다. 결론적으로 중국 청년들의 민족주의는 그들만의 기질이나 특수성으로 이해되기보다는 상황과 구조가 함께 고찰되어야 하며, 이러한 메커니즘이 한국 청년들의 민족주의에도 유사하게 나타난다는 것임을 주장할 것이다. 궁극적으로 본 연구는 상황, 감정, 메커니즘에 대한 분석을 통해, 한중 청년들의 관계에서 비합리적인 편견이 적대적 감정을 형성하고 합리적인 상호이해의 노력을 압도할 수 있게 하는 요인을 규명하고, 이를 기반으로 하는 한중관계 발전을 향후 중국연구의 핵심적 과제로 제시하고자 한다.

II. 중국 청년의 민족주의 수용과 헌신의 메커니즘

1. 민족주의적 감정 공동체의 형성과 정당화

민족은 일반적으로 동일한 지역에서 장기간에 걸쳐 공동생활을 함으로써 언어, 풍습, 종교, 정치, 경제, 문화, 역사 등을 갖는 인간집단을 지칭한다.[7] 그러나 민족을 객관적 기준들로 정의하려면 더욱 애매해지며 결국은 구성원의 주관적 기준, 즉 공속(共屬)의식에 의존할 수 밖에 없다. 앤더슨에 의하면 이 공속감, 즉 민족적 일체감은 역사적 사실보다는 신화나 소설과 같은 상상의 허구에 의존하고 있다. 그리고 그것은 근대 시기 국민국가의 건설과 긴밀한 관계 속에서 발전하며 민족을 필요로 하는 정치집단 혹은 국가에 의해 만들어지고 이용된 전략적 개념으로 이해된다.[8] 중국에서도 민족주의는 제국의 시대, 근대 민족국가 형성 과정, 사회주의 혁명, 그리고 지구화 참여 등 역사와 궤를 같이하며 각 시대의 과제를 해결하고 국가를 유지·발전시키기 위해 끊임없이 자기변신을 해왔다.

---

7) 정치학대사전편찬위원회, 「21세기 정치학대사전」, https://terms.naver.com/entry.naver? docId=727215&cid=42140&categoryId=42140

8) 베네딕트 앤더슨 저, 윤형숙 역, 『상상의 공동체: 민족주의 기원과 전파에 관한 성찰』, 나남, 2002; 이상국, 「상상의 공동체에서 네트워크 공동체로: 카렌족의 사례를 통한 베네딕트 앤더슨의 민족주의론 비판적 검토」, 『동아연구』, 제35권 2호, 2016, 232-233쪽.

중국에 서구적 개념의 민족주의가 등장한 것은 중화주의라 일컬어지는 문화주의(culturalism)가 서구와의 충돌을 통해 민족주의로 전환되었던 20세기에 이르러서이다.9) 당시 제국주의의 침략으로 몰락한 중국에서 민족주의는 "정체성" 유지와 깊은 관련성을 가졌으며, 특수한 역사적 조건 속에서 민족은 사실상 국가의 공백을 채워 주는 신화적 실체로 자리했다. 사실 중국뿐만 아니라 식민지 통치와 내전 그리고 분단 등으로 대변되는 20세기 역사는 동아시아 주민들의 집단적 생존 자체를 위협하는 것이었다. 근대적인 정치 경제적 기구가 결여된 식민지 혹은 반식민지 상황에서 제국주의에 저항하는 '우리'라는 저항 주체를 만들어 내고, 인민 대중에게 호소력을 지닌 것은 민족이라는 원초적 정체성이었다. 근대적 '국민'이 형성되지 않은 상황에서 민족 고유의 집단 정체성과 해방론은 식민지인을 부정하는 제국주의 가치관의 횡포로부터 자신을 지키려는 자기 방어적 이론기제가 되었다. 그렇게 민족주의는 냉정한 분석이 불허되는 도덕적 정언 명령이자 사회적 규범으로 받아들여졌다.10) 그러나 민족주의는 개체적 삶에 대한 총체적 규정력을 지니면서 민족이라는 집단적 삶으로의 개인의 편입을 강제했다.11) 생존의 위협 앞에 민족으로 대변되는 집단적 삶과 개인적 삶의 대립은 지적 사치에 가까웠으며 민족의 실존은 개인의 실존에 우선되었고, 추상으로서의 민족주의는 민족의 실존을 우선한다는 이념으로 규정되었다.12) 그리고 동원을 정당화하는 운명 공동체적 단일성

---

9) 이동률, 「중화민족주의, 중국 부상의 이데올로기인가?」, 『지식의 지평』, (9), 2010, 26쪽.

10) 임지현, 『이념의 속살 – 억압과 해방의 경계에서』, 삼인, 2001, 112쪽.

11) 근대 민족 담론에 철학적 기반을 제공해 준 이념인 1750년대 프랑스에서 등장한 '신고전주의'에서도 민족은 구체적인 인간들의 존재에 앞서 이미 선재하고 있는 공동체로서 개개의 사회 구성원은 유기적 공동체로서의 민족과 분리되어서는 존재할 수 없는 세포 하나하나로 상정된다. 이것은 전체에 대한 개인의 예속 관계를 전제한다. Anthony D. Smith, "Neo-Classist and Romantic Elements in the Emergence of Nationalist Conceptions", Nationalist movements, London, 1976. 앞의 책, 15쪽 재인용

이라는 기치는 발전의 이념과 결합하면서 더욱 공고화되었다.

중국의 민족주의가 본격적으로 발전의 이데올로기로 형성되어 간 것은 냉전의 종식과 개혁개방의 심화로 이념의 영향력이 약화되면서부터이다. 동유럽 민족주의가 사회주의 몰락과 더불어 갈등, 혼란, 분열을 야기한 반면, 중국의 민족주의는 사회주의와 동반하며, 애국주의에 기반한 내적 통합과 발전의 이데올로기로 형성되어갔다.13) 그러나 이 시기의 중국 민족주의는 내재된 이른바 '상처받은 민족주의(wounded nationalism)', 또는 '좌절된 민족주의(frustrated nationalism)'의 성격이 여전히 가지고 있었으며, 세계로의 편입과 발전을 위하여 민족주의의 대외적 표출에 매우 신중하고 절제된 양상을 보였다.14)

그러나 세계화 과정에서 정체성의 혼란을 극복하고, 중국의 부강을 실현시키는 국민적 이데올로기로서 중화민족주의가 대두되었다.15) 특히 2000년 이후 중화민족의 부흥을 주창하며 나타난 민족주의는 자신감과 성취감이 내재된 자긍적 민족주의(confident nationalism)라고 할 수 있다.16) 그러나 한편 민족적 자긍심이 커가면서 그에 합당한 대우에 대한 기대가 좌절되고 오히려 비판과 견제의 대상이 되자 '분노의 민족주의(angry nationalism)'가 등장했다. 세계가 중국의 민족주의를 위협적으로

---

12) 앞의 책, 113쪽.

13) 이동률, 「중화민족주의, 중국 부상의 이데올로기인가?」, 『지식의 지평』, (9), 2010, 28쪽.

14) 개혁개방 시기 중국의 민족주의는 반 서구적 성향을 가지고 있었지만, 중국 정부는 서구 국가에 대한 비판과 저항을 통제했다. 나토군의 주유고 중국대사관 오폭 사건과 미국 전투기의 중국영공 침범 사건에 대해 중국의 대중과 지식인들은 거세게 항의하였으나 중국 정부는 사건의 확대를 경계하며 이성적 대응으로 일관한 사례가 대표적 사례라 할 수 있다.

15) 앞의 논문, 24-25쪽.

16) Michael Oksenberg, "China's Confident Nationalism", *Foreign Affairs*, 65-3, 1986-87, pp.502-526.

인식하게 된 계기는 중국 민족주의의 공세적 성격 표출, 특히나 중국 젊은 청년세대들의 감정적 대응일 것이다. 2008년 베이징 올림픽 당시 성화봉송의 안전이행을 위해 서울 도심에서 중국인들이 시위를 벌이고 한국의 시민단체들과 무력충돌한 사건은 한국 국민에게 중국 민족주의에 대한 부정적 이미지를 확산시켰다.[17] 이후로 중국 민족주의는 수세적인 성격에서의 저항적이고 공세적 성향으로 전환되고 있는 것으로 평가되었다. 이렇듯 20세기 중국의 민족주의는 '자긍심'과 '분노'가 혼재한 '감정'에 기반하여 구성되었다고 할 수 있다.

'집단기억'이 유발하는 감정(emotion)은 역사를 만들고 집단 정체성을 길러내는데 일종의 접착제 역할을 한다.[18] 그리고 도덕적 정언명령이자 사회적 규범으로서의 민족주의는 '집단기억'에서 연유하는 '공식감정'(official emotion)'을 원동력으로 작동한다. '공식감정'으로 인정받는다는 것은 감정이 그 속성으로 비판받아왔던 '비합리성'이 '합리성'에 기반한 정당한 것으로 전환되는 것을 의미한다. 그리고 다른 국가에 대해 느끼는 '공식감정'을 표출하는 것은 감정의 근거가 되는 '집단의 기억'을 실천하는, 때로는 영웅적 행위로 평가받을 수 있다. 동아시아 국가간관계에서 이러한 감정은 중요한 변수로 작용해 왔다. 특히나 한중일 3국처럼 침략과 지배의 '집단기억'(collective memory)을 가진 상호 대결적 국가 관계에서는 각 국가가 구축한 '감정 기반의 상상의 민족(emotionally imagined nations)'은 전사가 되어 다른 국가의 갈등과 충돌에 맞선다. 민족주의적

---

17) 2008년 베이징 올림픽 직전 발생한 티베트 사태로 인한 서구의 올림픽 개최에 대한 비판과 성화봉송 저지와 과정에서의 중국과의 갈등과 충돌은 중국 청년들로 하여금 중국에 비판적 세계 여론을 체감하게 하는 계기이자, 세계가 중국의 민족주의의 공세적 변화를 인지하게 하는 계기이기도 했다.

18) 황영주, 「집단 기억과 감정의 공간으로서 사회교과서: 한국과일본의 중학교 일반사회 국제정치영역 비교」, 『21세기정치학회보』, 27권 2호, 2017, 141쪽.

특히 온라인 공간의 언술(narratives) 혹은 담론이 공통의 감정을 공유하는 '상상의 민족'의 속성을 강화하는 기능을 한다.

그간 중국정부는 애국주의 운동을 통해 학계와 대중의 민족주의적 정서를 주도하고 관리하면서 체제의 정당성 확보, 국가 통합, 대외협상력 제고의 수단으로 민족주의를 유효적절하게 통제, 활용해 왔다. 주권이 주로 이성적, 제도적 영역에서 정당성을 확보한다면 민족주의는 주로 감정적, 비제도적 영역에서 정당성을 확보하기 때문이다. 따라서 민족주의적 '감정공동체'가 견지하고 있는 '사회정치적 규범'(norm)에는 중국의 대외인식이 견지해온 반외세(anti-foreign), 반서구(anti-Western), 반패권주의 (anti-hegemonic)와 과거 중화민족의 영광을 되살리는 중국의 꿈이 중심축을 이루고 있다. 이러한 민족주의적 감정의 공동체에 청년세대는 어떻게 귀속되고 행위 주체가 되었는지는 청년들의 현실적 상황과 감정에서 연결의 고리들을 찾아야 한다.

2. 중국 청년의 자기 몰입적 개인주의(self-absorbed individualism)와 인터넷 집단활동

현재 중국 신세대 청년들의 가치관을 포괄적이고, 세밀하게 묘사하는 것은 불가능하게 여겨진다. 청년 그룹 간의 이질성이 이전의 그 어떤 시기보다도 높기 때문이다. 그러함에도 현재 민족주의가 온라인 상에서 극도의 감정적 대립으로 표출되는 한중 민족주의의 대결적 구도를 이해하기 위해서 신세대 청년들의 가치관과 행위 패턴을 분석하는 것이 우선적으로 필요한 일이다. 즉 중국 신세대가 갖는 개성과 개인주의 - 어떻게 민족주의라는 집단감정에 몰입하고, 감정적 공동체에 귀속되는가에 대한 질문은 청년들의 현실과 인식에 대한 고찰에서 시작해야 한다.

현재 중국의 새로운 청년 세대는 주로 '주링허우(90後)' 그룹을 가리킨다.[19] 이전에는 혁명을 전혀 경험하지 않은 첫 세대인 80년대 이후 출생자들(바링허우, 80後)이 그 이전 세대와의 구분하에서 중국 변화의 척도로 인식되었으나, 현재 중국 청년이라고 하면 엄밀히 말해 1990년 이후에 출생한 주링허우(90後)를 지칭한다. 그들이 사회의 분위기를 선도하고, 그들의 가치관이 사회 변혁을 반영하는 척도로 인식되고 있다.

'바링허우'와 '주링허우'의 공통점과 차이점은 중국의 미세한 시대적 변화에 기인한다. 중국 개혁개방 이후에 태어난 이 두 세대는 모두 부모 세대와 성장 배경, 사고 방식, 생활 방식 등 각 부분에서 큰 대별점들을 가지고 있다. 우선 이 두 세대는 가정과 국가 모두의 풍요 속에 성장하였다. 그러나 '바링허우'가 10대나 20대에 풍족함을 느낀 세대라면, '주링허우'는 유아기부터 풍족함을 접한 세대로 볼 수 있다. 또한 '주링허우' 세대들은 국가 경제력과 종합 국력이 전면적으로 향상된 국가를 접하면서 국가와 민족에 대한 강한 자부심을 느끼며 성장하였다. 이들은 기본적인 생활 욕구가 충족되고 물질생활의 안정감이 극대화되면서, 비교적 높은 수준의 자아실현을 추구하는 세대이기도 하다. 따라서 이들에게는 탈물질주의(Post-materialism)적 가치관이 중요하게 자리한다.[20] 이러한 특징은 그들의 소비패턴과 문화에서도 그대로 드러난다.[21] 즉, '주링허우' 청년들의

---

19) 중국 1990년대 후에 태어난 인구는 중국 전체 인구 비중의 12%(약1.7억)를 차지하고 있다. 장예림, 「'상실의 문화'를 내면화하는 방식 - 중국 '90후(後)' '불계회사원(佛系職員)'을 중심으로」, 『인문사회과학예술융합학회지』, 제3권 2호, 2019, 20쪽.

20) 과거의 청년집단은 물질적 부를 개인의 성공을 평가하는 유일한 기준으로 여기고 물질적 향유를 추구했다. 한편, 가치관 측면에서는 공리주의 성향을 보여 왔다. 그들은 물질적 부에 강한 소유욕을 가지며 심지어 일부는 돈이 만능이라는 잘못된 생각을 하기도 했다. 현대 사회의 치열한 경쟁과 빠른 생활 리듬으로 생활 스트레스가 날로 커지고, '월광족(月光族), 개미족(蟻族), 숨겨진 빈곤(隱形貧困)'등의 등장으로 현실을 더욱더 또렷하게 깨닫게 되면서 청년들의 가치관이 물질주의로 물든 것이다.

21) 조금위·장몽교·류미현, 「목표지향행동 모델을 적용한 왕홍 관련 제품 구매의도에 관한 연구: 중국 80후, 90후 세대 소비자를 중심으로」, 『소비문화연구』, Vol21, Issue 3, 2018.

물질 소비는 상징적인 의미와 흥미 지향성을 보인다. 값비싼 명품을 구입함으로써 상류층의 생활방식을 표상하는 반면, 자신의 애호나 취미를 위해 실용성이나 경제적 가성비를 따지지 않는 소비를 한다. 이들은 행위에 대한 결정에서 자신이 중요하게 생각하는 가치를 실현하는데 큰 관심을 가진다.

이렇듯 풍요와 부강한 국가에서 성장했지만, 역설적으로 이들은 '패배의 세대'로 불리기도 한다.[22] 중국의 대다수 '주링허우' 청년들은 대학을 졸업하고 고등교육을 받았지만, 본인이 기대한 만큼 사회적으로 높은 평가를 받지 못한다. 다시 말하면, 본인의 삶에 대한 욕망과 현실 사회 구조적 불평등과 기회의 제약 사이에서 불안과 갈등을 겪고 있다. 이것은 중국 청년들의 정부에 대한 부정적 평가의 주요 원인이 된다. 2008년, 2011년, 2013년 총 3회에 걸쳐 진행된 중국사회현황종합조사(Chinese Social Survey)의 데이터에 의하면 중국 청년 세대('바링허우'와 '지우링허우')의 정부에 대한 평가는 이전 세대(70년대 이전 출생)보다 현저히 부정적이며, 그 원인으로 사회적 평등감의 저하가 중요하게 영향을 미치고 있음을 보여준다.[23] 성장기에는 고속성장의 수혜와 가정의 보살핌을 받고 자랐지만 성인이 된 뒤에는 높은 주거 비용, 취업난 등 경제적 및 사회적 압박에 시달리는 것이 90년대 이후 출생한 중국 청년의 현실이다. 주링허우 청년들은 자신들이 중국 사회에서 불공평한 대우를 받고 있으며 위계와 계급 서열 구조에 매우 취약한 존재라는 점을 스스로 인지하고 있다.[24] 이러한 사회적 배경에서 중국 청년들은 삶에 회의감을 가지며 자기 자조적인 태

---

22) 崔岩, 「"90後"靑年社會認知特征和社會評價分析」, 『靑年硏究』, 第四期, 2016, 38-46쪽.
23) 티엔펑·순정신, 「인터넷과 중국 청년의 사회적 태도」, 『성균차이나포커스』, 24권 0호, 2016, 39-41쪽.
24) 朱宏霜, 「當代大學生社會公平觀教育硏究」, 『長春大學學報』, 第10期, 2011, 10쪽; 言珍, 「"90後"大學生公平觀現狀與教育硏究」, 『學理論』, 第11期, 2015, 11쪽.

도를 형성하게 되었다고 볼 수도 있다.

이러한 중국 청년세대의 좌절과 불안은 여러 갈래의 대처 방식을 찾고 있다. 우선 이들은 '본인의 실력을 증명할 필요가 없다'라고 생각한다. 누군가와 경쟁을 통해 이기는 것 보다는 오히려 이들에게 '상실(喪)'을 인정하고 수용하며 사는 것이 마음이 편한 삶이다.[25] 이러한 태도는 하나의 문화가 되어 '상문화(喪文化)'라는 인터넷 신조어를 만들어냈다. 상문화는 아무리 노력해도 나아지지 않는 현실에 대한 좌절감을 해학적으로 표현하는 문화를 가리키는 것으로, 젊은 인터넷 이용자들은 소셜 네트워크 미디어를 통해 일상생활에 대한 불만과 반성, 힘든 현실에 대한 반항 및 자기 위안 등이 표출된 블랙유머가 담긴 문구와 이모티콘, 사진, 동영상, 노래, 게임등을 대량으로 생산하고 유통하고 있다. 이러한 상문화를 즐기는 중국 청년들은 스스로 '불계청년(佛系靑年)', 즉 일상의 일들에 열정이 없고, 크게 개념치 않고, 냉소적이고 무심한 태도로 일관하는 사람이라는 의미를 가진 용어로 부른다. 이들은 "다 상관없다", "괜찮다", "마음대로 해" 등의 말을 자주 한다.[26] 그런 의미에서 상문화는 사회적으로 유의미한 변화를 기약하기가 어려운 현실을 대면하고 있는 청년들의 자신에 대한 '자기 서사'라고 볼 수 있다. 유사한 맥락에서 등장한 용어로는 '내권(內卷)'과 '당평(躺平)'이 있다.[27] 두 용어 모두 변화와 성장의 기회가 부재한, 막다른 골목길에 다다른 것 같은 청년들의 답답함과 좌절감이 그대로 드러난다. '내권'은 현재 노력에 대한 충분한 보상 없이 과열화된 경쟁

---

25) 駱劍琴,「關於互聯網"喪文化"現象解析及對策」,『中國民族博覽』, 第十一期, 2017, 223-224쪽.

26) 장예림,「'상실의 문화'를 내면화하는 방식 – 중국 '90후(後)' '불계회사원(佛系職員)' 을 중심으로」,『인문사회과학예술융합학회지』, 제3권 2호, 2019.

27) 하남석,「시진핑 시기 중국의 청년 노동 담론 : 내권(內卷), 당평(躺平), 공동부유」, 『마르크스주의 연구』, 제18권 제4호, 2021.

체제에 대한 비판의 의미를 담고 있으며, 이러한 사회적 배경에서 '당평'
은 청년들이 아무것도 하지 않는 것을 선택하는 상황을 의미한다. "아무
것도 안 하고 싶다"는 게으름의 표현일수도 있지만, 아무리 노력해도 바
뀌는 것이 없기 때문에 아무것도 안 하기로 했다는 적극적인 선택의 의미
도 지니고 있는 것이다.

  "노력분투(努力奮鬪)"의 삶에 의미를 찾지 못하는 중국 청년세대가 탈
물질주의적 가치관에 기반하여 사회적 기대에 부응하는 노력을 포기하고
자신이 추구할 수 있는 소소로운 가치실현에 집중하는 것을 자기 몰입적
개인주의(self-absorbed individualism)라고 정리할 수 있다. 자기 몰입적
개인주의는 경쟁사회에서 성공과 성취를 위해 고군분투하는 과정에서 나
타나는 개인주의와는 정반대의 지향을 갖는다. 청년들은 주류문화의 억압
성과 지배이데올로기를 담은 컨텐츠를 우회하고 개인주의적인, 그리고 마
니아적인 향유를 추구하는 것이다. 이러한 자기 몰입적 개인주의 성향을
가진 중국의 청년들에게 인터넷은 그들만의 가치관을 생산, 소비, 유통시
킬 수 있는 놀이터이자 자아실현의 장이다. 디지털 세계에 태어나지는 않
았지만 특정 시점부터 디지털 기술에 익숙해진 디지털 이민자(digital
immigrant)로 설명되는 이전세대와 달리, 90허우 청년세대는 태어나고 자
라는 시점에서 이미 인터넷과 컴퓨터에 익숙하고 모바일 디바이스 등의
사용이 자유로운 디지털 원주민(digital native)의 특성을 가지고 있다. 인
터넷 공간에서 청년들은 타인과 교류하고 흥미 집단을 만들며 인터넷 참
여식 문화에서 자신들만의 언어 기호를 이용해 규칙에 따라 그들만의 담
화 체계를 확립한다. 그리고 청년들은 소속된 온라인 써클과 언어체계에
높은 동질감을 느끼기 때문에 이는 실제 생활의 사회적 정체성과 가치관
형성에 직접적인 영향을 미친다. 이 과정에서 형성된 팬덤문화는 중국 청
년들이 자신의 가치를 실현하고 정체성을 확립해가는 데에 중요한 기회와
공간을 제공한다. 현실에서는 무력한 청년이 인터넷 흥미집단의 활동에는

폭발적인 열정을 보일 수 있는 연결고리는 바로 청년이 현실에서 느끼는 상실의 감정과 그러함에도 자신의 가치를 실현하고자 하는 열정이다.

3. 민족주의와 자기 몰입적 개인주의, 극단의 연결과 공진

한중관계에서 분석 변수로 사용되는 민족주의는 국가의 역사적 흥망성쇠의 과정에서 형성되고 강화되었으며 국가차원의 분석이 주를 이루었다. 그러나 최근 한중간 민족주의에 기반한 갈등과 충돌은 사회적인 문제로 다루어지고 있으며, 특히 청년들의 온라인상에서의 감정적 충돌이 주된 문제로 부각되고 있다. 현재의 민족주의는 그 특징과 표출방식에서 국가적 차원이 아니라 개인의 정서와 깊은 연관을 가지며, 고전적 민족주의 이론 틀에서 설명하기에는 한계를 가진다.

중국의 민족주의는 20세기 구국의 지향을 품은 실천적·저항적 민족주의에서 중국의 사회통합과 부상을 위한 발전의 이데올로기로 역할하였다. 그리고 현재 중국의 민족주의는 중화민족에 대한 자긍심을 갖고 대외적 경계와 공격에 대해 분노하는 감정적 민족주의로 변형되고 있다. 여기에 적극적 행위주체로 등장한 것이 중국의 청년이다. 온라인 공간에서 청년들은 역사와 기억의 수동적 수용자에 머물지 않고 새로운 역사와 기억의 주도적 생산자로서 인터넷 매체 수단을 이용하여 자신들의 온라인 감정공동체를 형성하였다. 현상에 대한 설명과 분석을 위해서는 민족주의를 지배정당성 강화에 활용한 국가전략에 대한 연구와 함께 이상과 현실적 괴리에서 발생하는 불안과 상실감을 해결하기 위한 청년들의 절충적 선택이 온라인 상에서 만들어낸 감정공동체에 대한 양 측면의 접근과 분석이 요구된다.

이러한 온라인에서 형성된 감정공동체의 중심에 '소분홍(小粉紅)'이라고 불리는 중국의 청년 네티즌이 있다. 소분홍은 원래 유명 인터넷 문학

사이트인 '진장문학도시(晋江文學城)' 내에서 활동하는 '탐미소설(耽美小説)' 독자인 20대 중심의 여성 네티즌을 가리키던 말로, 사이트 배경이 분홍색이기에 '소분홍'이라 명명되었다. 이후 애니메이션, 만화, 게임 등 다양한 팬덤 문화의 향유층으로 그 개념이 확대되었다. 소분홍이라는 명칭이 널리 사용된 것은 붉은색(紅色)으로 표상되는 구좌파 진영과 차별성을 가졌기 때문이기도 하다.[28]

이들은 2010년대 중국의 종합국력이 세계 2위국으로 올라서고 글로벌 위상이 높아지던 시대에 사회 비판적이던 인터넷 공론장에 출현하여 국가와 당을 옹호하는 발언을 게시하고 논란을 불러일으키면서 존재를 알렸다. 소분홍은 중국 국내 인터넷에서 국가주의적 활동뿐만 아니라, 국익에 위해하다고 판단되는 해외의 SNS 계정에 집단적으로 방문해 비방의 발언을 남기면서 그 존재를 세계적으로 각인시키고 있다. 2016년 바이두의 팬 커뮤니티 중 하나인 '디바(帝吧/D8)'에서 당시 타이완 대선후보였던 차이잉원 등의 페이스북에 난입한 '디바 출정(帝吧出征)'이 대표적인 사건이다.[29] '출정(出征)'이라 명명된 이 행동은 중국 관영매체인 환구시보와 중국중앙방송(CCTV) 등의 보도와 함께 당국의 지지를 받으면서 '팬덤 민족주의(粉絲民族主義)'로 주목받기 시작했다.

---

28) 余亮,「"小粉紅"的系譜, 生態與中國靑年的未來」,『文化縱橫』, 2021, 10쪽.
29) '디바(帝吧/D8)'는 중국 포털사이트인 바이두(百度) 산하에 있는 중국 축구선수 리이(李毅)의 팬 커뮤니티이다. 그러나 2005년 중국 축구의 부진, 리이의 논란적 발언 및 행동이 비판을 일으킨 후 리이와 중국 축구를 조롱하고 불만을 표출하는 공간으로 변모하였으며, 점차 스포츠 커뮤니티에서 중국 최대 사용자 수인 인터넷 동호회(이용자 수 2600여만 명, 게시물 9.4억여 개)로 발전하였다. 중국 최대 온라인 스포츠 팬커뮤니티인 '디바를 중심으로 하는 온라인 민족주의자들이 타이완 대선 국면에서 타이완 독립 주장에 항의하기 위해 차이잉원, 삼립신문(三立新聞), 핑궈일보(苹果日報)의 페이스북 등에 몰려가 '이모티콘 대전'을 벌인 것을 가리킨다. 劉海龍,「像愛護愛豆一樣愛國 : 新媒體與"粉絲民族主義"的誕生」,『現代傳播』, 第4期(總第249期), 2017, 27쪽.

소분홍은 '국가'라는 기표를 중심으로 '국가의 이익'에 호소하고 '국민'을 호출하여 결속시키는 한편, 중국에 대한 비판과 반대 발언을 하는 여론 주도층을 불신하면서 이들을 '국민' 바깥으로 맹렬하게 밀어내고 대결하는 특징을 보인다. 이들이 가치를 결속하고 상대를 비판하는 방식은 기존에 없던 방식이라는 점에서 주목을 요한다. '여성 팬덤(飯圈女孩)'을 중심으로 광범위한 층이 형성된 소분홍은 대규모 가두시위로 힘을 과시했던 관제 애국주의 활동과 달리 인터넷을 기반으로 한 팬덤 문화의 논리에 따라 '아이돌'을 지지하듯이 중국과 당을 지지하는 활동을 벌인다.

Ⅲ. 청년 민족주의의 감정표출 메커니즘

1. 팬덤민족주의의 국가 우상화

'팬(Fan)'과 '덤(Dom)'이 합성어인 팬덤(Fandom)은 특정 스타급 인물 혹은 유명 문화 텍스트를 열광적으로 즐기는 '수용자' 및 공동 취미와 충성심을 가진 공동체 또는 그 현상을 지칭하는 것으로 애호 대상에 대한 열정을 기반으로 한 감성적 반응의 소산으로 이해된다. 참여자들은 자발적 유대를 통해 '팬심'이라는 독자적 정서 구조(structure of feeling)를 창출해 집단적 욕구를 표출하고 실현해 왔다.[30] 그러나 팬덤의 스타에 대한 열정적 애정과 집단적 정체성 발현의 행위에 대하여 무모하고 과도한 것이라는 부정적 인식과 편견이 존재한다. 이는 그 어원에서도 확인할 수 있다. 팬(Fan)은 광신자(Fanatic)의 약자이고 '하나의 성당, 성당의 하인 및 열렬한 교중'이라는 뜻의 '파나티쿠스(fanaticus)'라는 라틴어에서 기원

---

30) 마크 더핏, 『팬덤 이해하기』, 한울아카데미, 2016.

됐다. 그 후에 'Fanatic'은 점점 '무절제하고 과열된 종교 신앙'이란 의미에
서 '과도하고 부적당한 열광'이라는 보편적인 의미로 바뀌어서 부정적인
미친 짓으로까지 표현됐다.[31] 17세기 후반 영국에서 처음 사용된 '팬'이라
는 용어가 미국의 열광적인 프로야구 관중들에서 영화와 음반의 헌신적인
수용자로 확대되면서 사회적으로 부각되기 시작할 당시에도 그 용어에
대해서는 여전히 맹신이나 광신과 같은 부정적 편견이 지배적이었다. 그
리고 열성 팬들은 "우매하고 무분별한 존재"로 경시되는 사례가 많았
다.[32]

　이러한 팬덤은 종교나 신화와의 유사성에 근거해서 연구되었다.[33] 그러
나 젠킨스에 따르면 뉴미디어 시대의 팬덤 현상은 신앙이라기 보다는 신
화적 기능에 크게 의존한다. 팬덤은 공통된 이야기 즉 신화를 바탕으로
공유된 정서나 몰입을 통해 구성원들을 공감적 공동체에 귀속시키기 때문
이다. 스타에 대한 종교적 순결한 믿음이 아닌 세속적 공동체 의식으로
집단 정체성을 구축한 팬덤은 구성원들에게 열정적 일체감을 주기 위하여
스타 신화를 만들어내야 한다.[34] 또한 팬덤과 같이 사회적으로 정체성을
획득한 조직의 구성원은 자신이 속해 있는 조직을 자신에 대해 평가할
수 있는 심리적 기준으로 인식하게 된다. 따라서 조직과 자신을 성공과
실패를 공유하는 운명 공동체로 인식하게 된다. 이 과정에서 개인은 자신
이 속한 집단 혹은 조직을 위한 개인적 행동 노력을 수행하게 되는데,

---

31) 홍종윤, 『팬덤 문화』, 커뮤니케이션북스, 2014.

32) 헨리 젠킨스, 정현진 역, 『팬, 블로거, 게이머: 참여문화에 대한 탐색』, 비즈앤비즈,
　　2008, 7쪽; 이혜수, 「한국 팬덤의 민족주의 정체성 전략에 관한 연구」, 『사회사상과
　　문화』, 22권 2호, 2019, 239쪽.

33) Hills, M., *Fan Cultures*, Routledg, 2002.

34) 헨리 젠킨스, 정현진 역, 『팬, 블로거, 게이머: 참여문화에 대한 탐색』, 비즈앤비즈,
　　2008, 7, 30-31쪽.

그럼으로써 조직이 요구하는 규범에 영향을 받게 된다.[35]

　최근 중국 민족주의 연구에는 팬덤문화에 애국주의와 국가주의가 작용하여 변형된 팬덤 민족주의(飯圈民族主義/粉絲民族主義) 개념이 빈번히 등장하고 있다. 90년대생이 주체가 된 인터넷 민족주의자들에게 인터넷 기술과 민족주의라는 과거에는 상관성이 없었던 두 가지 개념이 개인의 주체 구성 과정에서 하나로 합쳐졌다.[36] 이것은 인터넷 민족주의의 기본 특징을 바꿔 '팬덤 내셔널리즘(fandom nationalism)'이라는 이름을 붙일 수 있게 했다. 쉽게 표현하면 '아이돌(idol)을 사랑하는 것처럼 애국한다'는 것이다. 청년 애국 집단인 소분홍이 주체가 된 팬덤 민족주의는 이전의 민족주의자들과는 달리 스타를 좋아하고 따라다니는 방식으로 국가를 사랑한다. 팬덤 민족주의는 국가를 인격화시켰다. 심리학적으로 보면, 이것은 팬이 스타를 심리적으로 동일시하는 것과 같다. 그들은 국가를 자신의 내면적 현실과 외적 현실 사이의 '과도적 객체'로 만들어 외부와 교류하고, 자신의 정체성을 구축하는 것이다. 때문에 그들은 자신들이 국가를 소유한다고 생각하고, 감정을 쏟아붓고, 다른 나라와의 경쟁에서 자국이 가장 훌륭한 나라가 되게 만들 책임이 있다고 여기며, 국가가 부당한 대우를 받을 때 스스로 경쟁국과의 전쟁을 선포한다. 민족주의적 소분홍

---

35) 이혜수, 「한국 팬덤의 민족주의 정체성 전략에 관한 연구」, 『사회사상과 문화』, 22권 2호, 2019.

36) 세대별로 민족주의적 활동의 특징이 상이하게 나타난다. 60, 70대 이후 태어난 민족주의자들은 주로 현실의 국제관계 문제에 초점을 맞춰 현실 비판적 특성을 보였다(1998~2005). 80년대 이후에 태어난 민족주의자들은 행동자부터는 민족주의가 정치와는 거리가 먼 소비영역에서 불매운동 등의 활동을 함으로써 하향식 풀뿌리적 특징을 보였다(2008~2010). 그리고 90년대 이후에 태어난 청년들이 행동의 주체가 된 현재 세계화된 상업문화 소비는 지역의 정체성을 없애기는커녕 민족감정과 정체성을 강화하고 있다. 또한 그들은 스타를 좇는 것과 인터넷 게임의 표현방식, 행동방식, 조직방식을 인터넷 민족주의 운동에 도입하여 전체 운동의 면모를 변화시켰다.(2010년 이후)

의 눈에 국가는 또 다른 우상일 뿐이며, '조국이야말로 큰 본명(本命)'이
다. 애국은 어쩌면 많은 사랑하는 아이돌 중 더 대의명분이기도 하다. 그
리고 국가는 위대한 우상처럼 똑같이 강한 상대 우상과 맞서도록 요구받
는다.[37]

또한 중국의 팬덤 민족주의는 특정 의식(儀式)을 치룸으로써 강화된다.
뒤르켐(Durkheim, 1995)에 따르면 의식의 기능은 마음을 흥분시키는 경
향이 있어 특정한 동기나 강렬한 감정의 "정신상태(心灵状态)"를 불러일
으킬 수 있다.[38] 뒤르켐의 사회기능학설의 핵심 관점은 의식을 통해 사회
통합과 집단역량을 강화하고, 사회구성원이 의식을 통해 개개인의 집단에
대한 귀속감을 강화한다는 것이다.[39] 팬덤 민족주의는 '팬덤 출정'과 축제
와 같은 의식에서 마음껏 집단 감정을 표출하며 자아 정체성과 국가 정체
성 구축에 성공하여 익명의 애국심을 세워내었다. 인터넷 미디어와 플랫
폼은 형식과 콘텐츠를 제공할 뿐 아니라 격정과 공감을 불러일으키는 상
호 소통의 의식 공간을 제공한다. 신화통신과 텐센트(騰訊)가 AI 등의 기
술을 이용하여 조국을 위하여 '좋아요'를 누르는 기능(我爲祖國點贊)을
제공하고 있으며, 인민망과 텐센트도 뉴미디어 기술의 혁신적인에 기반한
문화 콘텐츠 교류의 플랫폼을 제공하여 사람들이 미디어를 매개로 소통하
고 실시간으로 감정적 상호작용을 할 수 있도록 하고 있다.

온라인상의 상호적인 교류 행위('좋아요'누르기, SNS상의 다양한 교류
방식과 행위)는 참여자들의 감정과 관심사가 서로 연결시키고, 공유된 감
정을 인지하는 경험을 만들어낸다. 온라인상의 다양한 교류와 정서적 공
감의 행위를 통해 팬덤 민족주의는 '조국'이라는 이슈에 대한 공통의 관심

---

37) 劉海龍, 「像愛護愛豆一樣愛國: 新媒體與"粉絲民族主義"的誕生」, 『現代傳播』
    第4期, 2017.
38) Durkheim, Emile. *The Elementary Forms of Religious Life*, France Vision, 1995, p.390.
39) 앞의 책, p.227.

을 유지하며, 온라인상에서의 실시간 비대면 교류를 통해 유대감을 형성한다. 인터넷의 발전과 새로운 기술 환경에서 행하는 다양한 활동들은 상호 관심과 정서적 연계를 강화함으로써 참가자가 상호작용의 과정에서 충분한 감정적 에너지를 얻을 수 있도록 하며, 나아가 높은 집단 정체성과 사회적 공감대를 형성한다.

  '국가가 아이돌보다 우선한다(國家面前無愛豆)'에서 '국가가 곧 나의 스타이다(國家就是我愛豆)'로 전환된 요즘 중국의 인터넷 민족주의는 새로운 국가 정체성 구축에 큰 기여를 하고 있다.

2. 팬덤의 이면, 혐오

  한중 양국간의 정서적 갈등 관계를 표현할 때 "반(反)"이라는 수식어를 붙였다. 그러나 어느 사이엔가 "혐(嫌)"을 사용해 혐중(嫌中)·혐한(嫌韓)으로 표현하는 게 익숙해졌다. "반(反)"이라는 의미가 태도의 문제를 더 강조하고 있다면, "혐(嫌)"은 더 적극적인 감정과 행동을 의미한다는 점에서 최근 한중관계가 얼마나 악화되었는지를 반추하게 한다.

  '혐오'가 다른 감정보다 더 위험한 이유는 그것이 특정 집단에 속하는 사람들의 고유한 정체성을 부정하여 차별하거나 배제하는 감정이고 표현이라는 점이다. 그것은 단순히 개인적 차원에서 편견을 드러내거나 욕설을 하는 행위에서 그치는 것이 아니라, 차별이라는 사회적 배제 행위와 편견에 기반한 폭력 행위의 원인이 되고 급기야 집단 학살로 이어질 수 있다. 혐오는 유럽 중세시대에 '마녀 사냥'을 유발시켰고, 독일 나치의 유대인에 대한 '홀로코스트(Holocaust)'의 근본적 원인이기도 하다. '테러와의 전쟁'은 유럽에서 난민들을 향한 노골적인 인종 차별로 이어졌으며 지역감정과 계층을 기반으로 한 뿌리 깊은 혐오는 사회적 분열과 반목을 만들어내었다. 혐오는 현대사회에서 인간이 느끼는 공포와 불안으로 형성되고 증폭된다. 최근 전 세계를 강타한 코로나19는 마음 속 불안과 공포로 더욱 많은 혐오의 대상과 혐오의 사건들을 만들어냈다. 현대 사회에서 '유동하는 공포'(liquid fear)'는 일상화되고, 혐오는 공포를 강화한다. 또한 근대 자본주의 사회의 위기와 불안도 혐오를 증폭시키는 기제가 된다. 역사적 경험에서 목도 했듯이 자본주의의 역사는 불황과 호황의 반복적 사이클의 연속이었다. 불황의 시기에는 사회적 불안, 선동, 혐오가 분출했고, 종국에는 대량살상을 동반한 전쟁이 터지곤 했다.[40]

혐오의 또다른 위험성은 그것이 무비판적인 신념에 기반한 이데올로기에 따라 집단적으로 형성되는 감정이라는 점이다. 혐오하는 자는 자신이 갖는 혐오 감정의 정당성에 대해 절대적 '확신'을 갖는다. 독일 저널리스트 카롤린 엠케(Carolin Emcke)는 "의심하는 자는 상대를 증오할 수 없다"고 한다. 따라서 혐오가 기반하는 특정 집단을 향한 편견 또는 선입견은 대체로 논리적인 토론의 대상이 되지는 않았으며 '사실(fact)'에 대한 이해(understanding)가 원천적으로 봉쇄된다. 혐오하는 자들은 '사실'에 관심이 없다. 그러나 혐오 감정의 정당성에 그토록 확신을 가지면서도 혐오의 대상은 모호하다. 개인을 개별적인 존재로 인정하는 윤리가 지워진 모호한 집합체들만이 증오의 수신자로 남는다.[41]

그러나 최근의 혐오 세력은 자신의 적대성 발언이 무비판적 직관이 아닌 '사실'에 기반한 이성적 사고와 논증에 바탕을 두고 있다고 주장한다. 즉, 혐오를 받을 만한 공통의 특성으로 지적되는 '팩트(fact)'에 따라 비난하고 있기에 부당한 혐오가 아니라는 것이다.[42] 그 집단에 부정적인 어떠

---

40) 서영표, 「현대사회의 공포와 불안, 그리고 혐오: '난민'이 문제가 되는 사회」, 『탐라문화』, 제65호, 2020.

41) 카롤린 엠케 저, 정지인 역, 『혐오사회 : 증오는 어떻게 전염되고 확산되는가』, 다산지식하우스, 2017.

42) 최훈, 「혐오 표현의 논리학: 통계적 차별과 인권」, 『범한철학』, 제94집, 2019.

어떠한 특성이 있다는 사실은 부인할 수 없으므로, 거기에 근거해서 적대시하는 표현을 하는 것은 문제가 되지 않는다는 것이다.

이러한 혐오가 분출되려면 미리 정해진 양식이 필요하다. 그것은 "모욕적인 언어표현, 사고와 분류에 사용되는 연상과 이미지들, 범주를 나누고 평가하는 인식틀"이 미리 만들어져 있어야 하며, 훈련되고 양성되어야 한다. 이것은 특정한 이데올로기에 따라 집단적으로 형성된 감정으로 미리 정해진 양식에 따라 분출된다. 그저 존재하기만 하는 것이 아니라 만들어지는 것이고, 때문에 특정한 방식으로 '유도'되어 진다. 따라서 증오와 폭력은 그 자체만 따로 떼어 비난하기보다 그것이 작동하는 방식들을 함께 고찰해야 한다.[43]

신화를 바탕으로 공유된 정서나 몰입을 통해 공감적 공동체를 구성하고, 팬 클럽의 구성원이 스타를 자기화함으로써 새로운 스타의 스토리를 쓰는데 적극적으로 가담하는 팬덤문화의 메커니즘은 그 안에 사실(fact)에 대한 검증보다 이미 형성된 믿음에 대한 편견과 방어기제가 작동한다는 점에서 혐오가 나타날 수 있는 많은 개연성들을 갖는다. 팬덤문화에서 팬이 스타에게 느끼는 일체화는 대상에 대한 열정이 강할수록 보호와 성공에 대한 책임감과 집착이 강해진다. 팬들이 공유하는 정체성은 자신이 속한 집단이나 조직의 유지존속을 위해 노력하는데, 이처럼 팬덤 구성원들이 집단적 참여를 독려하거나 집단 규범을 권장하면서 형성되는 집단 정체성이 그들의 태도나 행위에 지대한 영향을 끼치게 된다.[44]

---

43) 카롤린 엠케 저, 정지인 역, 『혐오사회 : 증오는 어떻게 전염되고 확산되는가』, 다산지식하우스, 2017, 23, 75쪽.

44) Tajfel, H., "Instrumentality, Identity and Social Comparisons", 483-507, in *Social Identity and Intergroup Relations, edited by H. Tajfel*, Cambridge University Press, 1982; Tajfel, H., & J. C. Turner, "The Social Identity Theory of Intergroup Behavior", 7-24, in *Psychology of Intergroup Relations, 2nd edited by S. Worchel & W. G. Austin*, Nelson-Hall, 1986.

이혜수는 어빙 고프먼의 연극학적 기법을 활용해 일반 관객으로의 역할을 거부하고 공연의 성공을 위해 열렬히 기원하고 위기의 순간 무대의 전면에 나와 능동적 공연자 역할에 적극 가담하는 팬덤문화를 설명한다.[45] 공연자의 위치에 선 팬들은 그들이 애호하는 대상의 이미지가 위협받는 상황에 직면하면 보호책략을 발동하고, 우호적 정보와 비우호적 정보를 전략적으로 선별해 자신의 입지를 강화해가는 능동적이고 공격적인 교정과정을 수행한다. 이러한 과정에서 이러한 고도의 전략은 팬덤의 관행이 되고, 궁극적으로는 집단적 인성(group personality)으로 고착된다.

팬덤 구성원들이 집단 정체성을 구축하는 과정에서 그들은 전체 사회의 기대치를 벗어나지 않으려고 노력한다. 특히 주류사회의 부정적 시선을 자초할 수 있을 만큼, 독자적 성향이 강한 팬덤일수록 사회적 비판을 완화시키려는 작업에 부심하는 경향이 농후하다. 사회적 인정의 필요와 욕망은 조직 활동의 정당성을 확보하기 위해 누구도 부정할 수 없는 가장 보편적이고 근원적인 가치를 추구한다. 그것은 바로 "국가"이다. 국가를 스타화한 팬덤 민족주의에도 국가극 보호하기 위한 책략이 발동하면 그것은 관행화되고 집단적 인성으로 고착화된 사고와 행위 패턴이 나타난다. 국가 추종자들은 국가에 우호적 정보와 비우호적 정보를 전략적으로 선별하고 그것을 비우호적 정보를 유포하거나 공격하는 대상에 대해 공격적이고 능동적인 교정과정을 수행한다. 최근 한중간 문화와 역사적 이슈들을 중심으로 벌어지고 있는 논쟁들이 이러한 사례에 들어갈 수 있을 것이다.

팬덤 민족주의의 공세적 행태는 팬덤 민족주의의 주축세력인 중국 청년들의 현실적 상황에도 영향을 받는다. 한국 청년 세대의 스트레스와 외국인 혐오 간의 관계에 대한 한 조사는 현재 청년들의 스트레스와 우울감

---

45) 이혜수, 「한국 팬덤의 민족주의 정체성 전략에 관한 연구」, 『사회사상과 문화』, 22권 2호, 2019.

이 어떻게 외부에 대한 부정적이고 공격적인 반응으로 표출되는지를 잘 보여준다.[46] 물론 이것이 한국 청년들을 사례로 하는 것이지만 한중 청년이 스트레스를 받는 사회경제적 상황의 유사성은 중국 청년들에 대한 연구에도 유의미한 내용을 제공한다고 여겨진다. 스트레스와 외부 공격성에 대한 기존 연구에 의하면 스트레스는 우울감 같은 부정 정서만 유발하는 것이 아니라 공격성을 표출할 위험도 높일 수 있으며, 스트레스를 많이 받을수록 공격성이 높아진다는 연구 결과도 있다.[47] 연구결과 대학생들의 스트레스는 공격성의 표출과 외국인 혐오에 연관성을 가진 것으로 나타났다. 즉 과도한 스트레스를 경험하면 자기방어 능력이 감소하고 자아기능과 적응능력이 저하되기 때문에, 평상시에 경험하는 갈등을 더욱 강하게 지각해 불안과 분노 같은 부정적 정서가 증가된다. 현재 한중 청년들이 겪는 사회적 스트레스와 좌절감은 대외적 공격성, 특히 다른 국가에 대한 공격과 혐오의 감정으로 표출될 수 있는 개연성을 증대시킨다.

3. 팬심과 혐오, 극단의 연결과 공진

----

46) 이다정·정성진, 「대학생의 스트레스와 외국인 혐오 간의 관계에서 자기수용과 공격성의 매개효과」, *Journal of the Korea Academia-Industrial cooperation Society*, Vol.23, No.5, 2022, pp.180-187, 설문조사는 2020년 1월 4~19일에 온라인 조사에 참여한 대학생 246명을 대상으로 실시되었다. Google설문지 양식을 이용하였으며, 수집한 자료는 SPSS/WIN 25.0 프로그램을 이용하여 분석되었다. 연구 대상자의 성별은 남성 85명(34.6%), 여성 161명(65.4%)이었다. 전공은 인문계 123명(50.0%), 이공계 92명(37.4%), 예체능계 31명(12.6%)이었고, 학년은 1학년 23명(9.3%), 2학년 57명(23.2%), 3학년 73명(29.7%), 4학년 93명(37.8%)이었다

47) K. H. Oh, "The Relationship between Life Stress and Physical/Mental Health among College Students", Master's thesis, Sahmyook University, Seoul, Korea, 2009; M. J. Lee, Y. C. Cho, "Self-perceived psychosocial stress, anxiety and depression symptoms, and its related factors among college students", *Journal of Korea Academia-Industrial Cooperation Society*, Vol.14 No.6, 2013.

현재 중국에서 팬덤 민족주의는 사회적으로 인정받는 '사회적 실천이' 되었다. 팬덤 민족주의는 중화민족을 스타의 자리에 위치지었다. '상상의 공동체'인 중화민족은 공동의 가치 추구, 사회적 귀속, 집단의 문화적 정체성 등을 강조하는 정신적인 비실체적 공동체다.[48] 현재 중국 팬덤민족주의는 이 '상상의 공동체'를 우상화하는 작업을 하고 있다. 대중은 이 추상적이고 초현실적인 존재를 인격화하고 친근한 현실적 존재로 변화시켜 '아이돌'과 같이 우상화하고 있는 것이다. 국가는 '부모와 같은 조국'의 이미지에서 '아이돌' 스타의 이미지로 전환되었다. 그들은 중국을 '아중 오빠(阿中哥哥)'로 부르고, 귀여운 토끼를 인민해방군인 주인공으로 설정한 중국 현대사 애니메이션을 적극적으로 수용하고 재창작하는 과정을 즐긴다.[49]

팬덤 문화에서 스타는 곧 팬 구성원의 정체성과 일체화되며, 따라서 개별 팬들은 스타를 통해 자신의 정체성을 확인한다. 팬덤 민족주의에서도 이러한 작동방식을 동일하게 나타난다. 대중은 이 '상상공동체'의 토대 위에서 다양한 경로를 통해 집단의 상호 정체성과 자아 정체성을 확인하고자 한다. 소분홍은 시진핑 시대의 국가와 이데올로기적인 동맹을 형성하면서 새로운 헤게모니를 구축하였다. 소분홍의 애국주의적 행동은 '중화민족의 위대한 부흥'이라는 시진핑 시대의 이데올로기에 의해 직간접적으로 뒷받침 받으며 세력을 확장했다. 민족주의의 심성구조는 기본적으로

---

48) 鄭玄, 「"粉絲民族主義"浪潮中的國家認同建構研究 — 基於2019年以來網絡熱點事件的考察」, 『聲屛世界』, 8, 2021, 5-6쪽.

49) 소분홍은 중국(祖國)을 의인화한 '아중 오빠'와 관련 이미지를 홍콩에서 중국 송환법 반대 운동이 한창이던 2019년에 중국 정부의 입장을 지지하면서 사용했다. 중화인민공화국 건국사를 다룬 애니메이션 시리즈 〈그해, 그 토끼, 그 일들(那年那兔那些事儿)〉의 인민해방군인 귀여운 토끼를 주인공으로 하고 있으며, 2015년에 시작해 2019년에 '시즌 5'가 공개됐다. 박자영, 「어떤 포퓰리즘의 귀환?: '소분홍' 현상에서 '인민' 담론으로」, 『문화과학』, 제108호, 2021, 198쪽.

국제정치의 냉엄한 '현실'을 반영하는데, 그것은 자기에 대한 불안, 그리고 타자에 대한 지나친 이상화와 그와 정반대되는 비이성적 혐오를 수반하는 심리를 동력으로 한다. 그리고 오프라인 세계에서 형성된 오랫동안 억압되어 온 민족감정과 집단기억은 온라인 세계로의 장소변화에 망각 혹은 축소되는 것이 아니라 더 강화되었다. 그리고 인터넷 공간에 집합한 국가 팬클럽 회원들이 시작단계에서 가지고 있었던 편향성은 교류와 공동의 활동을 통해 훨씬 더 극대화되는 '집단극화(group polarization)' 현상으로 나타난다.[50] 실제 중국 탄막 동영상 사이트[51]에서 이루어지는 '탄막' 기능이 첨가된 영상체험은 실시간 댓글이 수용자들 사이에 '공시성(共時性)의 관계'를 구축하며 일종의 상호작용 의례를 조성한다.[52] 즉, 감정이 고조되는 장면에서 팬들의 다량의 탄막이 빠른 속도록 화면을 채우고, 이것은 다시 참여하는 수용자들의 감정을 최고조로 격앙시킨다. 이러한 집단극화의 과정에서 팬심뿐만 아니라 혐오의 감정도 더 극대화되고 과감해진다.

소분홍이 국가 혹은 중국에 비판적인 자유주의자나 온라인상의 다른 나라의 비판 등에 대처하는 방식도 팬덤 문화의 논리가 그래도 적용되었다. 소분홍은 악플러를 찾아 고발하듯이 자신이 지지하는 국가와 당을 비판하는 이들을 인터넷을 통해 색출하고 공개하는 작업을 벌인다. 그리고 안티 팬을 다루듯 이들을 인터넷 공간에서 축출하고자 한다.

대다수가 주링허우인 소분홍의 주축 세력들은 태어나면서부터 1990년대에 시작된 애국주의 교육의 영향하에 성장하였으며, 청년기를 2012년

---

50) Cass R. Sunstein, Republic.com[M], Shanghai People's Publishing House , 2003, pp.18-19

51) 실시간처럼 보이는 식으로 화면에 띄워진 코멘트를 탄막(彈幕, Danmaku)이라고 하는데, 중국 애크펀(AcFun), 빌리빌리(Bilibili) 등이 대표적인 영상 및 탄막 공유 사이트이다.

52) 오연, 「하위문화와 애국주의의 상호작용 의례 사슬 - 웹 애니메이션 〈그 해 그 토끼 그 일들〉을 중심으로」, 『중국문화연구』, 제57집, 2022.

시진핑 주석의 집권 이후 더욱 강화된 국가주의적 이데올로기와 시작하였다. 따라서 팬덤문화 속에서 새로운 우상의 자리에 앉힌 중국과 중국몽(중화민족의 위대한 부흥)에 대한 비판은 그들에게 혐오와 공격의 대상이 된다.

Ⅳ. 결론 : 한중간 혐오감정에 대한 비판적 고찰과 미래를 위한 제언

본 연구는 한중 청년간의 갈등이 민족주의를 중심으로 혐중·혐한으로까지 심화되고 있는 상황에서, 이에 대한 우리의 인식과 접근방식을 비판적으로 고찰하고 새로운 해법을 모색하기 위한 사전적 단계의 분석을 제기하고자 하였다. '혐오'라는 것은 특정 집단에 속하는 사람들의 고유한 정체성을 부정하는 인식적 편견에서 시작한다. 그것은 혐오의 대상 집단에 대한 인종적 차별과 폭력적 배제행위로까지 이어질 수 있는 개연성을 가진 위험한 감정이다. 따라서 '反중·反한'에서 '嫌중·嫌한'으로의 표현의 변화가 내포하는 의미를 간과해서는 안된다. 혐오의 감정이 관계 개선에 원천적인 장애가 되는 이유는 혐오가 비판과 반박을 허용하지 않는 신념과 확신에 찬 감정이라는 점이다. '의심하는 자는 혐오할 수 없다', 즉 혐오하는 자는 혐오의 감정을 유발시키는 원인에 대해 확신을 갖지 않는다면 대상을 혐오할 수 없다는 말이다. 독일의 나치가 유대인에 대해 갖는 혐오 감정의 원인과 이유에 대해 회의하고 의심했다면, 자신의 편견에 대해 '팩트 체크'하고 진실을 알고자 했다면 홀로코스트와 같은 인류의 불행은 일어나지 않았을 것이다. 반성적 태도의 부재와 비판과 논의 거부, 이것이 혐오라는 감정의 최대 위험요소이다. 혐오의 감정에 대한 해법의 모색에서 가장 첫 단계는 원인으로 지목되는 집단의 특성에 대한 편견을 해체하는 것이다. 본 연구는 편견의 해체라는 접근을 통해 중국 청년들의 민족주의를 분석하였다.

중국 청년들의 공격적인 민족주의의 표출은 연결의 개연성이 약한 다수의 극단적 감정과 개념이 서로 연결되고 교차하는 과정에서 형성된 것이다. 언뜻 보기에 집단보다는 '나' 중심의 개인주의적이고 개성이 강한 젊은 청년세대와 고리타분하게 느껴지는 거대 민족주의 담론은 별개의 영역에 존재하는 것으로 여겨진다. 팬덤민족주의에 내재된 혐오라는 감정과 스타를 사랑하는 열정적 팬심은 또한 상반된 감정이자 행위이다. 그러나 이 네 가지 감정과 개념들이 화학적 결합을 통해 중국 청년들의 민족주의적 감정과 행위를 만들어 내고 있다. 전체 메커니즘의 형성과 작동에 대한 이해를 위해서는 각 개념과 감정에 대한 해체적 분석이 필요하다.

부유한 성장 과정과 빈곤하고 발전의 기회도 제약적인 현재의 삶 사이에서 불안과 좌절감을 느끼는 청년의 선택은 인터넷 공간에서 찾은 자기몰입적 개인주의적 삶의 영위이다. 한편에서는 자조적이지만 또 한편에서는 자신의 가치실현을 더 중시하고 부강한 중국에 대한 자긍심을 가진 청년들은 기성세대처럼 이미 구조화된 현실에 자신을 맞추기 보다는 자신이 새로운 역사의 생산자이자 유포자이고자 한다. 청년들은 인터넷 공간에서 자신들만의 담론문화를 형성하며 감정공유에 기반한 흥미집단을 통해 공익적 가치를 추구한다. 이러한 청년들에게 미국을 비롯한 다른 국가들의 공격을 받는 민족과 국가를 구명하는 것은 자신의 존재가치와 능력을 입증하는 일이다. 개혁개방 이후 중국의 부상과 성공에 기반하여 형성된 자긍적 민족주의는 다른 국가들의 중국위협론의 제기와 공격으로 본노의 민족주의로 전환되고, 청년들은 이러한 '공식감정'을 공유하는 감정공동체에 적극적이고 능동적으로 참여하고 있다.

청년들이 익숙한 팬덤 문화의 방식으로 재구조화된 민족주의는 팬덤민족주의라는 명칭으로 개념화되었다. 팬덤민족주의는 팬클럽의 구성원이 조직과 자신의 정체성을 동일시하고, 스타를 바라보기만 하는 팬덤이 아니라, 스타가 위기에 처했을 때 적극적이고 능동적인 지지자이자 해결자가 되는 팬덤문화의 방식에 근간을 둔다. 팬덤민족주의에서 국가는 스타화되었고, 현실세계의 국가처럼 추상적이고 거대하고 멀리 있는 개념이 아닌 친근하고 가까운 실체로 이미지화되었다. 그리고 다른 국가들에게 공격받고 비판받는 국가를 위해 청년들은 기꺼이 해결자로서의 역학을 수행하고자 한다. 민족주의적 이슈에 대한 중국 청년들의 인식과 행위 방식이 강도 높은 공격성을 띄는 이유는 그들이 형성한 팬덤 민족주의 안에 팬심과 혐오가 혼재하고 있기 때문이다.

주지해야 할 것은 해체되어 드러난 중국 청년들의 민족주의 메커니즘이 한국 청년들에게도 보여진다는 사실이다. 한국에서도 '헬조선', 'N포세대' 등 중국 청년들의 현실을 보여주는 나혼(裸婚)[53], 탕핑, 내권 등의 유행어와 유사한 용어들을 어렵지 않게 찾을 수 있다. 또한 MZ세대는 집단보다 '나'에 집중하는 개인적인 성향이 강하지만, 자신의 가치 실현과 사회적 공정에 대한 기대감이 크다고 평가된다. 성장과정에서 국가에 대한 경험의 측면에서 보자면, MZ세대는 한국의 경제와 문화 분야에서 세계적 위상이 강화된 시점에 성장하여 국가에 대한 문화적 자존감이 강하다. 정치적으로는 기존의 보수와 진보의 틀로 규정할 수 없으며, 두 가지의 성향을 모두 가지고 있다.[54] 그럼에도 다문화와 외국인에 대한 수용도가 낮은 편이다. 2018년에 실시된 '국민다문화수용성조사'의 결과에 의하면 20-30대의 다문화 수용성은 오히려 과거보다 저하된 것으로 나타나

---

53) '나혼'이란 가난한 중국 젊은이들이 경제적 능력이 없어 결혼 비용을 감당하지 못하고 제대로 된 혼수를 준비하지 못한 채 혼인증만 발급받는 현실을 나타내는 용어이다.

54) 조의행, 「MZ세대의 반중감정: 그 현황과 전망」, 『역사와 융합』, 통권 10호, 2022, 175-208쪽.

며, 다문화에 대한 부정적 인식도 가지고 있다.[55] 한국 청년 세대들의 혐오감정의 확산과 표현도 큰 사회적 문제가 되고 있다. 현재 혐오 온라인상의 일부 커뮤니티에서만 통용되는 것이 아니라 초등학생들까지 일상화된 혐오 표현을 사용하고 있다.[56] 한국의 혐오의 민낯은 난민 이슈에서도 목격됐다. 2018년 6월 예멘 출신 난민 550여명이 제주도에 입국해 난민 신청을 하자, '무슬림=테러리스트'와 같은 맹목적 비난이 가세하며 무슬림에 대한 맹목적인 혐오가 분출됐다.[57]

한중 청년들의 민족주의에 대한 분석을 통해 도출할 수 있는 결론은 그 비합리적인 민족주의적 공세성을 청년들의 고정된 기질로 규정해서는 안된다는 것이다. 한중 청년들은 모두 급변하는 사회 환경 속에서 자신들의 책임이 아닌 일로 고통 받고 방황하는 존재이다. 그 누군가를 악마화하는 혐오는 결코 문제의 대안이 될 수 없다. 결과론적으로 현상을 이해하는 것이 아닌 실제 메커니즘에서 한중 청년들의 민족주의적 인식과 행위 방식에 영향을 미치는 요인들을 분석하고 각 요인들에 대한 해법을 마련해야 한다. 단시간 내에 가시적인 성과를 내올 수 있는 방안을 찾고자 하겠지만 그것을 불가능해보인다. 지그문트 바우만(Zygmunt Bauman)은 낯선 사람들과의 '친밀한' 접촉은 그 자체로 서로 다른 범주의 사람들이 가진

---

55) 2018년에 성인 4,000명과 청소년 4,225명을 대상으로 실시한 '국민다문화수용성조사'에 따르면 20대는 다문화 수용성의 하위요인 중 고정관념과 차별 요인에서 5.27점이나 하락하며 가장 큰 하락폭을 보였다. 대학생의 경우 52%만이 다문화 교육을 접한 반면, 약 13%는 다문화 교육이 필요 없으며 다양한 문화에 대한 강조는 오히려 혼란만 가져올 것이라 우려하는 것으로 나타났다. T. Y. Yun, E. H. Lee, "College Students' Understanding of Multicultural Curriculum," *Korean Journal of Human Ecology*, Vol.20, No.1, 2011, pp.273-284.

56) 머니투데이, 「"이백충·월거지" … 초등학교 교실에 퍼진 '혐오'」(2019.11.17), https://news.mt.co.kr/mtview.php?no=2019111413072762375.

57) 한겨레, 「제주도에 온 예멘 난민 500명, 무슬림 혐오에 내몰리다」(2018.6.18), http://www.hani.co.kr/arti/society/rights/849580.html.

'지평들의 융합'(a fusion of horizons)을 가능하게 한다고 했다.[58] 편견을 깨기 위한 친밀한 접촉이 필요한 때이다.

| 참고문헌 |

다키하라 모토아키 저, 정호석 역, 『한중일 인터넷 세대가 서로 미워하는 진짜
　　　이유 불안형 내셔널리즘의 시대, 한중일 젊은이들의 갈등 읽기』, 삼인,
　　　2007.
마크 더핏, 『팬덤 이해하기』, 한울아카데미, 2016.
베네딕트 앤더슨 저, 윤형숙 역, 『상상의 공동체: 민족주의 기원과 전파에 관한
　　　성찰』, 나남, 2002.
카롤린 엠케 저, 정지인 역, 『혐오사회 : 증오는 어떻게 전염되고 확산되는가』,
　　　다산지식하우스, 2017.
헨리 젠킨스, 정현진 역, 『팬, 블로거, 게이머: 참여문화에 대한 탐색』, 비즈앤비
　　　즈, 2008.
홍종윤, 『팬덤 문화』, 커뮤니케이션북스, 2014.
김두진, 「'기억의 과잉'과 동아시아 온라인 공간의 민족주의: 한중간 탈경계
　　　언술(narratives)의 감정 레짐」, 『국제정치연구』, 제24집 제1호, 2021.
박자영, 「어떤 포퓰리즘의 귀환?: '소분홍' 현상에서 '인민' 담론으로」, 『문화과
　　　학』, 제108호, 2021.
서영표, 「현대사회의 공포와 불안, 그리고 혐오: '난민'이 문제가 되는 사회」,
　　　『탐라문화』, 제65호, 2020.
오연, 「하위문화와 애국주의의 상호작용 의례 사슬 - 웹 애니메이션 〈그 해
　　　그 토끼 그 일들〉을 중심으로」, 『중국문화연구』, 제57집, 2022.

---

58) Zygmunt Bauman, *Strangers at Our Door*, Polity, 2016, p.18.

이다정·정성진,「대학생의 스트레스와 외국인 혐오 간의 관계에서 자기수용과 공격성의 매개효과」, *Journal of the Korea Academia-Industrial coopera-tion Society*, Vol.23 No.5, 2022.

이동률,「중화민족주의, 중국 부상의 이데올로기인가?」,『지식의 지평』, 9, 2010.

이상국,「상상의 공동체에서 네트워크 공동체로: 카렌족의 사례를 통한 베네딕트 앤더슨의 민족주의론 비판적 검토」,『동아연구』, 제35권 2호, 2016.

이혜수,「한국 팬덤의 민족주의 정체성 전략에 관한 연구」,『사회사상과 문화』, 22권 2호, 2019.

임지현,『이념의 속살-억압과 해방의 경계에서』, 삼인, 2001

장예림,「'상실의 문화'를 내면화하는 방식 - 중국 '90후(後)' '불계회사원(佛系職員)'을 중심으로」,『인문사회과학예술융합학회지』, 제3권 2호, 2019.

정재호,「중국 외교정책의 변화와 지속성」, 먼홍화·푸샤오위 편,『세계, 중국의 길을 묻다: 전 세계 싱크탱크가 본 중국』, 성균관대학교 출판부, 2014.

조의행,「MZ세대의 반중감정: 그 현황과 전망」,『역사와 융합』, 제10호, 2022.

최훈,「혐오 표현의 논리학: 통계적 차별과 인권」,『범한철학』, 제94집, 2019.

티엔펑·순정신,「인터넷과 중국 청년의 사회적 태도」,『성균차이나포커스』, 24권 0호, 2016.

하남석,「시진핑 시기 중국의 청년 노동 담론: 내권(內卷), 당평(躺平), 공동부유」,『마르크스주의 연구』, 제18권 제4호, 2021.

황영주,「집단 기억과 감정의 공간으로서 사회교과서: 한국과일본의 중학교 일반사회 국제정치영역 비교」,『21세기정치학회보』, 27권 2호, 2017.

Neil J. Diamant,「중국의 민족주의, 과연 실재하는가?」,『Jeju PeceNet』, 2012.

劉海龍,「像愛護愛豆─樣愛國 : 新媒體與"粉絲民族主義"的誕生」,『現代傳播』, 第4期, 2017.

駱劍琴,「關於互聯網"喪文化"現象解析及對策」,『中國民族博覽』, 第十一期, 2017.

王洪喆·李思閩·吳靖, 「從"迷妹"到"小粉紅":新媒介商業文化環境下的國族身份生產和動員機制硏究」, 『國際新聞界』, 11, 2016.

餘亮, 「"小粉紅"的系譜, 生態與中國靑年的未來」, 『文化縱橫』, 10, 2021.

鄭玄, 「"粉絲民族主義"浪潮中的國家認同建構硏究 — 基於 2019 年以來網絡熱點事件的考察」, 『聲屏世界』, 8, 2021.

朱宏霜, 「當代大學生社會公平觀敎育硏究」, 『長春大學學報』, 第10期, 2011.

言珍, 「"90 後"大學生公平觀現狀與敎育硏究」, 『學理論』, 第11期, 2015.

Erik Ringmar, "Eugene Gendlin and the Feel of International Politics." in Maéva Clément and Eric Sanger, *Reseiarchng Emotions in International Relations: Methodological Perspectives on the Emotional Turn*, Palgrave Macmillan, 2018.

Hills, M., *Fan Cultures*, Routledg, 2002.

K. H. Oh, "The Relationship between Life Stress and Physical/Mental Health among College Students", *Master's thesis*, Sahmyook University, 2009.

M. J. Lee, Y. C. Cho, "Self-perceived psychosocial stress, anxiety and depression symptoms, and its related factors among college students", *Journal of Korea Academia-Industrial Cooperation Society*, Vol.14 No.6, 2013.

Michael Oksenberg, "China's Confident Nationalism", *Foreign Affairs*, 65-3, 1986-87.

Roland Bleiker and Emma Hutchison, "Fear No More: Emotions and World Politics", *Review of International Studies*, 34, 2008.

Tajfel, H., & J. C. Turner, "The Social Identity Theory of Intergroup Behavior" in *Psychology of Intergroup Relations, 2nd edited by S. Worchel & W. G. Austin*, Nelson-Hall, 1986.

Tajfel, H., "Instrumentality, Identity and Social Comparisons" in *Social Identity and Intergroup Relations, edited by H. Tajfel*, Cambridge University Press, 1982.

Zygmunt Bauman, *Strangers at Our Door*, Polity, 2016, 18.

시사IN, 「중국의 모든 것을 싫어하는 핵심 집단, 누굴까?」, 717호, https://www.
　　sisain.co.kr/news/articleView.html?idxno=44821

시사IN, 「중국에 대한 반감, 그 반대편에 친미가 있다」, 721호, https://www.
　　sisain.co.kr/news/articleView.html?idxno=45021

미디어 오늘, 「'반중정서'와 '혐오' 구분하는 숙제 안은 언론」(2022.02.12), http:/
　　/www.mediatoday.co.kr/news/articleView.html?idxno=302305

한겨레, 「MZ세대, '선 넘는 중국'에 부정적 인식 쌓여 … "혐오는 경계"」(2022,
　　02.10), https://www.hani.co.kr/arti/society/society_general/1030502.html

중국의 문화대혁명, 어떻게 보아야 하는가

: 21세기 일본의 문혁 연구동향

● 조경란 ●

Ⅰ. 문화대혁명, 왜 '끝나지 않은 과거'인가

문화대혁명(이하 문혁)이 일어난 지 올해(2022)로 56년이 된다. 하지만 중국에서 문혁은 여전히 핫한 주제다. 이유는 문혁이 정치인, 기층민중, 지식인에게 아직도 소환의 가치가 있기 때문이다.[1] 첫째, 정치적으로 시진핑(習近平)은 자신의 자리가 굳건하기 위해서는 마오쩌둥의 권위가 절대적으로 필요하다.[2] 그래서인지 시진핑 정부의 현실정치는 마오쩌둥(毛澤東)의 통치 메커니즘을 거의 그대로 재현했다는 평가를 받는다. 둘째, 기층 민중들에게 문혁은 평등주의의 상징으로 통한다. 중국공산당과 마오쩌둥 자체에 대한 기층민의 마음 속 위상이 매우 높다. 마오 시기의 중국은 개방 이후 빈부격차가 극심해지면서 평등의 아이콘으로 작용하고 있

* 연세대학교 국학연구원 연구교수.

1) 조경란, 「중국 주류지식인의 과거대면 방식과 문혁담론 비판」, 『사회와 철학』, 2015.4 참조.

2) 2013년 시진핑이 마오체제 30년과 개방 30년을 연속으로 해석하라는 지시가 내려진 후 공산당의 역사 편찬학이 문혁의 우량한 점과 적극적 요소를 다시 찾기 시작했다. 魏格林·崔金珂, 「文化大革命的記憶戰場 ― 共識與和解」, 『二十一世紀』 2016.8, 30쪽.

다. 셋째, 문혁은 1990년대 중후반 이후 신좌파와 자유주의 논쟁에서 마오 공산주의체제 평가의 메타포로 작용하고 있다. 대외적으로도 문혁 때 만들어진 중국에 대한 '관념'이 한국을 포함한 국제사회에서 여전히 영향을 미치고 있다.[3] 따라서 문혁은 '아직 끝나지 않았으며' 그 망령이 아직도 살아 움직이고 있다고 할 수 있다.

문혁을 직접 경험한 중국인 연구자들은 그것을 감성적이거나 돌발적인 것이 아닌 극히 '이성적 사건'으로 본다. 여기서 비이성적 사건이 아니라는 것은 문혁이 결코 홍위병이라는 '어린 학생들'의 특수한 심리상태라는 조건 하에서 발생한 것이 아니라는 의미다. 따라서 중국 사회가 이후에도 언제든지 조건만 갖추어지면 똑같은 일이 발생할 수 있다고 보는 것이다.[4] 이번 초기 코로나19 사태에서 의사 리원량(李文亮)의 사망사건도 중국의 원로 학자는 문혁을 제대로 처리하지 않은 결과의 하나라고 평가한다. 중국 지식인들이 "문혁은 끝나지 않았다"고 말하는 이유가 여기에 있다.

그렇다면 '아직 끝나지 않은 문혁,' 이에 대한 연구는 어떻게 진행되고 있는가. 사실 1990년대부터 문혁 연구의 방향과 범주는 바뀌기 시작했다. 이데올로기 연구에서 실증 연구로 바뀐 것이다. 그간의 문혁 연구가 마오의 소신과 의도 그리고 이념에 초점을 맞추어온 것에 비하면 매우 큰 변화다. 1990년대부터 중국의 소수민족 지구와 주변부의 문혁연구가 열리기 시작했다. 사실 국내에 잘 알려지지 않아서 그렇지 해외에서는 ─ 주로 미

---

3) 폴 코헨, 「지난 60년간 중국연구는 어떻게 변화해왔는가」, 『하버드 대학 중국특강』, 미래의 창, 2018, 399쪽.

4) 한샤오꿍(『혁명후기 ─ 인간의 역사로서의 문화대혁명』, 글항아리, 2016), 위치우위 (『문화란 무엇인가』, 이다미디어, 2015) 등 문화연구가, 2021년 11월 별세한 철학자 리저허우(『중국현대사상사론』, 한길사, 2005)는 문혁이 결코 비이성에 근거한 사건이 아니라는 데 공통된 견해를 보여준다.

국과 일본 - 문혁에 대한 연구 지역과 관점이 다원화된 지 오래다.

이 내용이 본격적으로 소개된 것은 문혁 발생 50주년인 2016년 세계 곳곳에서 열린 학술회의를 통해서였다. 따라서 이 해에 가장 많은 연구가 쏟아졌다.[5] 이 중 두 가지 방향이 주목된다. 하나는 중국의 소수민족 지역의 문혁 연구이다. 티베트, 몽골, 위구르 지역에서 다양한 자료에 근거하여 정부 당국으로부터 '조직적' 폭력이 이루어졌다는 사실이 속속 확인되고 있다. 이로써 문혁의 성격 자체가 재검토되어야 한다는 주장이 힘을 얻고 있다. 또한 은폐되어 왔던 주변지역 문혁의 실태가 명확해지면서 문혁 연구 자체에 대한 새로운 방향이 설정되고 있는 셈이다.[6] 다른 하나는 국제사회가 문혁을 어떤 맥락에서 수용했으며 이에 대한 연구 경향은 어떠한가이다. 특히 문혁 당시에는 그것이 이상화되어 일본과 프랑스 등에 큰 영향을 주었다는 것은 많이 알려진 사실이다. 이 밖에도 문혁은 여러나라에 영향을 주었으며 각 나라가 자기맥락을 가지고 수용했기에 중국 본토의 그것과는 별개로 서사가 만들어졌다.

이 글은 위와 같은 현실 진단 하에서 - 어떤 특별한 주장을 하기 위한 것이라기보다 - 세계의 문혁 연구동향을 일본에서의 연구를 중심으로 소개, 평가하려는 것이다. 이로써 문혁에 대한 실체적 인식을 제고하려는데 1차적 목표를 두고 있다. 문혁 연구에서 지역과 시각의 다원화가 이루어지고 그 실상이 더 많이 알려진다면 첫째, 문혁이라는 사건에 대한 객관적 인식이 가능해질 것이다. 둘째, 마오쩌둥의 중국공산당 체제에 대해서도 이전과 다른 해석이 가능해질 수도 있다. 셋째, 앞의 두가지 해석과

---

5) 그 사이 일본에서 나온 문혁 관련 단행본은 두 책 정도가 있다. 馬場 公彦, 『世界史の なかの文化大革命』, 平凡社, 2018; 石井 知章·鈴木 賢 編, 『文化大革命：造反有 理'の現代的地平』, 白水社, 2017.

6) 谷川眞一, 「周緣の文化大革命から文化大革命研究のフロンティアへ」, 『フロン ティアと國際社會の中國文化大革命』, 集広社, 2016, 25쪽.

인식에 근거하여 문화대혁명이라는 사건을 일국적 차원에서 벗어나 세계사의 한 부분으로 위치시킬 수 있는 가능성이 열리게 될 것이다.

한국의 1970-80년대는 중국혁명과 문혁을 긍정적으로 평가했다. 중국 공산주의를 이념적 가치기준으로 평가하던 때다. 그 시대 소위 운동권 출신 인사들 중에는 아직도 이 시기의 중국 인식에 머물러 있는 경우가 적지 않다. 이와 비교하면 반중 정서의 중심에 있는 MZ 세대의 중국 인식도 균형적이라 보기 힘들다. 이들은 각각 중국 공산주의를 상반된 방향에서 보고 있지만 모두 굴절된 시각을 가지고 있다. 이에 이 글은 그 굴절을 넘어 문혁 자체에 대한 실체적 인식, 그리고 한국인의 균형적 중국 인식에 작으나마 도움이 되고자 작성되었다.

Ⅱ. 21세기 세계 문혁 연구동향
: 2016년 문혁 50주년을 중심으로[7]

문혁 발생 50년이 되는 해인 2016년 세계 각지에서 학술회의가 열렸다. 이 해는 일본 뿐 아니라 세계 각지에서 문혁 회의가 열렸다. 하지만 오히려 중국에서는 조용했다. '문혁은 중국에 있고 문혁 연구는 외국에 있다'는 유명한 말이 있는데, 시진핑 집권 이후 이 경향은 후진타오(胡錦濤) 시기보다 훨씬 강화되고 있다. 문혁 50주년 심포지엄이 본국인 중국에서는 전혀 열리지 않았다.[8] 2013년 시진핑 정부가 발표한 말해서 안되는

---

7) 2장은 楊海英의 논문「中國文化大革命と國際社會との關係の再檢討」, 楊海英 編,『フロンティアと國際社會の中國文化大革命』, 集広社, 2016에 소개된 내용을 적지 않게 참고했다는 점을 밝혀둔다. 그는 최근 일본 학계에서 매우 활발한 활동을 하고 있다. 몽골 지역의 문혁 연구로 세계적 인정을 받고 있는 듯하다.

8) 중국 각지에 있던 민간 경영의 문혁기념관 같은 시설도 잇달아 폐쇄되었다. 楊海英,

7가지(七不講) 안에는 '공산당의 역사적 과오'가 포함되어 있다.[9] 문혁 같은 역사적 과오를 지적하면 역사 허무주의에 해당한다.

　일본의 유명 잡지 『사상』(思想)은 문혁 50주년인 2016년 1월호에 '끝나지 않은 과거'라는 주제로 학술회의를 개최했다. 총 9편의 논문이 실렸는데 로드릭 맥파커의 「문화대혁명의 트라우마」를 위시하여 「역사이전으로서의 문화대혁명」(國分良成), 「중국문화대혁명의 역사적 의미를 묻는다」(加々美光行), 「60년대 서측제국에서의 문화대혁명」(福岡愛子), 「내몽골의 중국문화대혁명연구의 현대사적 의미」(楊海英), 「내몽골 문화대혁명에서 '색출하여 숙청하는'(挖肅) 운동」(啓之), 「살겁」(殺劫)(唯色), 「사회폭력의 동인과 대학살의 실상」(劉燕子), 「정치적 아이덴티티로서의 '조반파'」(谷川眞一) 등이다. 기억의 문제, 정치투쟁의 문제, 소수민족 지역에서의 폭력 문제, 조반파 문제 등 문혁에 대해 고전적 이슈부터 최신의 쟁점까지 총망라되어 있다. 이 중 고쿠분 료세이(國分良成)의 글을 짧게 소개하자면, 그는 현대중국에서 역사는 정치로 보아야 한다고 주장한다.[10] 문혁을 마오쩌둥 사상, 권력투쟁, 정책대립, 사회모순, 국제요소 등 다섯가지 각도에서 고찰해야 하지만 문혁의 본질은 어디까지나 권력투쟁이다. 권력투쟁에서도 핵심은 마오의 후계자 문제다.[11] 1966년 8기 11중전회에서 문혁의 목표가 "자본주의의 길을 가는 실권파를 타도하는 것"으로 정해진다. 이 때 이미 류샤오치(劉少奇)는 당내서열 2위에서 8위로 하락했다. 그는 1968년 10월에는 '배반자'로 찍혀 당적을 박탈당했고 1969년 11월에 하남

앞의 책, 2016, 3쪽. 『記憶』은 정치적으로 여의치 않은 상황에서 근근이 유지되는 중국 유일의 문혁 연구 잡지다.
9) 여기에는 역사적 과오 말고도 시민사회, 보도의 자유, 보편적 가치, 시민의 권리, 사법의 독립, 특권 귀족의 자산계급 등이 포함된다.
10) 國分良成, 「歷史以前としての文化大革命」, 『思想』, NO.1101, 2016, 14쪽.
11) 國分良成, 앞의 논문, 24-25쪽.

성 개봉시에서 비명횡사했다. 문혁을 협의의 권력투쟁으로 본다면 후계자였던 류샤오치가 68년에 이미 당적을 박탈당했으니 목적을 달성한 셈이다. 류샤오치, 덩샤오핑(鄧少平), 펑전(彭眞)이 실각하고 1969년 2인자의 자리에 린뱌오(林彪)가 앉았다. 그러나 그 또한 1971년 불가사이한 죽음을 맞이한다. 고쿠분은 문혁 과정에서 나타난 이러한 비극의 원인을 규칙 없는 후계자 결정 구조에서 찾는다.[12] 마오쩌둥 사후 이 문제를 해결하기 위해 덩샤오핑은 종신제를 폐지하고 5년+5년의 임기제와 집단지도체제를 도입했다. 그러나 후진타오 시대까지도 장저민(江澤民)의 실질 권력이 유지되면서 집단지도체제의 실패를 목격한 시진핑은 부정부패를 명분으로 장저민 세력을 쳐냈다. 중국은 세계 속에서 거대한 존재이지만 최고지도자는 막후에서 권력과 이익을 둘러싼 파벌간의 치열한 싸움 끝에 결정된다. 정치체제는 문혁 때의 메카니즘과 차이가 없는 것이 현실이다.[13] 로드릭 맥파커에 의해 마오 시기로 되돌아가고 있다는 평가를 받는 시진핑체제는 앞으로 최소 10년은 더 연장될 것으로 보인다. 그런데 여기서도 다시 후계자 결정 시스템 미비의 문제가 제기될 가능성이 높다.

2016년 일본에서 양하이잉(楊海英)이 편집한 『프론테어와 국제사회의 중국문화대혁명』(フロンテイアと國際社會の中國文化大革命)이라는 단행본이 나왔다(주 6 참조). 이 책은 양하이잉의 서문과 발문을 빼고 총 10편의 논문을 실었다. 앞의 『사상』지와 필자가 겹치기도 하지만 동일한 필자라도 논문 내용은 다르다. 제1부 프론테어와 주변의 중국 문화대혁명, 제2부 국제사회의 중국문화대혁명이다. 1부는 주변의 「문화대혁명으로부터 문화대혁명의 프론테어로」, 「몽골인 대량 숙청운동의 정치적 배경에 관한 일고찰」, 「일본에서 의학지식을 배운 몽골인 의학자들의 문화대혁

---

12) 國分良成, 앞의 논문, 20-23쪽.
13) 國分良成, 앞의 논문, 25-26쪽.

中국의 문화대혁명, 어떻게 보아야 하는가 **155**

명」, 「위구르인의 중국문화대혁명」, 「문화대혁명과 그리스도인」, 2부는 「고립된 나라의 세계혁명 - 1960년대 후반 일본·중국·인도네시아의 혁명연쇄」, 「문화대혁명기 중국원조와 아프리카 외교의 역할」, 「프랑스에서 마오이즘은 오해였는가 - 코뮨의 기원과 행방을 중심으로」, 「문화대혁명 이후의 '문화'의 정치」, 「안데스의 모택동」 등이다.

2017년 7월에는 동경대학에서 나오는 잡지 『중국 - 사회와 문화』도 "문화대혁명으로부터 50년 - 연구대상으로서의 문혁/기억 속의 문혁"이라는 주제로 학술회의를 열었다. 「문화대혁명과 인민해방군」(林載桓), 「문화대혁명과 폭력」(金野 純), 「대만에서 본 문화대혁명」(菅野敦志)[14]이라는 제목의 글이 발표되었고 "문화대혁명이라는 망령"을 주제로 라운드 테이블 형식의 토론을 벌였다.[15] 임재환은 인민해방군은 문혁기에 일어난 정치사회적 변혁의 독립변수이면서 종속변수이기도 하며 문혁의 다이나미즘을 관찰하는 좋은 재료라 주장한다.[16] 임에 의하면 문혁과 해방군의 관계에서 좀 더 상세한 고찰이 필요한 것은 린뺘오 사건인데 이 사건이 통치체제의 문민화 프로세스를 복잡하게 하고 지연시킨 주요인이기 때문이다. 이후의 엘리트 정치와 지방통치의 현상에 어떤 영향을 미쳤는가에 대해서는 연구가 아직 제한적인데 이유는 군을 비판하는 것이 곧 문혁을 비판하는 것이

---

14) 마오쩌둥의 문혁이 중국전통문화를 부정하고 공산주의 신문화를 주장했다면, 장제스 (蔣介石)의 중화문화부흥운동은 유교부흥을 통한 반공부국운동(反共復國運動)이었다. 후자는 대륙 시대에 장제스가 실시한 신생활운동(1934-49)의 대만판 재연이었다. 菅野敦志, 「臺灣から見た文化大革命 ― 中華文化復興運動を中心に」, 『中國 ― 社會と文化』, 제32호, 2017, 34쪽.

15) 이 외에도 2016년 2월 27일 시즈오카대학교 인문사회과학부 아시아연구센터에서 '중국문화대혁명과 국제사회 50년 후의 성찰과 전망'이라는 주제로 국제심포지엄이 열렸다. 요미우리(讀賣), 마이니치(每日), 산게이(産經), 일본게이자이(日本經濟) 신문 등 일간지에서도 기획기사가 나왔다.

16) 林 載桓, 「文化大革命と人民解放軍」, 『中國 ― 社會と文化』, 제32호 2017, 6쪽.

고 이는 스스로의 오류를 인정하는 것으로 치부되기 때문이다.[17]

곤노 준(金野 純)의 글은 2016년 1월에 발표한 『사상』지의 양하이잉과 치즈(啓之)의 연구를 참고하여 서술했으며 이제까지 나온 폭력에 관한 논의들을 총체적으로 이해하고 유형화를 시도했다는 데서 의미가 깊다. 곤노 준에 의하면 홍위병의 움직임은 공산당 문혁 추진파에 완전히 컨트롤된 것도 아니고 자율적 사회운동도 아니다. 당시 정치 참가의 메카니즘은 명확히 규칙이 정해져 있지 않았다. 홍위병의 정치참가는 정권에 의한 위로부터의 동원을 통해 전개되었으며 그 동원에서 중요한 역할을 한 것은 말단의 당조직이었다.[18] 이런 전제 하에서 폭력을 둘러싼 분석틀은 구조론, 과정론, 제노사이드론으로 정리된다. 구조론은 조반파와 보수파의 파벌 투쟁을 강조하는 논리다. 여기에 강조점을 두면 당국에 의한 정치적 폭력의 측면이 소홀히 다루어지는 결과가 초래될 가능성이 있다. 최근에는 구조론보다는 정치과정에 착안한 논의가 주류가 되고 있는데 문혁시기 발생한 폭력을 과정적으로 관찰하면 학살이 많이 발생한 것은 혁명위원회가 설립된 1968년 이후 당=국가가 새로운 지방정부를 조직하고 대중조직을 동원 해제할 때 발생했다. 문혁 시기 폭력의 문제는 초기의 대중조직간의 무력투쟁 분석만으로는 부족하며 혁명위원회의 설립에 따라 발생한 정권 측의 위로부터의 폭력을 분석할 필요가 있다고 곤노 준은 주장한다.[19]

내몽골의 문혁과정을 제노사이드 측면에서 분석하는 양하이잉은 소수민족 지역에서 발생한 사례는 예외적인 것이 아니라 문혁의 정치적 폭력 전체 속에 위치시켜 파악해야 한다고 주장한다.[20] 치즈와 양하이잉의 연

---

17) 林 載桓, 앞의 논문, 8-10쪽.
18) 金野 純,「文化大革命と暴力 ─ 研究動向と今後の理論的展望」,『中國 ─ 社會と 文化』, 제32호, 2017, 14쪽.
19) 金野 純, 앞의 논문, 20쪽.
20) 문혁시기 내몽골 자치구의 몽골족 인구는 150만이었는데 346,000명이 '反黨叛國集

구를 통해 나타나는 내몽골 자치구 폭력의 특징은 다음과 같다. 첫째, 산발적 폭력이 아니라 매우 장기(67년 11월-69년 5월)에 걸쳐 계획적 탄압이 행해져 희생자가 늘어났다는 점이다. 둘째, 민중의 폭력만이 아니라 민족의 영역을 분할하여 통치하는 지정학적 폭력도 전개되었다는 점이다.[21] 요컨대 문혁기의 폭력은 이성을 상실한 대중의 폭력이 아니었다. 오히려 정부 당국에 의한 조직적인 관여를 배경으로 상승되는 경향을 가지고 있었다. 폭력행위는 법적으로 정당화되는 경우가 많았다. 이 때 중국에서 사법 기능은 정지되었다. 때문에 빈하중농법원(貧下中農法院)과 같은 법의 자의적인 운용에 의해 폭력을 정당화하는 조직이 다수 생겨났다. 이로 인해 많은 사람들이 임의로 사형이나 강제노역에 처해졌다. 청해, 강서, 호남, 광서, 북경, 섬서 등의 사례에서 널리 확인되는 현상이다.[22]

타오동펑(陶東風)은 폭력을 조장한 대중의 실용주의를 네 가지로 정리한다. 첫째, 성가신 짐 을 내던진다는 의식이다. 젊은 지주나 부농분자를 살해한 뒤 생산대가 책임져야 할 노인과 아이를 죽여버리는 경우가 많았다. 둘째, 동산(動産)이나 노동점수 획득이다. 살해한 사람의 집을 수색하여 돈을 나누는 경우도 있었고, 보상(手續費)을 목적으로 사람을 죽이기도 했다. 셋째, 공공연하게 사적 원한을 털어버리는 기회로 이용하는 것이다. 과거 정치운동에서 비판받았던 자가 문혁이라는 기회를 이용해 보복적으로 살해한 사례는 많이 확인된다. 넷째, 아내를 빼앗으려는 시도이다. 마을 사람들이 그 아내를 노리고 지주였던 남자를 살해하는 경우도 많았

團' 또는 '민족분열주의자정당의 내몽골 인민혁명 집단'으로 간주되었고 27,900명이 살해되었다고 한다. 고문으로 장애를 입은 사람은 12만 명에 이른다. 楊海英, 『墓標なき草原: 內モンゴルにおける文化大革命·虐殺の記錄』上, 岩波書店, 2009, 1쪽.

21) 金野 純, 앞의 책, 22쪽.

22) 遇羅文,「文革時期北京大興縣大屠殺調查」, 愛思想, http://www.aisixiang.com/data /43114.html(最後閱覽日: 2017.5.28); 金野 純, 앞의 책, 26쪽에서 재인용.

다. 이상과 같은 폭력을 타오는 한나 아렌트를 인용하여 중국적인 '악의
평범함'(平庸惡)이라 규정한다.[23]

기본적으로 타오의 주장은 중국사회의 구조적, 심리적 분석에 기초해있
고 문혁을 총체적으로 파악하려는 시도였다. 그러나 이 시도는 한민족 거
주지역을 염두에 두고 진행된 것이라는 점에서 다른 곳까지 확장하여 적
용하기는 어려운 점이 있다고 곤노 준은 지적한다. 따라서 그는 폭력을
총체적으로 파악하기 위해서는 구조적, 심리적 분석 외에도 시간축에 의
한 변화, 공간축에 의한 유형적 차이를 분석해야 한다는 입장이다.[24] 혁명
위원회가 만들어진 1968년 이후의 변화, 그리고 도시지역 뿐 아니라 소수
민족 지역에서의 폭력까지 통합적으로 파악해야 한다는 주장이다.

독일에서는 쾰른대학 펠릭스 뷘호워 교수(Felix Wemheuer)가 "중국 문
혁 50주년 기념 심포지움 - 지방 문혁의 신시야"(Conference on the 50th
Anniversary of the Chinese Cultural Revolution: New Perspective on
Provincial and Local Histories)라는 제목으로 학술회의(2016년 4월)를 개
최했다. 규모가 가장 큰 회의는 2016년 6월 24일부터 26일에 걸쳐 미국
리버사이드 캘리포니아대 분교에서 문혁 전문가 송용이(宋永毅) 교수 주
최로 열렸다. 큰 주제는 '중국과 마오주의자의 유산 - 문혁 50주년 국제
심포지엄'(China and the Maoist Legacy: An International Conference on
the 50th Anniversary of the Chinese Cultural Revolution)이었다. 총 60여
명의 발표자가 모였고, 참석자는 100여 명에 이르는 날도 있었다. 내용은
아래와 같다. 「1980년대 이후 출생한 젊은이에 의한 문혁 연구」(주로 중국
내부와 독일의 젊은 층), 「문혁 50년 후의 재사고와 재고찰」(신이론, 신시

23) 陶東風, 「如何理解文革大屠殺暴行: 譚合成的'血的神話'」, 『思想』, 32, 聯經出版
公司, 2016, 217-262쪽; 金野 純, 앞의 책, 27쪽에서 재인용.

24) 金野 純, 앞의 책, 27-28쪽.

야, 신발견),「마오쩌둥과 문혁 발동」,「마오쩌둥과 문혁 중의 조반·폭력
·군대」,「문혁에 대한 반성과 재반성」,「문혁은 왜 아직 끝나지 않았는
가」,「문혁에 대한 철저한 부정과 철저한 반성」, '자유논단' 등이다. 양하
이잉에 의하면 미국의 연구는 일본에 비해 이데올로기 색채가 상대적으로
엷으며 일본의 문혁 연구는 이들에 뒤져 있다.[25] 그러나 필자가 보기에
양적으로나 다양성의 측면에서 일본의 문혁 연구 상황은 한국과 비교해보
면 상당한 차이가 있다.[26]

Ⅲ. 중국의 소수민족 지역에서의 문혁 연구

서론에서 이제까지 은폐되어왔던 주변지역 문혁의 실태가 명확해지면
서 문혁 연구 자체에 새로운 방향이 설정되고 있다고 말했다. 야가와 신이
치(谷川眞一)는 이 문제를 의식하여 1990년대부터 본격화된 변경과 주변
의 문혁연구 학설사를 총체적으로 망라한 글을 발표했다. 그에 의하면 소
수민족 지역 연구는 몽골지역 티베트 지역, 위구르 지역, 조선족 지역 등
네 지역으로 나뉜다.[27] 내몽골 지역에 대해서는 1980년대 말경부터 정치
공간이 확대되면서 몇 가지 중요한 연구가 나타나기 시작한다. 얀코비아
크(1988)는 1981년 후후호트의 학생운동 양상을 고찰함으로써 '내몽골 인
민혁명당'(內人黨) 학살사건이 이후 민족관계에 가져온 영향을 분석한다.
'내인당' 사건은 1967년 11월부터 1969년 5월까지 1년 반동안 내몽골 전

---

25) 楊海英, 앞의 책, 2016, 2쪽.
26) 한국의 중국학 연구자가 일본과 수적으로 비교가 안 되기에 문혁 연구 또한 차이가
    날 수밖에 없다.
27) 어떤 연유인지 모르나 조선족 문혁 연구는 다른 소수민족 지역 연구만큼 눈에 뜨이지
    않는다. 따라서 이 논문에서 다루지 못했다.

역에서 자행된 몽골인 간부와 민중에 대한 대규모 억울한 죄(冤罪)·학살 사건을 지칭한다. 이 사건으로 34만 6,000명이 체포·구금되고, 사망자수는 1만 6222명이라 전해지고 있다.[28]

내인당 사건에서 당시 몽골 최고의 정치가 울란프가 숙청되었다. 울란프 개인만이 아니라 그를 둘러싸고 있던 내몽골인민혁명당 내부의 각료를 대상으로 한 숙청이었다. 몽골인 간부와 사회전체를 타겟으로 한 숙청이었다. 이로 인해 근대 시기 형성되었던 몽골의 엘리트층은 완전히 절멸되다시피 했다.[29] 유목민 몽골인들은 고대부터 초원을 '하늘이 내린 선물'로 공유해 왔지만, 근현대 들어와서 이주한 중국인들은 초원을 '토지'로 해석했다. '하늘이 내린 선물'인 공유 재산의 초원을 '토지개혁' 운동을 이용해 점령함으로써 원주민 몽골인들의 정치적 권리를 빼앗는 데 성공한다. 경제적 기반을 상실한 유목민들은 중국인이 지배하는 지역의 농민으로 변해 대량 학살되는 운명에 처해진다. 이에 근거하여 양하이잉은 하르파라(哈日巴拉)의 논문을 중국인의 대외개척 논리를 명석하게 분석한 논문이라 평가한다.[30] 하스침가(Qaschimug)는 몽골 의학자들의 문혁 경험을 소개한다. 일본식의 근대교육을 받은 것이 이들의 숙청 원인이 되었음을 밝힌다.[31] 양에 따르면 문혁기의 몽골인 탄압은 1920년대에 시작되는 몽골인의 '민족 자결운동 청산'과 1960년대 중·소 대립에 의한 희생이라는 두 가지 역사의 귀결이다.[32]

---

28) 圖們·祝東力, 『康生与, 「內人党」冤案』, 中共中央党校出版社, 1995, 2쪽, 谷川眞一, 앞의 논문, 27쪽에서 재인용.

29) ハラバル(哈日巴拉), 「モンゴル人大量肅淸運動の政治的背景に關する一考察」, 『フロンテイアと國際社會の中國文化大革命』, 集広社, 2016, 45쪽.

30) 楊海英, 앞의 책, 2016, 4쪽.

31) ハスチムガ(Qaschimug), 「日本から醫學知識を學んだモンゴル人醫學者たちの文化大革命」, 『フロンテイアと國際社會の中國文化大革命』, 集広社, 2016 참조.

32) 谷川眞一, 앞의 논문, 32-33쪽.

내몽골 '내인당 사건'에 관한 연구가 진전(〈표 1〉 참조)을 보이자 2000
년대 후반부터 소수민족 출신 연구자에 의해 문혁의 역사를 '민족의 집합
적 기억'으로 파악하려는 새로운 연구 조류가 생겨났다. 여기에 관통하는
것은 중국공산당 정권에 의한 역사 바꿔쓰기에 저항하고 민족의 역사와
아이덴티티를 스스로의 손으로 되찾고자 하는 강한 의지다.[33]

〈표 1〉 주변(周緣)·소수민족지역에서의 문혁연구의 발전과정[34]

발전단계·시기		주요 연구	주요 자료·데이터	주요 특징
I. 맹아기	a)1960 년대 말 ~1970년대말	Hyer and Heaton (1968) McMillen (1979)	2차 자료	• 주로 2차자료를 사용한 자치구 레벨의 권력투쟁, 파벌항쟁의 분석
	b)1980년대 말 ~1990년대 중반	Jankowiak (1988) Woody (1993) Sneath (1994)	2차 자료, 인터뷰	• '내인당(內人党)사건'에 대한 구미 연구 자의 관심
II 발전기 (1990년대 중반~2000년대 중반)		圖們·祝 (1995) 吳 (2002) Brown (2006) 高·程 (2007)	1차 자료, 인터뷰	• 몽고인, 당사자에 의한 연구 • 내몽고의 '내인당 사건'이 중심과제
III. 프론티어 기 (2000년대 중반~)	a) 집합적 기억	唯色 (2006) 楊海英 (2009a, 2009b, 2011, 2014)	1차 자료, 인터뷰	• 사실(史實)에 기초한 '민족의 역사'에 대 한 재검증 • '민족의 집합적 기억'의 발굴과 구축
	b) 일반화 지향	Goldstein, Jiao, Lhundrup (2009) Su (2011)	1차 자료 인터뷰, 수량 데이터	• 정치 프로세스, 사회적 요인의 상세한 검증, 비교를 통한 일반화를 지향

웨이서(唯色)는 현재의 소수민족 전체에 대한 통치 수법이 문혁 시대
와 다르지 않다고 지적하는 티베트인 지식인 중 하나다.[35] 웨이서의 사

---

33) 谷川眞一, 앞의 논문, 31-32쪽
34) 谷川眞一, 앞의 논문, 26쪽.(〈표 1〉에 나오는 주요 연구에 대해서는 뒤의 참고문헌
　　참조).
35) ツェリン·オーセル(唯色), 「殺劫 ― チベットの文化大革命における一連の事
　　件を手がかりにして」, 『思想』, NO.1101, 2016.

진 증언집『살겁』(殺劫, 2006)은 구술역사와 사진을 이용해 티베트 문혁의 진상에 접근하고 있다.[36] 이에 따르면 티베트의 문혁은 급속한 인민공사화와 함께 티베트 사회의 문화적, 경제적 기반의 현저한 파괴를 가져왔다. 이로 인해 티베트에서는 1969년에 '펭발 사건', '녜모 사건' 등의 소란이 발생했다. 당국은 이를 1959년 반란에 버금가는 재반란으로 규정했다. 중국공산당은 이 '민족반란'을 '반혁명폭란'으로(즉, '민족'이 아닌 '계급'의 문제로) 바꿔치기하고, 민족봉기의 지도자나 관계자들을 '계급의 적', '현행반혁명분자'로 처형함과 함께 민족봉기의 역사를 말살시켰다.[37]

소수민족 출신 연구자들은 중국 정부와 중국인은 자신들의 내부에서 문혁을 부분적으로 청산했을지 모르지만 이민족에 대해서는 한번도 진지하게 대응하지 않았고 오히려 문혁적 지배방식을 강화하고 정당화하고 있으니 민족문제도 첨예화돼 해결이 요원하다고 말한다. 그 좋은 예가 신장 위구르 자치구이다. 양하이잉은 '위구르인의 중국 문화대혁명'이라는 글에서 이 사실을 입증하고자 한다. 신장위구르 자치구에 대해 중국 당국은 민족문제가 없을 뿐 아니라 21세기에도 신장의 테러활동은 모두 문혁 때 위구르인들의 반혁명적 분열활동과 연동된다고 주장한다. 그러나 20세기 말까지 봉인해 온 민족문제가 폭발하고 해결될 기미가 보이지 않자 테러의 원인을 문혁기로 거슬러 올라가 찾고자 하는 방법 자체가 문혁이 아직 신장 위구르 자치구에서 사라지지 않은 징표라고 양하이은 주장한다. 그는 소수민족 지역에서 문혁은 아직 없어지지 않았으며 오히려 중국 정부와 중국인은 의도적으로 문혁의 통치 방법을 주변 소수민족 지역에

---

36) 唯色 (澤仁多吉 撮影),『殺却』, 大塊文化, 2006(ツェリン・オーセル[ツェリン・ドルジェ写真, 藤野彰・劉燕子 訳],『殺劫(シャーチエ)──チベットの文化大革命』, 集廣舍, 2009) 참조.

37) 谷川眞一, 앞의 논문, 32쪽.

계속 사용하고 있어 오늘까지도 민족 문제가 격화되고 있다고 주장한다.[38] 중국의 정치가는 문혁의 종식을 선언했지만 소수민족 지역에서는 문혁기와 마찬가지로 강권적이고 파괴적인 문화적 제노사이드의 정책이 전혀 철회되지 않았다는 것이다.[39] 소수민족 지역의 폭력 문제만을 따로 다룬 연구들도 있다. 이 연구는 〈표 2〉와 같이 분류할 수 있으며 이는 문혁의 폭력 일반에도 응용할 수 있다.[40]

Ⅲ. 국제사회의 문혁
: 일본과 프랑스의 문혁 서사와 연구

1. 일본의 문화대혁명 서사와 연구동향

중국의 문혁은 그 실태와 무관하게 중국 밖의 여러 나라에 수용되었다.

---

38) 楊海英楊海英 編, 『フロンテイアと國際社會の中國文化大革命』, 集広社, 2016, 5쪽.
39) 楊海英, 『ジェノサイドと文化大革命—内モンゴルの民族問題』, 勉誠出版, 2014.
40) 〈표 2〉문혁의 폭력에 대한 분석 레벨과 대상(Owens,su, and Snow(2013))에 의거하여 谷川眞一가 작성, 谷川眞一, 앞의 논문, 38쪽.

〈표 2〉

분석레벨과 대상	분석의 초점
① 매크로 레벨	국제관계, 국가, 민족 레벨의 구조, 프로세스, 관계
② 엘리트·액터에 의한 의사결정	상층부(중앙)와 더불어 특히 중층(성·자치구), 기층(縣·旗, 인민공사, 생산대대 등)의 당정 간부, 군 간부 역할
③ 비(非)엘리트·액터의 집합행위(폭력 포함) 참가와 동기	왜 '조반파'에 가담했나(가담하지 않았나)?, 왜 학살에 가담했나(가담하지 않았나)? 등
④ 집단의 경계와 아이덴터티	폭력의 대상=희생자 집단은 어떻게 정의되었나?
⑤ 지역·레벨간의 차이	regional(省), local(縣, 인민공사), 주변(周緣 ; 소수민족자치구) 등 각 레벨에서의 비교를 통한 차이 검증과 각 레벨 상호 연관에 대한 해명)

일본이나 프랑스에서는 특정한 용어나 이념이 과도하게 의미부여 되어 받아들여지기도 했다. 그 의미부여는 바로 '반역에는 이유가 있다'는 의미의 '조반유리'(造反有理)였다.[41] 이러한 분위기는 전후 일본 사회의 안정된 체제 속에서 신좌익 뉴-레프트 운동이 수용된 사정과도 관련이 있다. 신좌익은 소련의 사회주의가 통제경제형태로 나아가고 있다고 보았고 이 실망은 중국은 다르다는 인식을 만들어냈다. 이 점은 프랑스 등 다른 나라의 좌파 지식인의 모습과 매우 유사하다. 일본에서도 60년대의 학생운동과 문혁인식은 밀접하게 연결되어 있다. 후쿠오카 아이코(福岡愛子)에 의하면 당시는 '청년'이라는 단어보다는 젊은이(若者)라는 단어가 일반화되어 있었다. 젊은이들의 행동이나 문제의식이 당시의 정치, 사회, 문화 전반에서 이 때만큼 주목받고 문제화되고 영향력이 있었던 시대는 없었다. 이 때의 사회적 상황을 후쿠오카는 이렇게 묘사한다. "고교시기 엄격한 시험경쟁을 통해 선발, 대학에 입학하여 장발을 하고, 시위 헬멧을 쓰고 한바탕 반전, 반체제를 외친 후 취직해야 되는 시기가 되면 머리를 자르고 슈트를 입고 대기업에 들어가 체제에 순응한다는 이미지가 전형화되었다. 당시의 학생의 모습이 이처럼 비장감과 감미로움이 섞인 회상 속에서 소비되었다."[42]

1940년대부터 60년대까지 세계의 일부 좌파들은 소련의 스탈린식 사회주의에 실망했으며 이 실망은 급속하게 중국 사회주의에 대한 기대로 기울었다. 일본 지식인의 경우도 예외는 아니었다. 이 기대는 코뮌주의자 니이지마 아츠요시(新島淳良)[43]나 중국 문학 연구자 다케우치 요시미(竹

---

41) 福岡愛子, 「六十年代西側諸國にとっての文化大革命」, 『思想』, No.1101, 2016, 53쪽.

42) 福岡愛子, 『日本人の文革認識』, 新曜社, 2014, 316쪽.

43) 당시 일본의 중국학 연구자들의 인식을 살피는 데 유용한 자료로 新島淳良 외, 『文化大革命』 講座 現代中國Ⅲ, 大修館書店, 1969(좌담 포함) 참조.

內好) 등 적지 않은 지식인들에게 60년대의 안보투쟁 등 일본 사회운동의 맥락과 결합되어 고조되었다.44) 일본에서는 중일우호협회가 1950년에 설립되어 있었다. 하지만 미국의 점령정책으로 반공적 분위기가 형성되어 이 단체는 탄압의 대상이 되었다. 중국의 혁명과 혁명정권이 수립되는 시기 일본에서 시행된 미국의 반공주의 정책은 일본 좌파의 입장에서는 이후 일본과 중국의 관계를 매우 복잡하게 만드는 근본요인이 되었다. 더구나 문혁이 일어났을 때는 일본의 공산당과 중국공산당이 결렬되었고 중일우호협회도 이 영향으로 분열되어 친중, 반중, 일공, 반일공, 문혁지지, 문혁 반지지의 대립이 첨예화했다.45)

후쿠오카는 일본의 문혁인식을 "중일 국교회복을 목표로 한 정치로서의 문혁"과 "미디어에서 보이는 정치로서의 문혁", "혁명이론, 사상으로서의 문혁인식" 등으로 분류한다. 후쿠오카에 의하면 천황제옹호론자였던 니이지마 아츠요시가 중국혁명에 감격하여 마오쩌둥 '문혁예찬'론자가 되었다. 그는 문혁 이전부터 마오의 '주관능동성'46)에 주목하고 프롤레타리아 문혁의 대중노선을 열렬하게 지지했다.47) 또 중국공산당을 절대시하고 1968년 이후에는 마오쩌둥사상과 세계혁명을 논의했으며 중국 코뮨설을 주장했고

44) 이들 말고도 일본 지식인들은 문혁시기 중국과 왕래하면서 중국을 대변하고 마오쩌둥 숭배와 문혁 만세의 언론을 유도한 인물이 여럿 있다. 安藤彦太郎, 菅沼正久, 藤村俊郎, 秋岡家榮 등이 그들이다. 加々美光行, 「中國文化大革命の歷史的意味を問う」, 『思想』, No.1101, 2016, 30-31쪽.
45) 福岡愛子, 「六十年代西側諸國にとっての文化大革命」, 『思想』, No.1101, 2016, 54쪽.
46) 주관능동성이라는 용어의 의미맥락은 이렇다. 적군이 압도적으로 우세일 때 '주관능동성'을 발휘하여 그들을 집중적으로 공격파괴하면 수세를 공세로 전환할 수 있다. 마오쩌둥이 1938년 5월에서 6월에 걸쳐 쓴 '지구전을 논한다'에서 언급한 것이다. 加々美光行, 앞의 논문, 34쪽.
47) 福岡愛子, 『日本人の文革認識』, 新曜社, 2014, 166-168쪽 참조. 이 주관능동성에 대한 주목은 프랑스에서의 알튀세의 모택동 해석과도 통하는 부분이 있다. 토대와 상부구조의 쌍방향성에 대한 내용이 특히 그렇다.

코뮨국가론을 전개했다. 그리고 상해 코뮨 성립 전부터 니이지마는 '중국은 코뮨을 목표로 한다'고 발언하고 다녔다. 코뮨사상이 담지된 프롤레타리아 독재 사상이 실현되고 있다고 보았다. 하지만 실제 상해 코뮨은 모택동의 한 마디로 '혁명위원회'로 개칭되어 단명으로 끝났다.[48] 그러나 문혁이 종결된 후 니이지마는 '코뮨과 국가는 절대로 相容될 수 없다는 관점이 결핍되어 있었다', '나의 유토피아는 현실의 중국에서는 아니고 모택동 개인의 문장 속에서 만들어진 것이었다'고 공공연하게 인정했다.[49]

다케우치는 중국혁명과 문혁을 가지고 일본의 사상적, 윤리적 재건을 시도하려 했던 인물로 유명하다. 이러한 그의 사상적 시도는 일본의 비도덕성과 중국의 도덕성의 대립이라는 어떤 확신에서 비롯된다. 사실상 전후 1960년대까지 다케우치가 민족주의와 아시아주의를 놓지 않고 그것을 통해 일본의 도덕적 주체성 확립을 시도했던 것은 두 사상의 근저에 흐르는 에너지에 주목했던 것이고 그 에너지의 원천을 중국으로부터 길어 올리려는 원대한 목적을 가지고 있었기 때문이다. 다케우치는 소련에 대한 실망을 중국에 투사하는 데서는 세계의 좌파 지식인들과 동일하나 그 결에서 조금 달랐다. 그는 후르시초프 등장 이후 세계 냉전체제 하에서 사실상의 대립항은 미소라기보다는 미중 또는 중소로 이동했으며 여기에는 이데올로기적 대립보다는 문명적 대립이 근간에 존재한다고 보았다. 소련과 중국 사이에 혁명의 비전, 평화, 전쟁에 관한 깊은 견해차이 또한 근원적으로는 문명의 대립에 있으며 따라서 중국문명의 잠재적 힘에 주목해야 한다고 주장한다.[50] 하지만 문명 본질주의적 시각으로 문제를 분석하는 방식은 매우 위험하다. 왜냐하면 어떤 사건이 벌어졌을 때의 시공간의 다

---

48) 福岡愛子, 『日本人の文革認識』, 新曜社, 2014, 161-163쪽 참조.

49) 福岡愛子, 「六十年代西側諸國にとっての文化大革命」, 『思想』, No.1101, 55-56쪽.

50) 조경란, 「냉전시기(1950-60년대) 일본 지식인의 중국 인식 - 다케우치 요시미의 중국관: 사상적 아포리아와 '좌파 - 오리엔탈리즘'」, 『사회와 철학』, 제28집, 2014, 351쪽.

른 요인들을 배제해버림으로써 복합적 시각을 갖지 못하게 할 수 있다. 결론은 이미 정해진 것처럼 보이기에 그렇다.

당시 중국에 대해 적대적 정책을 취한 미일안보체제 아래서 니이지마와 다케우치만이 아니라 누구든 문혁에 대해 긍정적 태도를 보이는 것은 일본 정부에 대한 체제비판과 동의어로 받아들여졌을 가능성이 높다. 일본의 좌파 지식인들은 일본의 침략주의와 중국의 혁명주의를 각각 비도덕과 도덕으로 대비시켜 인식하는 경우가 적지 않았다. 그 배경에는 19세기 말부터 20세기 중반까지 지속되어온 일본제국주의의 중국침략에 대한 지식인들의 속죄의식이 깔려 있다. 그리고 이런 모습을 띤 지식인은 당시로서는 도덕적, 실천적 지식인으로 간주되었다. 적어도 자기사회에 대한 비판적 태도를 취했으니 타당한 면이 있다. 그러나 일본사회에 대한 비판의식이 일본 지식인의 중국인식에 너무도 강하게 투사되는 경우도 종종 있었다. 이러한 중국연구를 '일본이 있는 중국연구'라 칭하기도 하지만 중국연구에 일본의 사회문제를 지나치게 강하게 의식하고 반영한 결과 중국을 이상화시키는 결과를 초래하는 문제점도 적지 않았다.

이에 대한 문제를 지적하고 나온 이가 바로 고야스 노부쿠니(子安宣邦)다. 그는 가가미 미츠유키(加々美光行)의 저서 『역설로서의 중국혁명』을 '끝나지 않은 착오의 언설'로 본다. 중국에서는 4인방의 척결로 문혁이 끝났지만 일본에서는 계속되었다는 것이다. 고야스에 의하면 일본에서 문혁에 호응하는 언설은 있었지만 문혁이 있었던 것은 아니다. 1968년에 전국으로 확대된 소위 대학분쟁은 학생들에게 그들 자신의 문혁으로 자각되는 계기였다. 조반유리라는 홍위병이 내건 슬로건은 일본 대학분쟁의 슬로건이 되었다. 그러나 이 대학분쟁은 1970년에 대학임시조치법이 성립하면서 종결되었다. 하지만 고야스는 가가미가 문혁의 종료를 '반근대'의 세계적 운동의 좌절 또는 패배로 서술했기에 일본에서 문혁은 끝나지 않았다고 본다.[51] 아시아의 문화대혁명과 베트남 전쟁이 반근대의 싸움이라는 것은 그것이 '유럽적인 것'을 근본적으로 부정하는 전쟁으로 보는 데서 유래한다. 가가미가 반유럽으로서 아시아의 저항과 자립의 전쟁을 말하려 한다면 그의 언설은 탈아입구적인 근대를 달성한 일본에 강력한 부정을 의미하는 것이고 패배하면서도 저항을 지속하는 중국을 통해서 오히려 동양의 자립적인 성립을 발견하는 다케우치 요시미의 언어범주에서 벗어나지 않는다고 고야스는 평가한다.52) 하지만 지금의 시점에서는 고야스가 평가하는 후쿠자와 유기치(福澤諭吉)의 일본식 근대나 다케우치가 평가하는 중국식의 근대 모두가 재인식을 필요로 한다. 두 모델의 원형에 대해 근본부터 다시 성찰해야 한다.

고야스의 다른 글들이 그렇듯이 그는 중국에 대해 우호적 서술을 하는 중국연구자에 대해 반감을 가지고 있다. 그러나 그의 이러한 반감은 또한 일본 내부 전후 지식인의 동전의 양면 중 하나라 볼 수 있다. 니이지마나 다케우치의 경우도 여기서 자유롭지 못하다. 당시를 비판적으로 회고해보면 일본 지식인에 독특한 속죄의식과 혁명중국을 향한 동경은 일본의 현대사와 밀접하게 연결되어 있다. 일본의 이러한 굴절된 사상 양태는 맥락주의적 입장에서 보면 이해 못할 바는 아니다. 하지만 근본적으로는 일본의 역사가 배태한 근대 침략적 제국주의가 낳은 반작용 중의 하나로 보아야 하지 않을까. 잘못된 역사와 그 역사를 반성하지 않는 데서 오는 지식/인의 왜곡된 양태의 결과와 무관하지 않을 것이다.

2. 프랑스의 문혁 서사와 연구동향

서양의 적지 않은 지식인은 소비에트식 독재에 대한 환멸과 문화대혁

---

51) 子安宣邦, 『日本人は中國をどう語ってきたか』, 靑土社, 2012, 267-268쪽.
52) 子安宣邦, 앞의 책, 275쪽.

명의 고양으로 사회주의가 다른 곳에서는 실패했으나 중국에서는 성공할 것이라는 확신이 있었다. 리처드 워린(Richard Wolin) 또한 자신의 책 제목을 '동풍'(東風, The Wind from the East)이라고 지은 것에서 보듯 1960년대 이후 서풍에서 동풍으로 방향이 바뀌었음을 강조하려 한다.53)

60년대는 소련모델과 더불어 서양 모더니티의 꿈도 급속히 식어간 시대였다. 선진공업국 사회의 사람들은 풍요와 행복은 일치하지 않을 뿐만 아니라, 양자는 심지어 상반된다는 사실을 발견했다. 1968년 로버트 케네디 대통령후보의 연설은 이 불만을 잘 포착한다.

> "우리들은 단순한 경제성장의 지속이나 세상의 모든 재화의 끝없는 집적에서, 국가의 목적도 개인의 만족도 찾아낼 수 없을 것이다. 다우존스 지수 평균으로 국민정신을 측량한다는 것은 가능하지 않으며, 국민총생산(GNP)으로 국가의 업적을 측정하는 것도 불가능하다. … (중략) … 여기에는 가족의 건강, 교육의 질, 또는 노는 즐거움이 들어갈 틈이 없다. … (중략) … 요컨대 GNP는 우리들의 인생의 사는 보람 이외의 모든 것을 측정하는 것이다."54)

당시 프랑스의 저널리스트, 학자, 지식인들은 산업화로 향하는 중국의 방식이 지배적인 서양모델을 피하는 우회로일지 모른다고 경탄의 소리를 질렀다. 서구 모더니티의 꿈이 식어가고, 소련의 사회주의 또한 제국주의화하면서 중국의 문혁이 현실감 있는 근대화의 또 다른 대안일 수도 있다는 상상을 하게 된 것이다.55)

---

53) '서풍'인 20세기 초반 손문의 공화주의와 1921년 공산주의 교의를 채용한 것과 대비시켜 문화의 전파방향이 역전했음을 강조한 것이다. Richard Wolin, 福岡愛子 譯, 『1968 パリに吹いた'東風'』, 岩波書店, 2014, 일본어판 서문 viii쪽 참조.

54) Richard Wolin, *The Wind from The East-French Intellectuals, the Cultural Revolution, and the legacy of the 1960s*, Princeton University Press, 2010, p.11.

프랑스 또한 중국 내부의 사정과는 무관하게 68혁명의 맥락 속에서 중국의 문혁은 유통되었다. 서양 자본주의와 소련의 스탈린식 사회주의에 대한 실망은 급속하게 중국의 문혁으로 기울었다. 고다르의 영화 또는 알튀세의 서술에서 보듯이 프랑스 좌파 지식인들 사이에서는 소련사회주의에 대한 대안으로 문혁의 서사가 만들어졌다. 당시 알튀세가 중국은 소련과 다를 것이고 마오쩌둥은 스탈린과 다를 것이라는 기대 섞인 전망을 내놓은 것은 유명하다. 알튀세의 영향이 절대적이었던 당시 프랑스의 젊은 좌파 지식인들에게는 이 전망이 지극히 '보편적인 인식'이 되어있었던 것 같다.

알튀세는 1962년 「모순과 중층적 결정」이라는 논문에서 경제의 토대가 중요하다는 것을 인식하면서도 정치와 문화의 자율적 발전의 여지를 인정하는 이론을 제기한다. 마르크스가 제시한 '토대'와 '상부구조'를 반드시 직접적 인과관계로만 보지 않는 마오쩌둥의 논의를 매우 우수한 것으로 평가한 것이다. 심지어 마오는 양자를 모순으로 보기도 한다.[56] 알튀세는 마오의 이런 해석을 마르크스 이론의 확장으로 해석하는 것 같다.

사실상 문혁은 초기에는 마르크스주의 원칙인 파리코뮌에 따라 정치적 권력의 민주적 개조를 약속하는 듯이 보였다. 앞에서도 말한 것처럼 당시 소련의 스탈린에 실망한 세계의 좌파 지식인 대부분은 여기에 열광했다. 프랑스의 젊은이에게 '왜 중국인가'라고 했을 때, 소련을 믿을 수 없기 때문이며, '왜 문화대혁명인가'라고 했을 때, 부르주아에 대한 프롤레타리아트의 투쟁이고 수정주의에 대한 참된 공산주의의 투쟁이었다. 우리의 일상조차가 이 투쟁의 연장이고 혁명의 일환이기 때문이다.[57] 프랑스의

---

55) Richard Wolin, 앞의 책, p.12.

56) 福岡愛子(2016b), 「文化大革命以後の文化の政治」, 『フロンテイアと國際社會の中國文化大革命』, 集広社, 2016, 234-235쪽.

57) 문성원, 「'진리'냐 '파국'이냐 - 문화대혁명의 서양철학적 반향에 대한 소고」, 『해체와

좌파 청년들로부터 환영을 받는 알튀세에게 문혁은 스탈린주의에 대한 좌익적 비판의 실례(實例)였다. 그에게 문혁의 계급투쟁은 결말이 정해진 어떤 '목적론적' 과정이 아니었다.[58] 알튀세와 그 제자들에게 중국은 제국주의 전쟁에 반대하는 참된 공산주의로 인식되어 있었다.

마오에게 대중의 문화적 프롤레타리아화는 근대적 경제발전의 산물이 아니라 오히려 그 전제였다.[59] 마오에게 사람을 개조하는 것이 경제발전 이전의 선제 작업이었다. 이처럼 사상 각오의 중요성을 강조한 것이 마오이즘의 특징이며 정통 마르크스주의와 구분되는 지점이다. 이 특징을 아이카이(艾愷, Guy Alitto)는 '계급의 주관화' 라 부른다. 마오는 계급을 사회범주가 아닌 도덕범주로 보았다.[60]

앞에서도 말한 바와 같이 모택동사상의 수용은 각국의 국내사정에 따라 달랐다. '문혁의 중국'에 공명함으로써 서양의 지식인은 중국에서 사회주의의 경제적, 정치적 파산을 보여주는 증거가 계속 출현했음에도 불구하고 거기서 유럽의 혁명적 전통의 이념을 유지하는 방법을 찾았던 것이다. 서양인들이 동양에 눈을 돌려 자신들에게는 없는 정치 문화상에서의 막힘을 타개하기 위해 해결책을 찾는 것은 에드워드 사이드의 분석에 따르면 오리엔탈리즘의 심성과 연결된다. 하지만 이러한 오리엔탈리즘을 비판하면서 등장한 또 다른 오리엔탈리즘을 필자는 다른 글에서 '좌파 - 오리엔탈리즘'으로 명명했다.[61] 기존의 오리엔탈리즘과 '좌파 - 오리엔탈리즘'의 공통점은 긍정적이든 부정적이든 팩트 베이스의 중국의 모습이 아

윤리』, 그린비, 2012, 306-307쪽 참조.

58) 문성원, 앞의 논문, 311-312쪽.

59) 모리스 마이스너, 김수영 옮김, 『마오의 중국과 그 이후 2』, 이산, 2004, 435쪽.

60) 艾愷(Guy Alitto),「文革: 四十年後的破曉」, 『二十一世紀』, 總第九十三期, 2006, 9쪽.

61) 이에 대해서는 조경란,「냉전시기(1950-60년대) 일본 지식인의 중국 인식 - 竹内好의 중국관: 사상적 아포리아와 '좌파 - 오리엔탈리즘'」, 『사회와 철학』, 2014.10 참고.

니라 상상 베이스의 중국을 만들어냈다는 점이다. 의도는 정반대지만 결과는 동일하다는 아이러니가 있다.

사실 프랑스에서는 소련과 프랑스공산당(PCF)에 대한 환멸이 원인이 되어 마오이즘의 주가가 올랐다. 드골 통치 하의 프랑스에서는 그러한 원망이나 환상이 빠져나갈 현실세계의 배출구가 없었다. 이런 배경 하에서 문화대혁명의 중국은 그들 내면의 레디칼한 정치적 소망과 환상이 반영된 스크린이 될 수 있었다. 더 나아가 학생과 지식인 사이에서는 그들의 소망을 문화대혁명의 중국과 동일화하는 것이 정통파 마르크스주의의 속박으로부터 도망가기 위한 출구전략이 되었다. 마오쩌둥의 중국은 학생들에게 프랑스 혁명의 전통, 즉 바스티유 감옥 습격와 파리 코뮌에 이르는 영광의 도취를 영속시키는 방법을 가져다주었다.[62] 프랑스의 상황에 대한 불만과 부르주아로서의 속죄의식, 그리고 중국의 문혁에 대한 '환상'이 결합하는 형태로 프랑스 지식계가 전유한 것이라 할 수 있다.

워린이 묻는 것은 예전의 혁명적 이상주의나 속죄의식에 의해 중국의 현실을 잘못 본 사람들에 대한 사후 책임이 아니다. 그들이 현실의 변화를 받아들이고 오류에 유의해서 그로부터 어떤 변화를 보였는가이다. 워린은 프랑스의 젊은이들이 68년 5월을 경험한 후에 이전 아이들 때 가졌던 혁명에 대한 원망을 일상생활의 변혁이나 시민사회의 재생을 지향하는 착실한 정치적 에너지로 전화시켰다고 평가한다. 그는 또 60년대의 중대한 유산 중의 하나는 정치의 의미 자체를 변화시켰다는 것이고, 이 때 프랑스에서는 문화적인 것이 곧 정치적인 것이라는 점을 발견하면서 문화는 정치적 자기긍정과 집단적 자기표현의 주요한 수단이 되었다고 평가한다. 이런 의미에서 문화는 탈정치의 정치라 할 수 있다.[63] 문혁이 프랑스혁명의

---

62) Richard Wolin, 앞의 책, 3쪽.
63) 福岡愛子, 「文化大革命以後の文化の政治」, 『フロンティアと國際社會の中國文

코뮌을 모방하여 발생했지만 서양 또한 문혁의 사상적 조류를 자국과 세계의 정치변혁에 이용한 측면이 있다고 할 수 있다.[64] 전유의 과정에서 오해가 없었다고 할 수 없으나 새로운 정치에 대한 갈망은 창조적 요인이 섞인 오해를 생성하기도 했다고 할 수 있다.

　여기서 프랑스 사상의 전체 맥락 속에서 마오이즘의 위상을 파악하기 위해서는 마오이즘의 형성 이전에 68사상과 프랑스 철학의 전체흐름을 살펴볼 필요가 있다. 68년 5월 혁명의 중심사상은 체제에 대한 인간의 옹호였다. 이런 내용은 60년대 말 이후로 공산당에서조차 이상적인 구호로 자주 언급되었다. 하나의 관료기구로 전락해버린 당에 대한 비판은 새로운 철학과 연결된다.[65] 이 새로운 철학에서 가장 세련된 형태라 말할 수 있는 것이 좌파의 변신으로서의 새로운 인간중심주의인 것이다.[66] 60년대 프랑스 철학에서 부르디외, 푸꼬, 데리다, 그리고 라깡은 철학 자체를 넘어서려는 시도를 했던 것도 이러한 문제의식 아래서다. 알튀세가 마르크스주의의 해석자로 남아 있을 때 부르디외는 보다 구체적이고 실증적 작업에 몰두했다. 이들의 노력에 힘입어 60년대 프랑스철학이 지녔던 커다란 능력 중 하나는 자신이 디디고 서 있던 이론적 정체성을 의심하려 했다는 점일 것이다.[67] 새로운 인간중심주의를 만들어내려 했던 이 노력

化大革命』, 集広社, 2016, 252쪽 참조.

64) 上利博規,「フランスにおけるマオイスムは誤解だったのか ― コミューンの起源とをめぐって」,『フロンテイアと國際社會の中國文化大革命』, 集広社, 2016, 참조.

65) 당시 알랭 바디우의 '반역의 마오', '국가의 마오'라는 유명한 말도 이런 분위기에서 나왔다. Alain Badiou, D'un désastre obscure M sur la fin de la vérité d'état; la Tour d'Aigues: Editions de l'Aube, 1998.

66) 뤽 페리·알렝 르노, 구교찬 외 옮김,『68사상과 현대 프랑스철학』, 인간사랑, 1995, 22쪽.

67) 뤽 페리·알렝 르노, 구교찬 외 옮김, 앞의 책, 235-237쪽 참조.

은 프랑스 철학의 옛 것을 의심하는 전통과 깊은 관련이 있다. 체제에 대항해 주체를 옹호했던 68년의 상황은 소위 부르주아의 전통적 인간중심주의라기 보다는 차라리 현대의 개인주의(individualisme contemporain)에 맥이 닿아 있다고 할 수 있다. 이는 자율성과도 통한다.[68]

프랑스에서 마오의 문혁은 중국 내에서의 문혁과 별개로 전유되는 과정에서 '창조적 오해'가 발생했고 이것은 나름의 맥락을 가지고 유통되었다고 할 수 있을 것이다. 그럼에도 불구하고 이 점을 인정한다는 것이 문혁에 대한 책임의 문제를 완전히 회피할 수 있는 구실이 될 수는 없을 것이다.

VI. 맺음말

이상에서 첫째, 2016년에 세계 각지에서 개최된 심포지움을 중심으로 어떤 주제가 어떻게 다루어졌는지를 개괄하였다. 둘째, 90년대부터 활성화된 소수민족 지역의 연구의 동향을 살펴보았다. 셋째, 일본을 중심으로 국제사회에서의 문혁연구 동향의 대강을 소개하였다. 맺음말에서는 둘째와 세째의 문제 중 더 논의해야 할 것들을 보충하고 마무리하려 한다.

먼저 소수민족 지역 문혁 전문가라 할 수 있는 타니가와 신이치의 다음 발언은 눈길을 끈다. "오늘날 박해와 폭력의 문제를 중심과제로 해 온 주변·소수민족 지역의 문혁에 대한 연구와 도시에서 홍위병·조반운동의 집합행위·파벌항쟁을 주요과제로 해 온 문혁연구의 '물음'의 공유화가 요구되고 있다. 문혁연구의 2가지 조류를 유기적으로 결합시킴으로써 문혁의 전체상을 명확하게 할 수 있을 뿐 아니라 파벌항쟁, 운동의 확산, 폭력

---

68) 뤽 페리·알렝 르노, 구교찬 외 옮김, 앞의 책, 23쪽 참조.

등 개별 문제에 대해서도 연구의 진전을 기대할 수 있다."69) 90년대부터 활발해지기 시작한 소수민족지역의 문혁 연구는 문혁 자체를 다르게 보도록 유도한 측면이 있다.

앞에서 서술한 일본과 프랑스 외에도 국제사회의 문혁은 인도네시아, 아프리카, 남아메리카 등의 지역도 빼놓을 수 없다. 바바 기미히코(馬場公彦)는 인도네시아에서 1965년 9월 30일 발생한 쿠데타 사건을 문혁과의 관계 속에서 고찰한다.70) 미국의 보고에 의하면, 중국이 여기에 개입하면서 25만 명이 살해되었다고 한다. 1966년 10월부터 중국정부는 '재외공관을 혁명사상의 선전기지'로 규정했고 마오쩌둥 사상 선전을 외교관의 최대 임무로 삼았다. 1966년 10월부터 이듬해 1967년 5월까지 중국 국제서점은 총 14종의 외국어로 80만권의 마오어록을 인쇄했다. 외국에서 찍은 것까지 포함하면 무려 24종의 언어로 50억 권을 찍었다.71)

인민이 인민공사화와 문혁에 의해 빈곤해지고 굶어죽던 시절에도 중국은 아프리카 여러 나라에 적극적으로 원조를 했다. 그로 인해 문혁 발동의 이미지가 개선된 측면도 있었고 아프리카 국가들에도 긍정과 부정 양쪽의 영향을 남겼다고 사코는 지적한다. 중국의 대외 간섭은 1960년대 문혁기 특유의 것만이 아니다. 중화인민공화국 성립 직후부터 글로벌 이데올로기로서 남미의 멕시코와 볼리비아, 그리고 페루 등에 마오 사상을 수출하고 있었다.72)

---

69) 谷川眞一, 앞의 논문, 25쪽.

70) 馬場公彦,「孤立した国の世界革命 ― 1960 年代後半 日本·中国·インドネシア の革命連鎖」,『フロンテイアと國際社會の中國文化大革命』, 集広社, 2016, 참조.

71) 馬繼森,『外交部文革紀實』, 中文大學出版部, 2003, 132-135쪽, 楊海英, 앞의 책, 2016, 8쪽에서 재인용.

72) ウスビ·サコ,「文化大革命期における中国援助とアフリカ外交の役割」,『フロ ンテイアと國際社會の中國文化大革命』, 集広社, 2016, 참조.

　문혁은 중국 내외에서 유령으로 배회하고 있다고 서론에서 말했다. 양하이잉은 문혁이 '강력한 형태로 중국과 세계에 군림'하고 있는 근본 이유를 다음과 같이 지적한다.[73] 첫째, 마르크스주의의 발전단계론이 지금 여전히 강하게 존재하고 있기 때문이다. 중국은 무엇을 하든 '사회주의 건설'을 아직 모색하고 있기 때문에 반근대적인 전제주의 체제의 존속을 허용하고 있다. 둘째, 발전단계론의 오래된 중국 버전, 즉 중화사상이 이전보다 강해지고 있기 때문이다. 중국인은 소수민족 지역을 침략하는 것을 국토개척이라 이해하고 현지 자원을 약탈하는 것을 '도와서 발전시키는 행위'라고 해석한다. 소수민족 측이 불만이 있어서 저항해도 그것들은 "모두 한줌의 외국의 반중세력과 같은 소수의 테러리스트의 소행"으로 결론 짓는다. 중국인의 대한족주의(내셔널리즘)를 이용하여 여러 소수민족의 자결주의(내셔널리즘)를 봉쇄하고 있다. 셋째, 중화인민공화국은 처음부터 '당천하'이고 '당치국가'였다. 다른 어떤 것보다 우선되는 것은 공산당의 이익이었고 '중화인민'(여기에는 역사적 문맥 속에서 몽골인과 티베트인 그리고 위구르인 등은 포함되지 않는다)의 이익은 없다. 중공의 정책에 비판적인 국내외의 이견(異論)을 공산당은 항상 '반공'에서 '반중'으로 치환하여 처리했다. 중국공산당은 중국인의 민족주의를 국가주의로 잘 변질시킴으로써 통치를 유지해왔다.

　여기에 하나를 보태자면 앞서 문혁은 중국 내부에서 담론이 활성화되지 않았다고 말했다. 그러나 정치인, 기층민중, 지식인에게 문혁과 마오쩌둥은 각 계층의 현실적 이해에 따라 부단히 소환되는 아이템이다. 이 또한 중국에서 문혁이 '끝나지 않은 과거'가 될 수밖에 없는 근본적 이유 중 하나다. 공산당이 지배하는 한, 마오는 영원히 살아있을 것이고 문혁은 끊임없이 불려와 현실에 개입할 것이다. 또 다른 의미의 '문혁의 역설'이

---

73) 楊海英, 앞의 책, 2016, 14-16쪽 참조.

라 할만하다.

그러나 또 다른 측면에서 고쿠분 료세이(國分良成)의 말도 주목할 필요가 있다. "문혁을 언설로 보는 한에서 관리체제, 관료제 타파, 엘리트 교육비판의 측면을 가지고 있고 그것을 그대로 믿고 이상화하는 지식층이나 청년층이 출현했어도 이상할 것이 없다. 또 그것은 미국의 베트남전이나 흑인인권 등과 공명하기 쉬웠던 것도 사실이다. 요컨대 동시대사적으로 보면 문혁은 1960년대 후반에서 70년대 전반에 걸쳐 세계적으로 일어났던 일종의 반체제 유포리아(euphoria 행복감)의 기폭제였다고 생각할 수 있을 것이다."74)

한국에서도 문혁은 기존의 자본주의와 소련형의 사회주의를 뛰어넘는 인류의 위대한 실험으로 간주하는 또 다른 시선을 표출시킨 이가 있었으니 그가 리영희였다.75) 서슬 퍼런 시대였던 한국에서는 '휴머니즘에 입각한 남다른 용기'가 없었다면 불가능했다. 그의 '휴머니즘-용기'는 '좌파의 교조'와도 싸우게 했다. 1990년대 초반 아직 마르크스-레닌, 마오쩌둥 사상 학습이 주류적 분위기였던 한국의 좌파적 지식계를 향해 "지식인 집단의 환경예측 능력 상실의 시대"가 되었음을 선언하게도 했던 것이다.76) 이처럼 문혁은 세계적 맥락 뿐 아니라 각국의 고유한 사정, 또 지식인 개인의 세계관을 연결하여 종합적으로 볼 필요가 있다. 문화대혁명은 단순히 중국인만이 아니라 동시에 그 영향을 받은 일본인, 프랑스인을 포

---

74) 「第2部: 文化大革命という亡靈」(좌담회), '文化大革命から五十年 ― 硏究對象としての文革」記憶の中の文革', 『中國 ― 社會と文化』, 제32호, 2017, 49쪽.

75) 정문상, 「이상주의자의 중국: 근대의 대안이자 거울」, 『중공, 자유중국 그리고 중국』, 혜안, 2020, 156쪽.

76) 한국의 리영희가 1991년 '한국일보'와의 인터뷰에서 중국에 대한 회한의 감회를 피력한 것은 그의 '지식인스러운' 집착에서 자유로웠기 때문일 것이다. 지식인이 '허위의식'에서 벗어나지 못하는 한, 과거의 短見을 인정하는 것은 쉬운 일이 아니다.

함하여 세계가 함께 성찰해야 한다.[77] 그랬을 때만이 문혁 논의도 세계성을 확보할 수 있으며 세계사 속에 문혁을 위치시킬 수 있게 된다.

정치인에게 '동기' 즉 '신념윤리'가 좋다고 하여 '결과' 즉 '책임윤리'가 면피되는 것이 아니라는 점을 이제 다시 재확인해야 한다. 모리스 마이스너의 지적처럼 마오는 스탈린체제의 사회주의가 문제가 있다는 것을 알고 소련을 반면교사로 삼았음에도 불구하고 그들이 주는 명백한 교훈을 무시했다. '사회주의로의 이행'은 자유와 대중민주주의 없이는 불가능하며 그것의 결여를 정당화하기 위해 경제적 후진성이나 적대적 국제환경과 같은 조건을 무한정 끌어들일 수는 없다.[78]

요컨대 1960년대에는 1940-50년대에 소련의 공산주의에 실망한 지식인들이 중국의 공산주의에 자신의 희망을 투사하는 경향이 매우 강했다. 따라서 문혁 담론은 중국 이외의 국가에서도 1960-70년대의 자기맥락 속에서, 중국의 문혁과는 별개로 문혁서사가 형성되었다고 말할 수 있다. 중국에서 일어난 문혁은 주로 한국, 일본, 프랑스 심지어는 미국까지도 자국의 맥락 아래 별도로 전개되었다고 해도 과언이 아니다. 앞으로 문혁이 일어난 중국에서의 문혁과 다른 나라에서의 운동 양상이 어떻게 다른지, 그리고 그것이 종료된 후 펼쳐진 담론에서도 어떤 차이가 있는지를 한국을 포함하여 분석해야 한다. 더불어 그 차이의 의미가 무엇인지도 따져보아야 한다.[79]

---

77) 加々美光行, 앞의 논문, 30쪽 참조.

78) 모리스 마이스너, 김수영 옮김, 『마오의 중국과 그 이후 2』, 이산, 2004, 591-594쪽 참조.

79) 한국의 문혁 담론은 아래와 같다. 리영희, 『전환시대의 논리』(1974); 『우상과 이성』(1977); 『새는 '좌·우'의 날개로 난다』(1994); 전인갑, 「근현대사 속의 문화대혁명 - 수사(修史)의 당위와 한계」, 『역사비평』, 77호 2006; 정문상, 「문화대혁명을 보는 한국 사회의 한 시선 - 이영희 사례」, 『역사비평』, 77호, 2006; 황동연, 「문혁의 세계사적 의의: 아리프 딜릭을 만나다」(대담), 『역사비평』, 77호, 2006; Dongyoun Hwang, *The*

| 참고문헌 |

高樹華·程鉄軍, 『內蒙文革風雷 ― 一位造反派領袖的口之史』, 明鏡出版社, 2007.

金春明·黄裕冲·常惠民 編, 『「文革」時期怪事怪語』, 求実出版社, 1989.

啓之, 『內蒙文革実錄 ― 「民族分裂」与「挖肅」運動』, 天行健出版社, 2010.

圖們·祝東力, 『康生与, 「內人党」冤案』, 中共中央党校出版社, 1995.

唯色(澤仁多吉 撮影), 『殺却』, 大塊文化, 2006(ツェリン・オーセル[ツェリ
　　　ン・ドルジェ写真, 藤野彰·劉燕子 訳], 『殺劫(シャーチェ)―チ
　　　ベットの文化大革命』, 集廣舎, 2009).

呉迪, 「『內人党』大血案始末」, 宋永毅編, 『文革大屠殺』 開放雑誌社, 2002.

David Sneath, "The Impact of the Cultuarl Revolution in China on the Mongo-
　　　lians of Inner Mongolia", *Modern Asian Studies*, Vol.28 No.2, 1994.

Andrew G. Walder and Yang Su, "The Cultural Revolution in the Countryside:
　　　Scope, Timing, and Human Impact", *The China Quarterly*, No.173, 2003.

Andrew G. Walder, "Rebellion and Repression in China, 1966-1971", *Social
　　　Science History*, Vol.38 No.4, 2014.

Anita Chan, Stanley Rosen, and Jonathan Unger, "Students and Class Warfare:
　　　The Roots of the Red Guard Conflict in Guangzhou," *The China
　　　Quarterly*, No.83, 1980.

Barbara Barnouin and Yu Changgen, *Ten Years of Turbulance: The Chinese Cul*

Cultural Revolution and its significance in world history: an interview with Arif Dirlik,
Inter-Asia Cultural Studies, Published online: 12 Jan 2022; 백승욱, 『중국 문화대혁명과
정치의 아포리아』, 그린비, 2012; 성근제, 「五四와 文革 : 중국혁명의 상징체계」, 성균
중국연구소 문혁50주년 토론회, 2016; 안치영, 「문혁의 정치적 유산: 정치세력과 제도
의 재구성을 중심으로」, 성균중국연구소 문혁50주년 토론회, 2016.5; 장윤미, 「문혁
경험과 중국의 노동자 정치」, 성균중국연구소 문혁50주년 토론회, 2016.5; 손승회, 『문
화대혁명과 극좌파』, 한울, 2019.

tural Revolution, London: Kegan Paul International, 1993.

Donald H. McMillen, *Chinese Communist Power and Policy in Xinjiang, 1949-1977*, Boulder, Col.: Westview Press, 1979.

Hong Yung Lee, *The Politics of the Chinese Cultural Revolution: A Case Study*, Berkeley: University of California Press, 1978.

Kerry Brown, *The Purge of the Inner Mongolian People's Party in the Chinese Cultural Revolution, 1967-69: A Function of Language, Power and Violence*, Kent, UK: Global Oriental, 2006.

Melvyn C. Goldstein, Ben Jiao, and Tanzen Lhundrup, *On the Cultural Revolution in Tibet: The Nyemo Incident of 1969*, Berkeley: University of California Press, 2009 (M・C・ゴールドスタイン, ベン・ジャオ, タンゼン・ルンドゥプ[楊海英 監譯, 山口周子 譯], 『チベットの文化大革命 ― 神懸かり尼僧の「造反有理」』, 風響社, 2012).

Paul Hyer and William Heaton, "The Cultural Revolution in Inner Mongolia," *The China Quarterly*, No.36(Oct.-Dec), 1968.

Peter B, Owens, Yang Su, and David A. Snow, "Social Scientific Inquiry Into Genocide and Mass Killing: From Unitary Outcome to Complex Processes," *The Annual Review of Sociology*, Vol.39, 2013.

Roderick MacFarquhar and Michael Schoenhals, *Mao's Last Revolution*, Cambridge, MA: The Belknap Press of Harvard University Press, 2006(ロデリック・マクファーカー, マイケル・シェーンハルス[朝倉和子 譯訳, 『毛沢東最後の革命 (上・下)』, 青灯社, 2010).

tanley Rosen, *Red Guard Factionalism and the Cultural Revolution in Guang zhou (Canton)*, Boulder, CO: Westview Press, 1982.

W. Woody, edited and translated by Michael Schoenhals, *The Cultural Revolution in Inner Mongolia: Extracts from an Unpublished History*, Stockholm: Stock holm University Center for Pacific Asia Studies (Occasional Paper

20), 1993.

Willian R. Jankowiak, "The Last Hurrah? Political Protest in Inner Mongolia," *The Australian Journal of Chinese Affairs*, No.19/20(Jan.-Jul), 1988.

Yang Su, *Collective Killings in Rural China during the Cultural Revolution*, Cambridge: Cambridge University Press, 2011.

〈표 1〉 참고문헌

安藤正士·太田勝洪·辻康吾, 『文化大革命と現代中国』, 岩波新書, 1986.

加々美光行, 『知られざる祈りー 中国の民族問題』, 新評論, 1992.

加々美光行 譯編, 『資料 中国文化大革命ー出身血統主義をめぐる論争』, りくえつ, 1980.

國分良成 編著, 『中國文化大革命再論』, 慶應義塾大學出版會, 2003.

穀川真一, 『中國文化大革命のダイナミクス』, 禦茶の水書房, 2011.

_____, 「文革50年ー文革論から文革研究へ」, 『現代中國研究』(近刊).

中嶋嶺雄, 『北京烈々 (上·下)』, 築摩書房, 1981.

矢吹晉, 『文化大革命』, 講談社現代新書, 1989.

楊海英, 『墓標なき草原 (上)』, 岩波書店, 2009(a).

_____, 『墓標なき草原 (下)』, 岩波書店, 2009(b).

_____, 『続 墓標なき草原』, 岩波書店, 2011.

_____, 『ジェノサイドと文化大革命ー内モンゴルの民族問題』, 勉誠出版, 2014.

_____, 『ウイグル人の中国文化大革命ー既往研究と批判資料からウイグル人の存在を 抽出する試み』, 楊海英編, 『中国文化革命と国際社会ー50年後の省察と展望』, 静岡大学人文社会科学部·アジア研究センター, 2016,.

_____, 『モンゴル人ジェノサイドに関する基礎資料 1~8』, 風響社, 2009-2016.

한중수교 30주년 시점에서 살펴 본
중국 중고등학교 역사교육의 현황과 시사점

I. 머리말

지난 1992년 8월 24일의 한중수교는 중국의 6·25전쟁 참전으로 단절된 한중 관계가 새롭게 시작된 역사적 사건이었다. 수교 이전의 이념갈등을 극복하고 동아시아 냉전 구도의 극적인 변화를 초래하게 되었다. 이에 따라 한중 교류는 사회 전반에 걸쳐 다양한 분야에서 비약적으로 발전하였고, 어느덧 30돌을 맞이하였다.[1]

그간 국내학계에서는 한중수교 시점부터 10주년, 20주년을 기념하여 근래 양국 관계를 재조명하였고, 올해 30주년을 계기로 30년간의 한중관계의 발전과 변화를 살펴보는 연구성과가 급증하였다.

---

* 이 글은 「중국고중세사연구」, 제65권 30호, 2022.08.31에 게재된 논문을 수정·보완한 것이다.

** 동북아역사재단 국제관계와 역사대화연구소 연구위원.

1) 한중수교 30년을 계기로 '화이부동(和而不同)' 본래의 정신을 강조하며 한중수교 30년의 역사적 맥락을 다룬 논문인 이희옥, 「중 '전략적 협력동반자 관계'의 딜레마 – 한중수교 30년의 평가 – 」(『중국학연구』, 100, 2022)를 비롯하여 조남철, 「한중 수교 30년을 돌아 보며 – 구동존이에서 화이부동으로」, 『한중 수교 30년의 동포사회 회고와 전망』, 이주와 통합 16권, 2022, 22-25쪽 등 관련 연구성과가 잇달아 발표되었다.

　다만 지금까지의 한중수교기 정치, 경제, 문화, 예술, 학술 교류 측면에
대한 연구는 활발한 반면, 역사교육 분야에 대한 연구는 상대적으로 미흡
한 편이다.

　이는 한중간의 화합에 걸림돌이 되는 한중 역사문화의 갈등 요인과 직
접적인 관계가 있다고 할 수 있다.

　대표적인 사례로 동북공정은 우리 역사학계에 많은 과제를 안겨주었을
뿐 아니라 두 나라의 국민들에게도 많은 영향을 끼쳤다. 한중 양국의 서로
에 대한 인식도 이를 계기로 크게 달라졌는데, 중국과의 역사 문제 뿐
아니라 정치, 외교, 경제무역, 기타 전통문화와 대중문화 등 전반적인 면
에서 한중간 갈등의 소지가 있는 부분에는 여지없이 동북공정이 거론되고
있는 것이다.[2]

　한중간의 역사갈등은 '62년 북한의 박시형의 「발해사 연구를 위하여」
란 논문에서 발해의 고구려 계승성을 본격적으로 주장하여 중국학계의
강한 반발을 불러일으키면서 이미 시작되었다. '63-65년 사이의 북·중 공
동발굴 이후, 고구려 유적 관련 공동조사보고서 발간에 관한 이견으로 인
해 중국과의 역사갈등이 본격화되었다.[3]

　한편 한국학계에서는 70-80년대 고구려사 자체에 대한 관심이 본격적
으로 가지게 되고 90년대 북한측의 자료소개와 한중수교 이후 현장 접근
이 가능하게 되면서 연구의 활로를 찾게 되었다.

　중국학계에서는 우선 '一史兩用'을 내세웠고,[4], 90년대 중반부터는 고

2) 김현숙, 「한중 역사 갈등의 현황과 과제 - 동북공정을 넘어 미래로」, 『중국의 역사
　　정책과 동북아 역사문제-동북공정 20년 평가와 과제』, 동북아역사재단, 2022, 11쪽.
3) 임기환, 「동북아 역사분쟁, 어떻게 연구할 것인가? 중국의 동북공정과 한국 역사학계
　　의 대응 - 고구려사 인식을 중심으로」, 『사림』, 26권, 동북아역사재단, 『동북공정 주요
　　쟁점별 한·중간 입장 비교』, 동북아역사재단, 2007.
4) 여호규, 「중국학계의 고구려 대외관계사 연구 현황」, 한국고대사연구, 2009.

구려사 전체를 중국사로 귀속시키는 입장으로 전환되었다.

같은 시기 중국사회과학원 중국변강사지연구센터 학술위원회 주임인 마따정(馬大正)은 중국의 역사교과서에서 고구려를 한국의 역사라고 서술한 내용을 비판하며 수정해야 한다고 주장하였다.[5]

중국사회과학원 중국변강사지연구센터는 동북공정을 주도한 기관으로 2002년 동북공정을 공식적으로 추진하기 이전부터 중국 역사교과서는 이른 바 '동북공정식' 역사인식을 반영하고 있는 것이다.

중국의 한국사에 대한 인식이 가장 잘 드러나 있는 것이 바로 중국 역사 교과서이다. 중국은 동북공정이 추진되기 이전에는 고구려사를 비롯한 한국사를 일정 부분 역사 교과서에 기술하고 있었지만 동북공정이 진행되면서 이러한 중국의 역사 인식이 역사 교과서에도 그대로 반영됨으로써 양국 간의 역사 분쟁을 공식화시킨 것이다.[6]

흥미로운 사실은 동북공정이 한국인에게 큰 충격을 주었듯이 2005년 한국의 강릉단오제가 세계문화유산 신청 성공이 중국인들에게 상당히 큰 충격을 주었다는 것이다. 2006년에 발표한 문화사업·산업발전 11차 5개년(2006~2010년)계획의 특징에서 전통문화 계승과 보호를 강조한 사실이 이러한 반응을 시사한다.

중국 경제 성장으로 인한 정체성 부각, 5·4 운동 이래 전면 부정된 중국 전통 문화에 대한 회귀, 서학동점(西學東漸)의 대응, 서구의 현대화에 의해와 서구 영향에 경시되는 중국 전통 문화 소실에 대한 위기 등 중국의 전통문화를 부흥시키려는 분위기 속에 한국 강릉단오제가 세계문화유산으로 등록된 사건이 도화선 역할을 한 것이다.

---

5) 馬大正·楊保隆·李大龍·權赫秀·華立, 『古代中國高句麗歷史叢論』, 黑龍江敎育出版社, 2001.

6) 권은주, 「책머리에」, 『중국 시진핑시대 교과서 국정화와 역사담론』, 동북아역사재단, 2021.

결국 2008년 중국 정부는 민족정신 계승을 목적으로 단오절을 공휴일로 지정하였고 급기야 중국 역사 교과서의 중요한 한 단원 '제 22과 중국전통명절의 기원'에 기술하였다.

이처럼 한중 역사 문화 갈등의 동인이 된 '동북공정'과 한국의 강릉단오제 세계문화유산 신청 모두 중국 역사 교과서의 한국사 관련 서술문제와 맞닿아있다.

최근 한국인의 아시아 인식 설문조사에서 밝힌 바와 같이 한국인의 중국에 대한 인식은 신뢰도, 양자관계, 한국에 미치는 영향 등을 비롯한 모든 면에서 매우 부정적이다.

중국의 역사왜곡이 문화까지 확산되어 국내에 쟁점화된 이래 반중정서는 코로나 팬데믹 이후 미국과 유럽 등의 '탈중국화'현상의 강화와 더불어 한층 더 고조되었다.

그럼에도 현재 중국은 중국의 입장에서 과거 역사를 재구성할 뿐 아니라 미래에 국제학계와 국제사회의 선도적 역할을 발휘하려고 지속적으로 교육하고 있는 실정이다.

문제는 세계 패권을 다투는 미중 경쟁의 격화 속에 중국측 입장을 반영한 이른 바 '항미원조' 전쟁을 중국인들의 단결을 촉구하기 위한 자극제로 역사교육에 활용하고 있다는 점이다.

상술한 바와 같이 한중수교 30주년을 계기로 30년간의 한중관계의 발전과 변화를 살펴보는 연구성과가 급증하였지만 한중간의 화합에 가장 걸림돌이 되는 요소로 역사문화의 갈등 요인을 공통적으로 지적하고 있으며 그 가운데 중국 역사교과서가 있는 것이다.

종래의 국내학계에서는 중국의 중고등학교 역사교과서에 수록되어 있는 한국사 관련 내용이 어떻게 기술되어 있으며 그것이 가지고 있는 문제점을 지적한 것에 주목한 연구성과가 비교적 많이 발표되었다. 다만 '한중수교' 전후 시기별 변화의 추이에 주목한 연구는 부족한 편이다.

이러한 시점에서 본고는 한중수교 30년이 경과한 시점에서 한중수교 전후 중국 역사교육의 현황과, 변화 및 특징을 살펴보면서 중국 역사교과서의 한국사 서술과 인식에 어떠한 변천의 과정이 있었는지 재조명하고, 한중관계에 미치는 영향과 시사점에 대해 검토하고자 한다.

이와 같은 연구를 통해 궁극적으로 한국과 중국이 각각 상대방 국가와 국민의 가치와 정체성을 이해하는 가운데 상호 우호·협력 관계를 증진시킬 수 있는 한중관계의 발전 방향을 제시하며 시사점을 도출하는데 참조할 수 있길 기대한다.

Ⅱ. 한중수교 전후 중국의 역사교육의 변화와 중국 역사 교과서의 한국사 서술[7]

지난 2001년 중국 인민교육출판사의 과정교재연구소는 청말 신식학교 제도가 성립된 이후 2000년까지 중국 중소학의 역사 교육과정 발전의 전모를 파악하여 교육개혁의 기초자료로 삼고자 '21세기를 향한 중소학교재 건설 현대화 연구'라는 국가 중점과제를 시행하였다.[8]

이 시리즈의 연구 성과중 하나로 청말 장백희 등에 의해 제정된 『흠정학당장정』(1902)이후 각 시기 중소학의 교육과정 목표, 과정내용과 요구 등을 정리하고 편집하여 『20세기 중국 중소학 과정표준·교학대강회편』

---

7) 우성민, 「한·중간(韓·中間) "상호이해(相互理解)와 역사화해(歷史和解)"의 인식 제고(認識提高)를 위한 역사교과서(歷史敎科書)의 과제(課題) – 한·중중고교역사 교과서(韓,中中高校歷史敎科書)의 서술사례(敍述事例)를 중심(中心)으로」, 『중국 사연구』, 75, 2011, 231-263쪽에서 일부 내용 재인용.

8) 과정교재연구소편, 「20세기 중국 중소학 과정표준·교학대강회편 역사권」, 동북아역 사재단 내부자료, 2008, 전북대학교 사회교육학부 김유리 교수의 해제에서 재인용.

을 간행하였다.

『20세기 중국 중소학 과정표준·교학대강회편』에 의하면 청말이래 중소학의 교육과정은 중앙정부가 통일적으로 제정하여 중앙 교육주관 부문의 명의로 공포하였고, 민국시기에는 중앙정부가 교육주관 부분이 중소학교령과 과정표준을 반포하였다.9)

1912년 남경임시정부 교육부가 『보통교육임시과정표준』을 반포한 이후 신중국 성립직후까지 40년간 사용되었음을 알 수 있다. 청말부터 신해혁명이후와 북양정부, 국민정부시기의 역사과정의 변천상황을 상세히 파악할 수 있는데, 역사과정표준은 빈번하게 수정된 반면, 역사과정의 설치는 비교적 안정적이었다.

1949년 중화인민공화국 수립 이후 중국의 역사교육 교과과정은 1950년 8월 교육부에서 『중학잠행교학계획(초안)』과 『중등학교잠행교령』을 반포하면서 시작되었다. 신중국 성립 직후 구 소련의 영향을 받아 1952년 이후 '과정표준' 대신 '교학대강'으로 제정 반포되었다.

1953년 3월 『중소학교학대강(초안)』이 반포된 이래 1958년까지 교육부는 거의 매년 새로운 교학계획을 발표하였는데, 1950년대는 역사교육이 사회주의교육의 중요부분으로 크게 강조된 영향아래 역사교육이 최고조에 달하였다. 그러나 이 역사교학대강은 수준이 너무 높고 분량이 많다는 비판을 받아 1963년 교육부는 역사과정과 시수를 대폭 축소한 『전일제중학역사교학대강(초안)』을 반포하였다가 문화대혁명시기에 아예 전면 중지되기도 하였다. 문화대혁명 종결된 후인 1978년 이래 외국의 교과과정 개혁을 참고하여 교육내용을 현대화시켰다.

개혁개방 정책이 추진되면서 1986년 국가교육위원회는 『전일제중학역사교학대강(초안)』을1988년부터 교과서 발행제도가 우리의 국정제에 해당

---

9) 과정교재 연구소편, 앞의 책, 1쪽.

하는 통편제에서 검정제에 해당하는 심정제(審定制)로 바뀌게 되고, 1990
년대에 이르면서 미국의 역사교육과정을 모델로 삼아 변화를 꾀하였다.

이는 사회주의 국가의 몰락, 중국의 개혁개방 정책과 중국사회의 자본
주의화 추세 등과 연동된다. 사회주의 건설 시기에 수립된 마르크스레닌
주의에 입각한 교육정책은 더 이상 효과를 기대할 수 없었고, 미국식 모델
을 기반으로 한 역사과정표준 체제에 의한 새로운 역사교과서가 탄생하게
되었다. 역사과정표준에 따라 '中外合本방식'이라는 중국사와 세계사가
같은 교과서에 합체가 된 서술방식을 선택하였다는 점이다.[10]

당시 국가교육위원회는 『현행 보통고중 교학계획의 조정의견』을 반포
하였고, 보통고중(고등학교)의 교학계획이 처음 단독으로 제정되었다.

한편 개혁개방 이후 중국의 청소년들이 서양에 대해 민족적 비하감을
가지게 되자 1991년 강택민 총서기는 '중국 근현대사를 포함한 국정교육
을 강조하고 초등, 중등, 고등, 대학생에게 인민정권을 손에 넣기 쉽지 않
았음'을 알게 하며 민족적 자신감을 향상시키도록 지시하였다.[11]

지난 1989년 민주화 시위였던 천안문 사태를 겪은 상황에서 초중 고등
학교에서 중국 근대, 현대사와 국정교육을 강화하는 총체강령이 반포된
것이다.

특히 중국혁명박물관에 전시된 애국지사와 혁명열사를 통해 외국의 침
략을 막아내고 중화를 수호하였음을 강조하도록 하였다. 궁극적으로는 외
국 것을 맹목적으로 숭배하고 외국인과 결탁하려는 사상이 생기는 것을
방지해야 한다고 역설하였다.

이러한 맥락에서 한중수교가 성립된 해인 1992년 8월 국가교육위원회

---

10) 김유리, 「중국고등학교 역사과정표준에 따른 4종 판본 『역사』 실험교과서의 구성체계
   분석」, 『역사교육논집』, 40, 2008, 162쪽.
11) 과정교재 연구소편, 앞의 책, 7쪽.

에서 『중화인민공화국의무교육법』이 시행되고 『9년의무교육전일제 소학,
초급중학과정방안(시행)』이 반포되었다.

그렇다면 한중수교와 동시에 반포된 중화인민공화국의무교육법에 따
라 개편된 초중(중학교), 보통고중(고등학교)의 역사교과서상의 한국사
관련 서술은 어떠할까?

종래의 국내학계에서는 1992년 한중수교 이래 중국의 역사교육과정 및
역사교과서에 대한 연구를 꾸준히 진행한 가운데 중국의 중고등학교 역사
교과서에 수록되어 있는 한국사 관련 내용이 어떻게 기술되어 있으며 그
것이 가지고 있는 문제점을 지적한 것에 주목한 연구성과를 비교적 많이
발표하였다.

이러한 연구성과를 기초로 본장에서는 중국에서 점유율이 가장 높은
인민교육출판사에서 발행한 중학교 역사교과서 『중국역사』와 『세계역
사』의 중요 교과 중에서 전근대사까지 살펴보면서 시기별 변화 추이를
살펴보고자 한다.[12)]

다만 시기별 변화 추이를 파악하는 차원에서 한중수교 이전의 한국 관
련 서술도 포함시키고자 한다.

과거 교학대강체제 부터 한국 전근대사를 다룬 서술은 크게 수와 고구
려의 전쟁, '당과 신라의 교류', 발해에 대한 서술, '명의 조선 원조 출병'으
로 기술되는 임진왜란 등의 주제로 나눌 수 있는데, 고구려와 발해 관련
서술은 후술하고, 여기서는 '당과 신라의 교류'와 임진왜란 관련 사례부터

---

12) 중국의 중학교 역사교과서는 『중국역사』와 『세계역사』에서 한국과 관련된 내용을
취급하고 고등학교 교과서의 경우, 중국고대사와 세계근대현대사에서 다루고 있었다.
김지훈·정영순, 「최근 중국 중고등학교 역사교과서 속의 한국과 한국사사-「역사교
학대강」 교과서와 「역사과정표준」 교과서의 비교검토」, 『중국근현대사연구』, 23집,
2004; 김지훈·정영순, 「중국 실험본 중학교 역사교과서의 한국인식」, 『사학연구』, 78
호, 2005 참조.

다루고자 한다.

1. 당과 신라의 교류13)

1956년 6월에 간행된 고급중학 중국역사교학대강부터 '당과 아시아의 각국 경제 문화 교류' 항목이 보이기 시작하고, '당나라 문화가 조선과 일본에 끼친 영향'처럼 독립된 표제에 조선(이하 한반도로 표기)이 확인된다.

좀 더 시기를 거슬러 올라가보면 청말 광서 29년(1904) 주정 중학당장정의 역사 과목 교육방법에 의해 아시아 각 국의 역사를 강의할 때부터 먼저 일본, 조선(한반도), 안남, 사이암, 미얀마, 인도, 페르시아, 중아아시아 여러 작은 나라들의 연혁은 대략적으로 강의하고, 일본과 조선, 안남, 사이암, 미얀마를 상세히 하며 나머지 국가는 간략하게 한다고 서술하였다.14)

1932년 민국 21년 고급중학 역사과정표준에 의하면 현대사 부분에서 일본의 동북 침략이 추가되고 외국사 제3 중고사 부분에서 (2)조선 (3)일본의 순서로 배정되어 가르치기도 하지만 다시 1941년 6년제 중학역사과정표준초안에 따라 『외국사』(3)중고사의 아시아 여러 나라의 건설 부분에서 (갑)일본, (을)조선(한반도)의 순서로 서술하도록 하였다.

즉 청말 이래 1956년 이전까지 외국사의 중고사 부분에서 아시아 각국을 다루면서 일본이 중국 만주를 침략한 시기를 제외하고는 주로 일본과 조선의 순으로 소개한 것을 알 수 있다.

---

13) 김병곤, 「중국 교과서에 나타난 신라와 당의 문화 교류와 실상」, 『중국 역사교과서 검토회의 발표자료집』, 동북아역사재단, 2010, 120-145쪽. 신라와 당의 문화 교류 관련 항목별 예시와 분석 내용 참조.

14) 과정교재 연구소편, 앞의 책, 32쪽.

그 뒤 신중국 성립 이후 한국 전쟁을 치르면서 이른 바 조선(한반도)을 보위하고, 조선인민을 원조하는 '항미원조'를 강조하는 가운데 공산주의 세계관 배양이 강화되면서 다시 세계사의 중세 부분에서 한반도가 일본보다 앞에 소개되기 시작한다.

1963년 전일제중학역사교학대강에 의한 초급 중학『세계사』제5편 봉건사회 - 수당 편의 제 3장 '당과 아시아 각국의 경제문화 교류'에 가장 처음 소개된 나라는 조선(한반도)이다.[15]당과 한반도의 문화교류 다음이 일본, 대식(大食: 아라비아) 순으로 기록돼 있다. 특히 이 시기 역사 교학의 목적과 요구로서 역사 사건의 서술을 통해서 학생들에게 인류 역사 발전의 방향을 알게 하고, 자본주의는 반드시 멸망하고, 사회주의 공산주의는 반드시 승리한다고 가르치도록 설계하였다.

문화대학명이 종료된 이후 1978년과 1980년 전일제 10년제 학교 중학 역사교학대강에 의한『세계역사』교학 중 고대사 제 5장 아시아아프리카 봉건국가 제 1절에서 한반도를 다루면서 '신라의 통일'과 '봉건제도의 발전', '일본침략자 항격의 투쟁' 및 '중국과 조선 양국의 문화 교류'를 소개하고, 제 2절 일본에서 '야마토의 일본통일', '대화개신', '막부제도 설립', '중국과 일본 양국의 문화 교류'를 서술하게 하였다.

1986년 전일제중학교학대강과 1990년 전일제중학역사 교학대강의 경우 1980년 교학대강을 그대로 계승하고 있지만 고등학교『세계역사』교학 내용 중 고대사 제 5장 아시아의 봉건국가 제 1절 조선에서 '고려왕조와 이조의 건립' 내용을 추가하였다.[16]

1992년 한중수교 당시 9년 의무교육 전일제초급중학 역사교학대강에

---

15) 중국 역사교과서에는 조선으로 표기되어 있지만 한국 조선왕조와의 혼돈을 피하기 위해 여기서는 한반도로 고쳐 표기하였다.
16) 과정교재 연구소편, 앞의 책, 524쪽.

의한 세계역사 고대부분에서도 아시아봉건국가를 소개하면서 '조선(한반도)'과 '일본'의 순서로 서술하는 방침을 유지하였다.

이상 신중국 성립시기부터 한중수교 시기까지 중학교 및 고등학교『중국역사』와 『세계사』교과서의 한국사 관련 서술 내용은 '교학대강'에서 확인되듯이 당과 아시아 각국의 경제문화 교류 혹은 아시아의 봉건국가를 다루는 언급되고 있으며, 아시아 각 국 중 가장 처음 소개된 국가는 조선(한반도)이었음을 주목할 필요가 있다.

이러한 교학과정에 의거하여 인민교육출판사에서 1994년에 출판한『世界歷史』제1책 '제10과 동아시아 봉건국가'의 도입부분에서 다음과 같이 소개하고 있다.

> 조선(한반도)은 동아시아에 위치하며, 중국의 가까운 이웃나라이다. 고대 일본은 "부상국"이라 불렸고, 또한 중국과 "한 줄 띠처럼 좁은 강을 끼고 있는" 가까운 이웃나라이다. 자고이래로 중국·조선(한반도), 중국·일본 간에는 밀접한 관계와 빈번한 왕래가 있었다. 당신은(학생은) 고대 조선(한반도)와 고대 일본의 상황을 알고자 하는가? 고대 중국·조선(한반도), 중국·일본 간 있었던 문화상 중요한 교류를 이해하고자 하는가? 본 과를 다 읽고 나면 이 방면에 대해 대략적으로 이해하게 될 것이다.[17]

이어서 '신라의 통일과 조선왕조의 건립'에서 고대 조선(한반도)의 역사에 대해 소개한 뒤, 고대 일본의 '대화개신'과 '명치유신'을 서술하였다. 서술 분량면에서 조선(한반도)과 일본이 비슷하지만 고구려의 유물로 청암리토성에서 출토된 "금동제 투조(透彫) 장식품", 조선시대 "측우기", "경복궁" 등의 사진을 싣고 다음과 같이 서술하였다.

---

17) 人民敎育出版社歷史室,『世界歷史』, 人民敎育出版社, 1999.

조선민족은 예로부터 조선반도에 거주했다. 기원전후, 조선반도 북부를 통치했던 것은 고구려 노예제 국가이다. 후에 반도의 서남과 동남부에도 잇달아 백제, 신라 두 개의 노예제국가가 출현했다. 이후 수백 년간 반도에는 계속 삼국이 정립하는 상황이었다. 676년 신라가 조선반도(한반도)의 대부분 지역을 통일했다.

통일 이후의 신라는 경제문화가 한층 발전하였다. 벼 재배면적이 확대되고 농작물 종류가 증가하였다. 수공업방면에서 금은 세공, 비단 방직 모두 유명했다. 상업과 내외 무역도 번성하기 시작했다. 신라는 중국, 일본과의 무역이 매우 활발했다. 통일 신라시기 전통문화의 발양과 외래문화의 흡수를 통해 문화는 비교적 큰 발전이 있었다. 중국의 유학사항과 학설은 신라에 어느 정도 영향을 주었다. 귀족자제를 배양하기 위해 신라는 국학을 설립하고 유가경전을 강의했다. 8세기 신라는 또한 당대 제도를 모방하여 과거를 실행하기 시작했다. 통일신라시기 불교가 크게 발전하였다. 이 기간에 한 무리의 학식 있는 승려들이 배출되었는데, 그 중 혜초가 매우 유명하였다. 그는 어릴 때 중국 당조에서 유학하였다. 후에 그는 중국 남해를 거쳐 인도까지 항행하여 불교 유적을 두루 섭렵하였고, 저서에는 여행 노정에서의 견문을 기술하였다. 이 시기 신라의 불교 예술도 이에 따라 발전해갔다. 수도 경주에 석굴암이 있고, 그 가운데 석벽 위에 불상 부조가 있으며 또한 높이 3미터 남짓 되는 석가모니 조각상이 있다.

10세기 왕건이 고려왕조를 세웠다. 14세기 말 고려 대장 이성계가 조선 왕조를 세우고, 한성에 수도를 정하여 국호를 조선으로 바꿨다.

고대 조선(한반도)의 역사를 소개하면서 고조선이란 왕조 명칭을 생략하였고, 고구려는 한반도 북부만 아니라, 오늘날 중국 요녕, 길림, 흑룡강성의 일부를 영역으로 삼고 있었음에도 한반도의 북부에만 국한시키는 등 적지 않은 오류와 왜곡이 상존하지만[18] 후술할 한국사 관련 서술내용

---

18) 삼국의 성립기를 모두 고대 노예사회로 서술한 내용은 유물사관에 의한 설정으로 북한에서도 삼국시대를 봉건제사회로 사회로 규정했음에도 중국학계가 이를 받아들

에 비해 비교적 많은 지면을 할애하고 상세하게 기술하였다는 점에서 주목할 필요가 있다.

상술한 1963년 전일제중학역사교학대강에 의하면 교학 중 반드시 주의해야 할 사항 중 중국과 이웃 나라가 오랫동안 깊은 우호관계에 있었다고 설명하며 대국 배타적 애국주의 경향을 방지할 것을 요구한 사례가 있는데, 중국과 조선(한반도), 일본과의 문화상의 교류를 중시한 점을 긍정적으로 볼 수 있다.

1999년에 출판한 『中国歷史』(7年級 下冊)의 경우 제 5과 '당과 신라와의 우호관계'라는 소단원에 다음과 같은 내용이 서술돼 있다.

> "수 왕조와 당 왕조의 초기에는 조선반도(이하 한반도로 표기)의 국가와 중국 사이에 모두 왕래가 있었다. 7세기 후반 신라와 당 왕조의 왕래는 빈번하였다. 당왕조의 외국 유학생 가운데 신라인이 가장 많았다. 신라 상인들의 발자취는 중원에서 절강에까지 이르렀다. 신라의 물산은 당 왕조의 수입 물품 가운데 수위였다.(중략)신라의 당 왕조 유학생은 귀국 후 당나라의 문화를 광범하게 전파시켰다. 그 가운데 유명한 사람으로 최치원이 있는데 그는 소년시절에 당나라에 와서 18세에 진사가 되었다. 그의 詩文은 중국문인들에게 중시되었다. 한반도의 음악도 중국의 환영을 받았다. 고구려 음악은 수당 궁정에서 뿐 아니라, 널리 민간에서도 유행하였다. 당나라에서 신라로 파견된 사신은 항상 학문을 하는 사람 가운데 선발하였다. 당현종은 한 명의 학자를 신라에 사신으로 파견하면서 이렇게

이지 않았다는 점에 대해 한국의 역사를 중국보다 후진적으로 설명하였다는 국내학계의 지적이 있다. 이부오, 「중국 교과서의 삼한 백제·신라 서술과 대응논리」, 『중국 역사교과서 검토회의 발표자료집』, 동북아역사재단, 2010, 57쪽. 또한 조선 태조 2년에 국호를 조선으로 정한 뒤, 그 다음해인 태조 3년에 한양으로 천도한 사실과 순서가 바뀐 점 등 적지 않은 문제점이 있으나 여기서는 몇 가지 사례만 언급하였다. 권은주, 「『중외역사강요』의 고대문명사 서술 특징」, 『동북아역사논총』, 70호, 2020, 22쪽.

말하였다. (중략)'신라는 군자의 나라라고 부르는데 글과 역사에 상당히 능통하여 중화와 유사하다. 그대의 학문으로 담론을 잘할 수 있을 것이라서 그대를 파견하는 것이다.'"[19]

신라에 대한 당 문화, 제도 등의 영향만을 강조하지 않고, 신라 제품이 당의 수입품가운데 首位를 차지하고 있다는 사실의 기록이나, 당시 고구려 음악이 당조 궁정에 연주되었다는 내용과 당에서 신라를 '군자의 나라'로 인식하고 있었음을 보여주는 기술은 한중 문화교류를 반영할 뿐 아니라 한반도에 대해 비교적 우호적인 이미지를 심어주는 역할을 할 수 있다.

비록 현행 교과서가 아니지만 한중수교 전후 중국이 우호적인 입장에서 한중 상호 교류를 강조한 측면과 이러한 내용을 교육했다는 점은 긍정적으로 평가할 수 있을 것이다.[20]특히 최치원의 시문이 중국 문인들에게 중시되었다고 밝힌 점과 당시 중국 역사교과서상 개인으로 가장 많은 분량이 서술되어 있었던 점을 주목할 필요가 있다.

한중수교 전후 중국 역사교과서상 한국사 관련 서술 가운데 신라와 당의 교류 다음으로 많은 비중을 차지했던 내용은 임진왜란에 대한 서술이

---

19) 人民敎育出版社課程敎材硏究所 歷史課程敎材硏究開發中心, 『中國歷史』, 人民敎育出版社, 1999. 여기서는 동북아역사재단 편, 금경숙 외, 『중국 역사교과서의 한국고대사 서술문제 – 중국 중·고 역사교과서에 보이는 한국고대사 관련 내용검토)』, 동북아역사재단, 2006, 86쪽의 번역문을 재인용함. 다만 김종건, 「중국 역사교과서상의 한국 관련 서술 내용 변화에 대한 검토 – 최근 초급중학 『중국역사』 교과서를 중심으로」, 『중국사연구』, 69, 2010, 129-153쪽에서도 동일한 내용에 대해 1992년과 1999년 인쇄본을 비교 분석하였는데, 본문에서는 1999년 이후 출판된 교과서에서 삭제된 내용 중심으로 보완하였다.
20) '당과 신라의 우호적 관계' 항목관련 분석에서 한국사의 전반적인 이해를 위해서는 우호적인 입장에서 한 항목만 부각시키는 것도 심각한 문제점임을 이미 지적한 바 있다. 금경숙, 「중국 중·고 역사교과서에 보이는 한국고대사 관련 내용검토」, 『중국 역사교과서의 한국고대사 서술문제』, 동북아역사재단, 2006, 114쪽.

다. 과거 교학대강체제에서는 '임진왜란'을 언급하면서 한중관계를 친밀한 관계로 묘사하고 있다.

한중수교 이후 지난 30년을 경과하는 과정에서 거의 축소, 삭제되었고, 삭제되지 않은 경우라도 임진왜란을 명과 일본의 양국만의 문제로 잘못 인식할 수 있는 서술을 비롯하여 한국을 소외시키는 내용 등이 확인되기도 하여 국내학계에서 지적되었다는 점에서 이에 대한 서술 변화의 이해가 필요하다.

2. 명의 조선 원조 출병[21]

1956년에 제1판 인쇄된 인민교육출판사 고급중학과본『중국역사』에서 명의 대외관계를 서술하면서 '왜구의 침략 원조전쟁(倭寇, 援朝戰爭)'이라는 항목에서 다음과 같이 소개하고 있다.

> 일본이 조선을 침략하는 전쟁을 발동하여 조선을 먼저 멸해버리고, 다시 조선으로부터 중국을 진공하려고 기도하였다. (중략) 조선 인민들은 계속 반항을 하였다. 조선 국왕은 來援하도록 명조에게 사자를 파견했다. 명 정부는 군대를 파견해 조선을 원조하기로 결정했다. 명장 이여송(李如松)은 조선에 이르러 조선 군대와 어깨를 나란히 작전해 일본 침략군과 싸워 승리했다. (중략) 명군과 조선군은 용기를 내어 전투하였다. 1598년 명군과 조선군은 최후의 승리를 획득하였다. [22]

임진왜란의 배경과 경과에 대해 비교적 상세히 기록하고 있다. 특히 "명군과 조선군은 용기를 내어 전투하였다."는 서술은 '임진왜란'을 배우

---

21) 송요후, 「중화권 교과서의 조선시대 서술 분석」, 『중국과 타이완 홍콩·역사교과서 비교』, 동북아역사재단, 2008, 183-228쪽.

22) 송요후, 앞의 책, 203쪽.

는 학생들에게 명과 조선이 일본의 침략이라는 위협가운데 서로 상당히 긴밀하게 단합하였음을 상상하게 할 수 있게 서술하였다.

또한 교과서의 연습문제에서 명조의 노장 이여송(李如松)과 조선의 명장 이순신이 어깨를 나란히 하여 일본과 싸운 점을 인식하도록 강조하고 있다.

1978·1980 전일제 십년제학교 중학교역사교학대강에 의한 인민교육출판사 초급중학과본 『중국역사』에서도 유사한 내용이 반복되고 있다.

> '일본 풍신수길이 군대 20만명, 전선 수백 척을 파견하여 조선을 진공하였다. 조선을 병탄한 이후 한 발 더 나아가 중국으로 향해 진공하고자 망령되게 꾀하였다. (중략) 조선의 인민은 분기하여 저항하였다. 조선 정부는 명 정부에게 출병, 원조해 줄 것을 요청하였다. 1593년 명 정부는 이여송(李如松)을 파견해 원군을 이끌고 조선에 도착해서 조선군대와 공동으로 일본군의 정예부대를 패퇴시키고 평양과 한성을 수복하였다. 1597년, 풍신수길이 침략군 14만 명을 파견해 다시 진공하였다. 명의 원군과 조선군은 맹렬하게 반격하여 다시 한 번 일본 침략군을 부산 부근까지 압박하였다. 그 다음해 풍신수길이 병사하자 일본 내부에서 매우 큰 혼란이 발생하여 일본 침략군이 서둘러 철퇴하였다. 명의 수군과 조선의 수군은 조선 남부의 해면에서 달아나는 적을 차단하고 공격하였다. 쌍방은 해상에서 격전을 전개하였다. 이 전쟁에서 70여세의 명조 노장 등자룡(鄧子龍)과 조선의 명장 이순신이 지휘하였다. (중략) 援朝전쟁은 승리를 획득하였다. 등자룡과 이순신은 전투중에 장렬히 희생되었다.[23]

여기서는 제목을 '원조(援朝)전쟁'이라고 서술하고 있는데 중국교과서에서 조선이 생존 위기에서 나라를 위해 목숨을 바치는 이순신 장군과

---

23) 臧嶸·王宏志, 『초급중학과본 中國歷史』제1책, 人民敎育出版社, 1987; 송요후, 「임진왜란 관련 중국 역사교과서의 서술에 대한 대응논리」, 『중국 역사교과서 검토회의 발표자료집』, 동북아역사재단, 2010, 235쪽.

명조 노장 등자룡(鄧子龍)의 애국과 희생정신을 묘사한 것도 매우 인상적이다.

1987년 제2판 인민교육출판사 초급중학과본『중국역사』 제2책에도 내용은 이전 인쇄본에 비해 소략하게 서술되었으나 역시 등자룡과 이순신이 연합하여 일본군에게 승리한 것을 강조하고 있다.

다만 한중수교 이후인 1993년 제 1판 초급중학과본『중국역사』 제2책의 경우 '임진왜란'에 대한 내용이 전혀 나오지 않거나 서술될 경우 '임진위국전쟁'이라고 하여 명칭을 바꾸고 있는데, 이는 중국을 중심으로 한 시각에서 한반도의 입장을 반영한 것이라는 해석이 있다.[24]

2000년 이후에 인쇄된『세계역사』,『세계근대현대사』등에도 한반도가 일본의 침략에 저항하여 조선의 민족적 존엄을 보위하고 승리하였음을 다음과 같이 강조하였다.

> (중략)조국의 위난한 때를 당하여 조선의 애국 장군인 이순신이 조선관병을 지휘해 연속으로 몇 차례 해전의 대승리를 획득하였다. (중략) 조선과 중국 연합군의 수륙 협격하에(중략) 두 장군은 동시에 장렬하게 전사하였다 (중략)이 항일 전쟁의 승리는 조선민족의 존엄을 수호하고 국가주권과 독립을 지켰으며 조선과 중국의 우호적인 역사의 증거이다.'[25]

이는 이 교과서의 교사교학지침서에서 명확하게 확인되는데, 교사들에게 양국의 우호적인 관계를 설명하는 사례로 가르칠 것을 요구하면서 관련된 자료와 주석에서는 등자룡이 전쟁을 지휘하던 중, 전함에 불이 일어났고, 이순신이 와서 돕다가 왼쪽 가슴에 총탄을 맞은 사실을 상세하게

설명하게 지도하고 있다.

인민교육출판사에 비해 상해교육출판사에서는 거북선의 우월성에 대해서도 언급하고 있어 주목할 만하다. 1996년 상해교육출판사에서 출판한 『9년제 의무교육과본 역사』에서는 '조선임진위국전쟁'이라는 제목으로 전쟁과정을 상세히 설명하면서 거북선의 기능에 대해서 다음과 같이 구체적으로 소개하고 있다.

> '(중략) 민족멸망의 위태로운 때에 조선의 군민은 의병을 조직해 분연히 일어나 항거하였다. 수군 장군 이순신은 거북선(주1.거북선은 원래 조선의 함선을 기초로 개조하여 나온 것이다. 거북선은 철판으로 배를 보호하고 배 위에는 송곳을 가득 꽂아 놓아 적들로 하여금 배위로 오를 수 없게 하였다. 거북선은 움직임이 민첩하여 적의 포화 속에서 헤치고 나갈 수 있었다)을 마련하고 기동력 있는 민첩한 전술로 일본군을 공격하였다. 중국의 명 정부는 조선의 구원요청에 응하여 병력을 파견해 조선을 도왔다. 이순신과 명의 노장 등자룡은 해전에서 (중략) 어깨를 나란히 작전하며 서로 지원했는데, 결국 모두 장렬하게 희생되었다. 힘들고 어려운 전투를 거쳐 조선과 중국의 군민은 마침내 일본침략군을 추출하고 국가보위전쟁의 승리를 획득하였다.'[26]

위의 인용문을 통해 임진왜란 관련 교과서 본문의 서술과 함께 각주에서도 거북선의 민첩함에 대해 중요하게 다루고 있음을 알 수 있다.

2003년판 화동사범대학출판사의 『세계역사』[27]의 경우 거북선이 당시 세계에서 최상급의 전함임을 소개하고 있다.

또한 상술한 출판사 별 역사 및 세계사 교과서에는 대부분 이순신 초상

---

26) 송요후, 앞의 책, 241-242쪽.

27) 上海市中小學過程改革委員會, 『九年義務敎育科本世界歷史8年級 第一學期』, 華東師範大學出版社, 2004.

및 거북선 사진 혹은 한국 화폐속의 이순신과 거북선 사진을 싣고 있다.

비록 조선과 명의 명장 이순신과 등자룡을 영웅시하면서 양국의 두터운 우의를 의도적으로 드러낸 것은 집필될 당시의 전통적인 북중 우호친선 관계를 부각하는 배경임을 상정할 수 있겠으나 임진왜란을 한중우호의 역사상 빛나는 한 페이지를 장식한 사건으로 강조하면서 중국역사교과서에서 한중의 우호적인 역사의 증거로 서술한 사례는 주목할만하다.

III. 한중수교 10주년 이후의 한중관계와 중국 역사교육 속의 한국에 대한 인식

2001년부터 중국 교육부는 개혁개방 이후 달라진 시대적 수요에 대처하기 위해 교육과정개혁 작업을 착수하였다. 같은 해 역사과정표준이 도입됨에 따라 중국 교육부는 중학교를 대상으로 전국적 교육과정으로 전일제의무교육역사과정표준을 발표하였다.

궁극적으로는 국내학계에서 지적한 바와 같이 중국이 2001년부터 미국식 교육과정인 '역사과정표준' 체제를 수용하면서 21세기 미래 시민에게 필요한 인문 소양 교육을 표방하였지만, 실제로는 국가가 주도하는 현대화 노선에 동원할 수 있는 인력 양성을 목표로 하였고, 역사교육 과정역시 이념교육으로부터의 탈피를 표방하였지만, 실제로는 근대 이래 지속되어 온 국가주의적 교육을 강화한 실상과 무관하지 않다.[28]

학생들에게 유물사관을 활용하여 사회역사에 대한 관찰과 사고를 하게

---

28) 오병수, 「중국 역사교과서 분석」, 『동북아역사재단 10년의 활동과 성과』, 동북아역사재단, 2016, 80쪽.

하고 정확한 역사의식을 가지도록 요구하면서 국정교육과 애국주의 교육을 하여 민족단결과 조국통일을 유지하고, 중화민족의 우수한 전통을 발양하게 하며 중국특색의 사회주의의 확고한 신념과 중화중흥의 사명감을 가지도록 인도하였다.

이러한 국정교육 강화의 영향으로 2001년도 전일제 의무교육역사 과정 표준부터 한국사 서술이 매우 소략하게 되었다.

특히 2002년 2월 중국 국무원 산하기관인 중국사회과학원 중국변강연구소에서 본격적으로 가동하기 시작한 '동북공정'은 중국 역사교과서의 한국사 서술의 소략화 뿐 아니라 내용에 직접적인 영향을 주었다.

주지하는 바와 같이 '동북공정'은 한국인들의 역사적 정체성을 구성하는 핵심인 고구려사를 비롯한 고조선과 발해사를 중국사로 편입하려는 시도로 이러한 중국의 역사 인식은 중등학교 역사교과서에도 그대로 반영됨으로써 양국간의 역사 분쟁을 공식화시켰다.

이에 2004년 8월 한중 외교차관은 한중수교를 기념하는 차원에서 두 차례 외교차관 회담을 진행하였고, 중국 정부는 초·중·고교 역사교과서 개정과정에서 고구려사 왜곡 내용을 싣지 않고, 중앙·지방을 불문하고 정부 차원에서 왜곡 시도를 하지 않겠다는 뜻을 밝혔다.

당시 중국 정부의 의지는 중국 역사교과서에 그대로 반영되었는데, 대표적인 사례로 수·당의 고구려 공격을 다룬 내용이 삭제되었다. 이는 동북공정 이후의 추이로 제종의 중국 역사교과서에서 고구려사를 포함한 한국사 서술은 점차 삭제·축소되었다.[29]

따라서 한중수교 10주년 이후의 중국 역사교육의 변화 속의 한국사 관련 인식과 교과서 서술은 '동북공정'과 상호 긴밀하게 연동되었다는 점에

---

29) 이정빈, 「중국 개정 중등 역사교과서(2016~2018)의 한국고대사상」, 『중국 시진핑시대 교과서 국정화와 역사담론』, 2021, 동북아역사재단, 70쪽.

주목할 필요가 있다.[30]

우선 제 2장에서 언급한 중국 인민교육출판사의 『世界歷史』부터 비교하자면 종래의 '동아시아 봉건국가'에서 조선(한반도)부터 소개한 것과 달리 2004년에 인쇄한 『世界歷史』에는 한국 고대사 항목이 전부 삭제되고 일본고대사만 서술하는 사건이 발생하였다.

〈표 1〉 1994년판과 2004년판 중국 『세계역사』(9학년, 상권)의 목록 및 한국사 서술 비교

1994년판	2004년판
목록 제1과 왜 세계사를 배워야하나? 제2과 큰 강 유역의 아시아,아프리카 고대국가(1) 제3과 큰 강 유역의 아시아,아프리카 고대국가(2) 제4과 고대 아시아,아프리카 문화 제5과 고대 그리스 제6과 지중해를 재패한 국가 고대 로마 제7과 고전문화의 전성기 제8과 유럽 초기의 봉건국가 제9과 아랍국가 제10과 동아시아와 서아시아의 봉건국가 - '신라의 통일과 조선왕조의 건립' - '대화개신' - '명치유신'	목록 제1단원 인류문명의 발단 제1과 인류의 형성 제2과 큰 강유역-인류문명의 요람 제3과 서방문명의 원천 활동과 1 고대세계문화 관광 제2단원 아시아와 유럽의 봉건사회 제4과 아시아 봉건국가의 수립 - '대화개신' - '아랍국가의 수립' - 자유열독카드 - '일본의 무사와 무사도 정신' - 한국사 관련 서술 없음

30) 우성민, 「'동북공정' 전후 중국 역사교과서의 한국사 인식과 서술 변화에 대한 검토」, 『중국의 역사 정책과 동북아 역사문제 – 동북공정 20년 평가와 과제』, 동북아역사재단, 2022, 179쪽.

기왕의 단원명인 '동아시아 봉건국가'가 고대 조선(한반도)을 전부 삭제하는 과정에서 다음과 같이 '동'을 빼고 '아시아와 유럽의 봉건사회'로 수정되었고 일본의 대화개신부터 6세기 말 7세기 초까지의 아랍국가의 건립에 대해 소개하였다.

한중수교 10주년을 경과한 이후 한중간 '전략적 협력 동반자' 관계를 형성하였음에도 이와 같은 사건이 발생한 이유가 무엇인 지 파악할 필요가 있다.

당시 2001년 과정표준으로 전환된 이후 중국 역사교과서에서의 수당시기 문명을 소개한 단원에 일반적으로 한반도 혹은 일본 등 국가 명칭을 사용하는 사례가 줄어들고 '중외 우호왕래' 혹은 '중외 교류'의 단원명아래 포괄적으로 설명하는 방식으로 변하는 특징이 나타나고 있다.

하지만 이는 무엇보다 국내학계에서 이미 지적된 바와 같이 2001년 이후 중국의 「교육과정 표준」은 역사학의 성과를 기본적인 내용으로 하지만, "국가의 법률법규 및 방침 정책을 반드시 준수"해야 하며, 「교육과정 표준」의 중심은 중화민족·중화문명이라는 원칙의 영향이라 볼 수 있다.[31]

특히 "국제관계상 특별히 민감한 문제가 있으면 회피하거나 비교적 개괄적으로 서술할 수 있다."고 한 규정(基礎敎育敎材再建建設叢書編纂會, 『中小學敎材的編寫出判』, 人民敎育出版社, 2003, 54쪽)[32]을 따른 것이다.

왜냐면 2000년 출판된 『중학교 역사교학대강』에는 『세계역사』 '아시아 봉건국가'에서 조선, 일본, 이슬람교의 발흥과 아랍제국, 오스만제국의 역사에 대해 서술하라고 되어 있었던 것이다.[33]

---

31) 김유리, 「중국 교과서제도의 현황과 특징 – 역사교과서를 사례로」, 『중국의 역사교육과 교과서』, 2006, 86-89쪽.

32) 김유리, 앞의 책, 88쪽.

33) 中華人民共和國敎育部, 『九年義務敎育全日制初級中學歷史敎學大綱(試用修訂

따라서 2003년 3월 출판된 중국『세계역사』에서 '고대 조선' 관련 서술이 전면 삭제된 데는「교육과정 표준」에서의 회피가 작용하였다고 짐작할수 있다.

이러한 배경 속에서 중국의 '동북공정' 이후 출판된 중국『세계역사』의 제 4과 '아시아의 봉건국가 건립'에서 '대화 개신'이라는 소주제로 일본사는 2 페이지 분량으로 서술되게 된 것이다.

중국의 '동북공정' 이후 한중관계가 적지 않은 우여곡절을 겪은 후에중국교과서상 한국사 관련 서술이 모두 삭제된 상황 속에서 중국 교육부가한국측의 요구를 받아 들여 한국사 관련 서술을 다시 소폭 언급하게 된다.

다만 중국 학생들이 학습할 주요 내용이 아니라 본문 서술 뒤 학생들의자습용으로 제공된 '자유 열독 카드 코너'의 '일본의 무사와 무사도 정신'을 대신하여 '고대 조선' 항목이 추가되었다는 점이다.

〈표 2〉 2004년판과 2006년판 중국『세계역사』(9학년, 상권)
제4과 아시아 봉건국가의 수립의 자유열독카드 비교

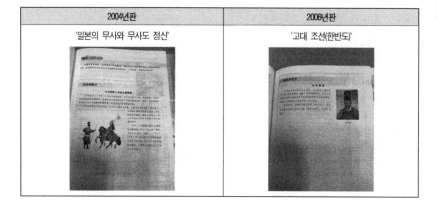

2004년판	2006년판
'일본의 무사와 무사도 정신'	'고대 조선(한반도)'

版)』, 人民教育出版社, 2000, 30쪽.

2006년 3월 인민교육출판사에서 간행한 『세계역사』 제2단원 '아시아와 유럽의 봉건사회'에서는 일본 봉건사회 특징과 아랍국가의 건립을 독립적으로 서술한 이후 '고대 조선'에 대해 아래와 같이 간략하게 소개하였다.

〈표 3〉 2006년판 중국 『세계역사』(9학년, 상권)의 한국사 서술 내용

자유 열독 카드

고대 조선

조선반도에서는 아주 오래 전부터 인류가 거주하고 있었다. 기원전후 조선반도 북부를 통치한 것은 고구려 노예제국가였으며, 후에 서남부와 동남부에 또 백제와 신라 두 노예제 국가가 연이어 나타났다. 676년 신라가 조선반도의 대부분 지역을 통일하였다. 10세기 때 왕건이 고려 왕조를 수립하였다. 14세기 말, 고려의 대장 이성계가 조선왕조를 수립하고 한성(현 서울)을 도읍으로 정하고 국호를 조선이라 개칭하였다.

위의 '고대 일본'을 소개하는 소단원에 부속된 자유열독카드에 의하면 한반도에 거주한 민족에 대해 1994년판의 『세계역사』에 서술된 '조선민족(한민족)'이라는 명확한 표현과 달리 2006년 발간본에는 '인류'로 모호하게 표현한 것이다. 또한 표2의 이성계 어진이 영조 어진으로 잘못 돼 한국측에서 시정을 요청하였고, 중국측에서 수정한 사건도 있었다.[34]

이 외에도 상술한 바와 같이 백제, 신라가 노예제국가로 출발했다고 서술하기보다 백제, 신라를 '고대 국가'로 서술하여 그 안에 다양한 발전 단계에 대해 구체적인 모습들을 복원하는 것이 필요하다.

2003년 6월 1판 『세계역사』부터 한국사 항목이 통째로 삭제되었기에 간략하게나마 한국사 관련 내용을 추가한 사실은 의미가 있지만 유감스럽게도 고대 일본사에서 부분적으로 다루면서 본문이 아닌 보조학습 항목에서 소개하여 한국이 일본에 귀속된 것처럼 오해할 소지가 있고, 간략한 서술조차 오류와 왜곡이 발견되고 있는 것이다.

---

34) 송요후, 앞의 책, 189쪽.

이러한 차이를 비교적 현저하게 드러내는 사례로 2000년에 발간된 중등직업학교 『세계역사』의 한국사 관련 서술을 주목할 필요가 있다.

'고대 조선' 항목 아래 한국사에 대해 집중적으로 소개하였을 뿐 아니라 '고대 일본' 항목 다음 '조선·일본의 문화와 대외문화 교류' 항목이 별도로 포함돼 있다. 한국사 관련 서술도 55줄 이상, 3페이지 분량에 해당할 만큼 적지 않다.[35]

중국 '동북공정' 전후의 중국 역사교과서 한국사 관련 서술의 차이를 확인하는 차원에서 아래 교과서 본문 전체를 소개하고자 한다.

〈표 4〉 2000년판 중국 중등직업학교 『세계역사』의 한국사 서술 내용

고대 조선(한반도)

기원 전후 압록강 중류일대에 고구려왕국이 흥기하였다. 후에 조선반도의 서남부와 동남부에 전후로 백제와 신라 두 국가가 연이어 나타났다. 서기 472년 고구려는 평양으로 천도하였고 반도상 삼웅 패권 쟁탈의 국면이 형성되었는데 역사적으로 삼국시기라 부른다. 삼국이 일어난 이후, 상호 전쟁이 연이어 끊이지 않았다. 7세기 중엽에 신라와 중국 당나라는 동맹을 결성하여 연이어 백제와 고구려를 멸망시켰다. 676년 신라가 대동강 이남의 조선반도를 통일하였다. 신라가 조선을 통일한 후 왕은 넓은 토지를 공신, 귀족, 사원에게 하사하였다. 이 기초위에 봉건대토지 사유제가 발전하기 시작하였다. 왕은 중앙과 지방의 관료기구를 개혁하여 중앙집권의 통치를 확립하였다. 이후 신라의 농업과 수공업 모두 비교적 크게 발전하여 우리나라 당왕조, 일본의 무역도 매우 활발하였다. 사회경제가 발전함에 따라 봉건생산관계도 더욱 완전하게 발전하였고 봉건제도가 신라에서 신속하게 통치 지위를 확립하였다.

9세기 봉건계급의 착취가 강화됨에 따라 신라의 사회 모순이 격화되었다. 9세기 말 농민기의의 물결이 전국을 석권하였다. 이와 동시에 통지계급의 내부에서 왕위 쟁탈로 인해 끊임없이 정변이 발생하였다. 지방봉건 귀족도 할거하여 자립하였다. 9세기말부터 10세기 초까지 조선반도는 다시 삼국정립의 국면이 출현하였는데 역사상 이를 "후삼국"이라고 한다. 918년 후고구려 대장 왕건(877-943)이 스스로 왕이 되어 국호를 고려라고 고쳤다. 936년 고려는 다시 조선반도를 통일하였다. 고려왕조는 경제제도상 봉건토지 사유제를 강화하였고 정치상 중앙집권의 통치를 강화하였다. 경제도 한층더 발전하였다. 13세기 몽골군이 여러 차례 고려를 침입하였고 후에 고려 국왕은 원조에 항복하였다.

1392년 고려대장 이성계(1335-1408)가 스스로 왕이 되어 한성(서울)을 도읍으로 정하고 국호를 조선이라 개칭하였다. 16세기 말, 조선은 일본의 대대적인 침략을 받았다. 명정부는 조선의 요청에 응하여 조선을 돕고 일본을 막기위한 군대를 파견하였다. 조선 인민은 7년동안 위국 전쟁을 하였고 중국 지원군과 함께 최종적으로 일본 침략자를 물리쳤다. 조선왕조는 20세기 초까지 지속하였다.

---

35) 우성민, 「中國 현행 中等職業學校와 普通高中 歷史敎科書의 韓國史 관련 서술 비교」, 『중국사연구』, 395쪽.

조선·일본 문화와 대외 문화 교류

조선인민은 문화적 매우 커다란 공헌을 하였다. 조선인은 삼국시대에 이미 천문대가 있었고 기상관측을 하였다. 7세기 신라 수도 경주에 첨성대를 세웠는데 이는 동방에 현존하는 가장 오래된 천문대 중의 하나이다. 11세기 목판 조각을 사용하여 대장경을 인쇄하였다. 13세기 조선인은 금속활자 인쇄를 창조하여 세계문화에 중요한 공헌을 하였다. 고려왕조시기 고려 자기의 형태는 다양하고 색채가 아름다웠으며 장식이 고상하고 우아하여 세계에 명성이 높았다. 15세기 조선은 물의 힘을 이용하여 시간을 계산하는 자격루를 발명하였는데 정확하게 시간을 알릴 수 있었다. 이 때 발명한 측우기는 서방에서 발명한 우량계보다 200년이 앞섰다. 조선은 일찍이 삼국시대에 국사를 편찬하는 활동을 시작하였다. 고려시대에 『삼국사기』와 『삼국유사』를 편찬하였는데 고대 조선의 역사를 연구하는 중요한 자료였다. 중조양국은 자고이래 문화 교류가 매우 빈번하였다. 유학, 불교, 도교가 중국으로부터 조선에 전래되었다. 조선의 전장제도, 학술문화, 풍속습관 모두 중국의 영향을 받았다. 조선 문화도 중국으로 전해졌다. 조선의 가무, 음악은 중국 인민의 사랑을 받았다.

중조양국인들은 왕래가 매우 빈번하였다. 당조 수도 장안에는 수많은 조선 유학생이 있었다. 조선 일찍이 삼국시기에 귀족 자제들이 한문과 유가 경전을 교육받는 것을 중시하였다. 신라 통일 이후 적극적으로 유학을 제창하여 682년 국학(대학교)를 설립하였고, 후에 유학을 강조하는 정부 관원 선발 국가 고시제도를 시행하였다. 15세기 이전 조선은 기본적으로 한자를 사용하였고 많은 학자들이 한문에 조예가 매우 깊었다. 당대 시인 백거이의 시는 조선인민들의 깊은 사랑을 받았다. 조선인들도 중국 그림을 매우 좋아하여 송조시기 조선인 화가 이녕이 중국에 왔을 때 그의 작품은 송휘종의 칭찬을 받았다. 7세기 신라인 설총은 한자 자형을 이용하여 조선어를 표현하는 조선문자 "이두"를 발명하였다. 그러나 사용하는 한자로 조선어 발음을 표현하는데 한계가 있어서 보급하는데 어려움이 있었다. 15세기 중엽에 조선 국왕이 학자들을 소집하여. 그것은 모음과 자음 28자모를 포함하고 있다. 이를 통해 조선인은 자신의 문자를 표현하고 기록하여 문화 보급과 향상에 유리하였다.

중국 중등직업학교 『세계역사』는 '고대 조선(한국)'이라는 단원을 독립적으로 서술하여 일본 앞에 '조선(한국)'을 배치하고 있으며, 한중 문화 교류 방면에서 우호적인 서술 사례들이 제시되었다. 물론 앞서 언급하였듯 『중국역사』의 역사지도에서 고조선이 표시되지 않을 뿐 아니라한국고대사 속의 여러 나라를 대부분 찾아볼 수 없고, 『조선왕조실록』에 의하면 '훈민정음'이라는 정식 표현이 있음에도 한국 문자를 언문으로 격하시키는 등 문제점이 여전히 남아있다.

그러나 고대 한국이 문화적으로 매우 커다란 공헌을 하였다고 긍정적으로 서술한 내용을 비롯하여 한국의 문화도 중국으로 전해졌다고 밝히며 한국의 가무, 음악은 중국인의 사랑을 받았다고 서술한 점은 주목할 만하다.

특히 상술한 2006년판 중국『세계역사』(9학년, 상권)의 한국사 서술 내용과 달리 조선을 중국과 상호 왕래가 매우 빈번한 이웃 국가의 이미지로 표현하여 대비가 되고 있다.

다음으로 한중수교 10주년 이후 중국 역사교과서 속의 한국사 관련 서술 변화의 특징으로 살펴볼 부분은『중국역사』(7학년, 상권)의 내용이다.

제2장에서 다룬 바와 같이 1999년판에 비해 '신라가 당나라 제도를 모방하여 정치제도를 건립했고, 과거제를 채용하여 관리를 선발하였으며, 중국의 의학, 천문, 역산 등의 과학기술 성과를 받아들였다'는 내용을 한층 더 강조하였다.

〈표 5〉 2006년판 중국『중국역사』(7학년, 상권)의 한국사 서술 내용

당과 신라의 관계
조선반도의 국가로, 수당과 왕래가 빈번하였다. 신라가 강성한 이후, 사절이 파견되고 다수의 유학생들이 당조에 이르러 중국문화를 공부하였다. 많은 신라상인들이 중국 경상에 이르렀고, 신라물산은 당나라 수입의 1위를 차지했다. 신라는 당나라 제도를 모방하여 정치제도를 건립했고, 과거제를 채용하여 관리를 선발하였으며, 중국의 의학, 천문, 역산 등의 과학기술 성과를 받아들였다. 조선의 음악도 중국에 전해졌는데, 당조궁정에 연주되었을 뿐 아니라, 널리 민간에서도 유행하였다. 수당의 시문, 전적 등의 대량이 조선에 전파되었다. 신라인 최치원은 12살에 당에 들어와 학문을 탐구하였고, 18살에 진사에 합격하였다. 훗날 당조에서 관리가 되었으며, 대량의 시문을 썼다. 그의 문집《계원필경》은 지금까지 전해진다. (p.31)

신라는 당의 제도와 문화를 적극 수입했으나, 신라의 실정에 맞게 변용시켜 신라 나름의 독자성을 유지하면서 신라 특유의 정치제도로 발전시켰음을 분명하게 해야 한다.

신라의 관제 정비는 당의 출현이전부터 시작되어 통일기에 완성되었으며 이 과정에서 당제와 일부 외형적 유사성이 존재하지만 관부와 관직, 운영 양상의 상이점이 오히려 더 크다는 국내 학계의 지적을 주목할 필요가 있다.

일본에 대해서도 악록서사에서 출판한 고등학교 선택 과목인 『역사상 중대한 개혁과 회고』에서 '일본의 당대 제도를 모방한('仿校')개혁'이라고 한 서술이 확인되고 있으나, 매우 드문 사례라 할 수 있다.

반면 신라와 관련된 서술에서는 보편적이라 할 수 있는데 예를 들면 인민교육출판사의 『중국고대사』全 一冊 에는 각주를 사용하여 정치제도에 대해 언급하면서 당왕조의 상서성을 모방했다고 하는 의미의 '仿照'라는 용어를 사용하고 있다. 이어서 당의 6부를 모방하여 병부, 예부, 창부 등을 설치하였다고 소개하고 있다.[36)]

위와 같은 서술은 신라 왕조 전체가 당을 모방한 것으로 이해하게 하는 한계가 내포돼 있다.[37)]따라서 신라가 당을 '모방하고 참조하다'는 의미로 '仿照'했다고 서술하기보다 '채용' 혹은 '적극 수용했다'는 표현으로 순화할 필요가 있다.

이어서 한중수교 10주년 이후의 중국 역사교과서 속의 한국사 관련 서술의 변화로 '임진왜란' 소제목 항목이 삭제되고 민족 영웅 척계광의 왜구 격파에 대해 강조하거나 포르투갈이 마카오에서 거주권을 가로챘다는 내용이 대신하고 있다.[38)]

---

36) 人民敎育出版社歷史室, 『全日制普通高級中學敎科書 (選修)中国古代史 全一冊』, 人民敎育出版社, 2011, 79쪽.

37) 흥미롭게도 중국의 다른 역사교과서의 본문에서 신라가 나라를 세운 후, 당조의 제도를 '참조'하였고 하여 '參用'이라는 용어를 사용하는 사례도 확인된다. '참조'라는 용어는 모방에 비해 주변국의 특수한 조건에서의 발전과정 등을 배려한 객관적인 용어라고 볼 수 있겠다.

38) 중국 역사교과서의 임진왜란과 관련된 서술의 유무를 볼 때, 중학교 역사교과서의 경우 대체로 1990년대 이후부터 교과서에서 언급되지 않고 있지만 다양한 판본의 교과서들에 있어서 시기적으로 다소 차이가 있고, 人民敎育出版社歷史室, 『全日制普通高級中學敎科書 (選修) 世界近現代史』上冊, 人民敎育出版社, 2007, p.55에도 '임진위국전쟁'제하 상세하게 설명하고 있어 본 장에서 다루었음을 밝힌다.

〈표 6〉 2005년판 『중국역사』(7학년, 하권) 제16과 중외 왕래와 충돌 관련 서술 비교

1987년판	2005년판
'원조전쟁(援朝戰爭:.임진왜란)'	'마카오에서의 거주권을 가로 챈 포르투칼'

상기 표에서 확인할 수 있듯이 종래의 중국의 역사교과서에서 한중 우호 역사상에 있어서 빛나는 한 페이지로 장식한 사건으로 인식되었던 '임진왜란' 관련 서술이 2005년판 『중국역사』(7학년, 하권)에서 삭제되었다. '임진왜란' 관련 대신 16세기부터 일부 유럽의 식민주의자들이 지속적으로 중국의 연해지역으로 와서 침략활동을 감행했는데, 1553년에 포르투갈 식민주의자들이 중국 광동 마카오의 거주권을 가로챘다는 내용을 새롭게 추가하였다. 1553년(가정32), 포르투갈인들이 은 500냥을 명조 정부에게 바치고 마카오에서의 조차거주권을 얻은 배경을 상세히 서술하였는데, 1999년 마카오의 중국 반환이래 마카오의 영토주권이 중국에 속한 것을 밝히는 차원에서 더 중시한 것으로 이해된다.

지금까지 살펴본 바와 같이 『중국역사』와 『세계역사』에서 사라진 '고대 조선' 과 '임진왜란' 항목만 보더라도 한중수교 10주년 이후 중국 역사교과서 속의 한국사 관련 서술은 '동북공정' 이후 한국사 축소, 삭제 추세의 직접적인 영향을 받은 것을 알 수 있다.

그렇다면 '동북공정'의 주요 핵심 내용에 해당하는 고구려, 발해사를

비롯한 고조선, 삼한, 부여 등의 한국고대사와 근현대 시기에 해당하는 한국 근현대사 관련 서술은 어떠한 변화를 보이고 있을까?

고구려의 경우 '동북공정' 이전 교과서에서는 수나라가 고구려와 세 차례 전쟁을 하였지만 모두 패배하였다고 분명하게 서술하였지만 '동북공정' 이후 교과서에서는 삭제되거나, 수양제가 고구려와의 전쟁을 준비하고 발동한 사실만 간략하게 언급하는 방향으로 수정하였다. 고구려와의 전쟁이 수나라의 역사에서 차지하는 비중이나 수의 멸망의 원인과 밀접한 사건임에도 수나라의 멸망의 직접적 원인을 농민 봉기에서 찾고 있고, 당과 고구려의 전쟁도 당시 동아시아 국제질서에 중요한 사건임에도 다루지 않은 것이다.[39]

또한 2001년 중국은 북한이 고구려 벽화를 UNESCO에 세계문화유산으로 신청한 것에 대응하여, 집안 환인지역의 고구려유적을 '고구려 수도와 국왕 귀족 묘장'이란 이름으로 세계문화유산을 신청했고, 2004년에 세계문화유산에 등재되었는데, 이와 같은 내용을 인민교육출판사의 보통고중과정표준실험교과서 『역사, 선수 6 세계문화유산회췌(世界文化遺産會萃)』에서 '고구려 왕성, 왕릉 및 귀족묘장'으로 서술하고 중국의 세계문화유산으로 소개하였다.[40] 악록서사(岳麓書社)본에서도 중국의 문화유산과 자연유산 분포도에서 '중국 고구려왕성, 왕릉 및 귀족묘장'으로 표기하여 북한과 공동으로 등재된 사실을 밝히지 않고 있어 '동북공정식' 역사인식을 그대로 드러냈다.

---

39) 정호섭, 「중국 교과서의 고구려와 중국 왕조와의 대외관계 서술과 그 비판」, 『중국 역사교과서 검토회의 발표자료집』, 동북아역사재단, 2010, 103쪽.

40) 人民教育出版社歷史室, 『歷史, 選修6, 世界文化遺産會萃』, 人民教育出版社, 2009.

〈표 7〉 보통고중과정표준실험교과서 『역사』(선수6)(2007, 악록서사)

발해는 동북공정 이전부터 중국 역사교과서에서 비중 있게 다루면서 통일적 다민족국가론에 입각하여 발해를 속말말갈이 주류가 되어 건국한 당나라의 지방정권으로 보았다. 이는 1960년대 북한이 중국과 수행한 공동 조사를 토대로 발해 고고학에 대한 상당한 연구 성과를 축적하여 발해가 고구려를 계승했으며 당에 독립적으로 대등한 관계였다는 점을 강조했기 때문이다.

이에 1961년 발해 상경성과 육정산 고분군이 전국 중점문물보호단위에 포함된 이래 1963년 중국의 중학교 역사교과서에서 발해는 이미 당나라 변경의 민족 가운데 하나인 속말말갈이 세운 나라로 소개되었다.41)

발해를 조선, 일본, 대식국, 인도 등 당나라와 교류한 아시아 국가로 보지 않고 당나라 변강의 민족 가운데 하나로 서술하는 기조를 유지하였다. 동북공정 이후에도 발해의 성립과정이나 대조영의 출신에 대한 기본적인 내용은 달라진 것이 없지만 특징적인 것은 내용을 좀 더 늘어났다는 점이다.

발해의 수도가 당의 수도 장안을 모방하여 건설하였고, 지방의 제도도 역시 당나라의 州, 郡, 縣을 모방하였으며, 당나라의 '唐三彩'를 모방하여 '渤海三彩'를 제작하였다고 서술하는 등 당나라가 발해에 미친 영향에 대하여 강조하고 있다.[42]

동북공정 이후 중국 역사교과서 속의 한국사가 대체로 삭제, 축소되는 추세속에 발해는 중국사로서 서술 내용이 더욱 중시되고 증가한 것이다.

동북공정 이전 중국 역사교과서 속의 고조선관련 서술 내용은 주로 진나라 강역을 서술하며 진 이외의 지역에 조선, 흉노를 표기 하는 가운데 포함돼 있거나 한나라와의 경제문화 교류에 집중하여 언급되고 있다.[43] 비록 중국의 진나라 강역도에서 진의 영역이 한반도 서북부 지역까지 그려져 있거나, 양한시기 낙랑군이 중국문화를 전파하는 중국문화의 중심지라는 역사인식이 반영되었지만 적어도 고조선을 표기하였다.[44]

그러나 동북공정 이후 고조선과 관련한 기술은 점차 사라져 사천출판

---

41) 임상선, 「중국 역사 교과서의 발해사 내용 비판」, 『중국 역사 교과서의 한국 고대사 서술 문제』, 동북아역사재단, 2006, 169쪽.

42) 조기임, 『東北工程과 1990년대 이후 중국 중등 역사교과서 한국사 관련 서술 변화에 관한 연구』, 인하대학교 교육대학원 석사학위논문, 2008, 46쪽.

43) 조용래, 「중국 중등 역사교과서의 고조선과 장성에 관한 서술과 그 비판」, 『중국 역사 교과서 검토회의 발표자료집』 동북아역사재단, 2010, 8-9쪽.

44) 김용수, 『한-중 역사 교과서의 서술 경향 분석-한국 초등학교 6학년 1학기 사회교과서, 중국 인민교육출판사 7학년 중국역사 상, 하권의 전근대의 한-중 관계 서술을 중심으로-』, 서울시립대학교 교육대학원 석사학위논문, 2009, 32~33쪽.

사와 악록서사 등 일부 교과서에서만 제한적으로 언급하였고, 2008년 인민교육출판사의 경우 고조선의 표기는 이전과 다르게 삭제되었다. 서한시대의 강역에도 낙랑군만을 지도상 표시했을 뿐, 한반도 북부와 만주 지역을 모두 서한의 영역에 포함시켜 고조선의 모습을 찾을 수 없다.[45]

고조선 관련 서술 외에도 중국 역사교과서 속의 고려와 조선 부분역시 다루어지지 않거나 극히 적은 분량의 서술을 하고 있다. 한국의 중세, 근세 모두 중국의 왕조의 강역을 표기하는 지도에서 이미지로만 한국의 역사를 표기 하고 있을 뿐 텍스트로 한국사가 중국 역사 교과서 속에 기술되고 있지 않다.

주지하는 바와 같이 중국의 역사교육에 대한 국내 학계의 관심은 2000년대 이르러 중국 역대 역사교육과정과 교과서 발행제도 등과 관련된 심도 있는 연구들이 진행되었고, 특히, 동북공정이 국내 학계에 알려진 것을 계기로 관련 연구가 한층 더 활발해졌다.[46]

그동안 중국의 역사교과서에 서술된 고조선과 부여, 고구려, 발해 등 동북 지방을 배경으로 하는 한국고대사 관련 서술에 대한 분석과 비판적 연구가 상당히 많이 축적되었기에 본 장에서는 상세한 내용은 생략하고 전체 흐름 파악을 위한 시기별 사례만을 소개한 것이다.

궁극적으로 한중수교 전후와 한중수교 10주년 전후 중국 역사교육 속의 한국사에 대한 서술은 '동북공정' 전후로 시기를 구분해야 할 정도의 현저한 역사 인식의 차이를 드러내고 있음을 확인할 수 있다.

---

45) 김용수, 앞의 책, 33쪽.
46) 양승훈·박현숙, 「초급중학교 『중국역사』교과서(2016판)의 한국 고대사 서술 내용과 특징」, 『선사와 고대』, 59호, 2019, 142쪽.

Ⅳ. 한중수교 20주년 전후의
중국 역사교육의 변화와 특징

중국의 개혁 개방이 지속되면서 기존의 국가 중심의 역사인식에 도전하는 일부의 움직임을 우려한 중국교육부는 2011년 말, 중국 정부가 애국주의 정치교육으로서 역사교육을 강조하는 교육 과정을 제정하였다.

이는 당시 미국의 『뉴욕타임스』가 2006년 가을에 출판된 상하이지역의 고등학교 역사교과서에 대해 '전쟁, 역대 왕조들, 공산주의 혁명보다 경제, 기술, 사회적 관습과 세계화를 강조하고 있다'고 보도한 사건과 연결된다.[47]

한국을 비롯하여 전 세계가 중국의 새 역사교과서가 달라졌다고 보도했고, 이에 대해 중국의 일부 보수주의자들 상하이의 고등학교 역사교과서를 격렬하게 비판하였다. 그 결과 중국정부는 상하이의 고등학교 역사교과서 사용을 중단시키고 화둥사범대학에서 새로운 고등학교 역사교과서를 편찬했던 것이다.

이러한 배경가운데 역사교육 강화를 통해 민족적 자신감을 고양하도록 지시하였고, 이는 2012년 후진타오에서 시진핑으로 권력이 이양되는 중국 공산당 제18차 전국대표대회 이래 지속적으로 답습되었다.

2012년은 한중수교 20주년을 맞이했던 해로, 한국과 중국이 수교 20여년을 거치면서 정치, 경제, 군사, 문화적으로 전에 없이 긴밀해졌으며, 다양한 분야의 민간 교류가 활발해지고 있었다. 한중 양국 언론은 주중한국대사관과 중국의 인민대외우호협회가 공동으로 주최한 한중수교 20주년 기념식에 당시 시진핑 부주석이 참석할 정도로 한중 관계가 얼마나

---

47) 김지훈, 「국가의지(國家意志)와 역사교과서의 정치화 - 2018년 중국 중학교 역사교과서의 현대사 서술 - 」, 『역사교육연구』, 제33, 2019, 87쪽.

중요한지를 보여주는 것이라고 평가하였다.

그러나 이러한 상황과 역행하여 중국 역사교육 속의 한국사 인식은 '동북공정' 발발 이래 지속적으로 심각한 문제점을 안고 있었다.

2012년 11월 중국공산당 제18차 전국대표대회를 통해 집권한 시진핑 주석이 교과서 편찬이 국가 권한임을 밝히며 국가교재위원회의 신설을 요구한 점을 주목할 필요가 있다.[48]

시진핑은 집권 초기부터, '中華民族의 復興之路', '中國夢의 實現', 그리고 文化自信 등 역사를 차용하여 통치 슬로건을 제기하는 한편, 개혁개방 이래의 역사 인식에 대한 수정을 공식화 하였다.[49]

한중수교 20주년 시점의 동아시아 주변정세는 냉전 후의 세계를 '문명의 충돌'로 묘사한 새뮤얼 헌팅턴의 예견처럼 동아시아의 지식인들이 '역사 충돌'의 시대를 예고한대로 탈사회주의화, 소수민족 갈등, 빈부격차, 국제질서 변동 등 여러 문제 뿐 아니라 동아시아의 영토를 둘러싼 갈등과 역사 문제가 심화되었기 때문이다.

일본의 역사교과서 검정기준이 자국의 입장을 반영하여 영토교육을 강화하였고, 베트남에서도 국정교과서를 사용하는 가운데 황사군도, 남중국해 영유권에 대한 강한 영토수호 의지를 강조하였으며, 러시아에 이어 한국에서도 국정 교과서를 강행하고자 하였다. 이러한 현실은 중국이 주변국의 역사와 영토교육 강화를 의식하고, 자국민 역사인식 고취와 역사교육을 재정비하는 원인을 제공하였다. 역사와 정치, 어문교과서 등을 국가의지를 반영한 단일교과서로 하자는 주장과 현행대로 여러 종류의 교과서를 출판하자는 몇 년 동안의 중국 내 대립에 결정적인 영향을 준

---

48) 윤세병, 「중국 역사교과서의 국정화 약일까? 독일까?」, 『'중국 중학교 역사교과서 개편의 현황과 역사인식' 학술회의 발표집』, 동북아역사재단·아시아평화와역사교육연대·아시아평화와역사연구소, 2018, 11쪽.

49) 오병수, 『한중 역사교과서 대화』, 동북아역사재단, 2021.

것이다.[50]

결국 시진핑 주석 집권 2기가 시작되는 2017년 7월 중화인민공화국 수립 이후 중국 교육부는 처음으로 국무원 산하 국가교재위원회를 설립하여 전국의 교과서 업무를 지도·관리한다는 중대한 정책을 발표한 뒤 2017년 9월 신학기부터는 전국의 학교에서 통편 교재만 통일적으로 사용한다고 공포하였다.

따라서 이 시기에 출간된 중국 중고등학교 역사교과서는 2017년 중등 역사교육과 관련하여 국정화 방안을 공식 발표한 후 새롭게 개발된 교재라는 점에서 주목할 필요가 있다.

중학교 역사교과서 현대사에 해당하는 신판 『중국역사』(8학년, 하)의 경우, 신중국 건국 100주년에 해당하는 2049년까지 사회주의 현대화 강국으로 만들기 위한 중국 당 지도부의 가이드라인을 반영하였다. 당대 중국의 변화와 국가 이데올로기의 강화 내용을 압축적으로 소개하고, 국가발전의 전체적 국면과 미래의 전망과 관련된 신발전 이념 수립을 제안하였다.

중국 신판 중학교 역사교과서(7·8, 상·하)는 전반적으로 '민족융합'과 '통일된 다민족국가', '국가 발전' 등을 중심 키워드로 삼았다.[51]

현재주의적 관점에 입각해서 '현재의 중국 영토'를 기준으로 과거 중국사의 범주를 획정하는 통일적다민족국가론에 따라 오늘날 중국 영내의 소수민족 역사도 모두 중국사의 일부이자 중화민족의 일원이라고 하는 주장을 유지하는 가운데 한족 중심의 중국사에 귀속되거나 생략되었다.

예를 들면 신판 『중국역사』의 진나라 강역을 표시한 진왕조 형세도에서 발해, 동해, 남해만외에도 동사군도, 서사군도, 중사군도, 남사군도 등의 도서들을 따로 표기하였는데, 교과서의 모든 역사 지도에서 현재의 국

---

50) 권은주, 「책머리에」, 『중국 시진핑시대 교과서 국정화와 역사담론』, 동북아역사재단, 2021, 7쪽.

51) 양승훈·박현숙, 앞의 논문, 152쪽.

경선이 중첩되어 표시되어 있다.[52)

이는 단순히 현재 강역과의 차이를 드러내기 위함이라기보다는 해당 공간이 과거로부터 중국에 속해 있었음을 보여주기 위한 의도적인 표현으로 해석된다는 점에서 신판 교과서의 개편 방향의 특징으로 영토주의 역사관이 강조된 점이 공통적으로 지적되고 있다.

또한 중국공산당의 역할을 드러내면서 항일전쟁과 '항미원조'를 중시한 점을 들 수 있는데, 시진핑이 민족의 우수한 전통과 혁명문화에 대한 문화적 정체성에 부응하여, 민국사, 항일전쟁사, 혁명사에 대한 연구와 교육을 강화할 것을 요구한 조치에서 비롯한 것이다. 궁극적으로는 이를 통해 중국공산당 및 사회주의 중국의 합법성과 정당성을 강화하려는 의도와 맞닿아 있다.[53)

고등학교 역사교과서인 『중외역사강요』의 경우 중국 교육부가 2018년 1월 발표한 새 교육과정(보통고중역사과정표준(2017년판))에 따라 신설한 필수 과목용 교재로 여기서는 한중 관계를 '종번관계'로 서술한 점이 한중 수교 20주년 이후 종래의 구판 중국 역사교과서와 비교했을 때 상당한 변화라 할 수 있다.[54)

『중외역사강요』는 중국이 자국의 전근대사를 계급과 민족 관계를 포섭한 '제국'사로서 서술한 것인데, 글로벌 시대에 새로운 중국사의 재구성을 위한 학계의 다양한 논의를 일부 수용한 것으로 평가되고 있다.

중화인민공화국의 현재 영토나 청대 최대강역을 고정적인 역사 강역으로 설정하고 민족과 국가의 단선적 발전과정으로서 자국사를 서술하는 대신, 정치적 통치, 제도적 시행, 문화적 정체성 등을 기준으로 서술하는

---

52) 양승훈·박현숙, 앞의 논문, 153쪽.

53) 오병수, 앞의 책.

54) 손성욱, 「『중외역사강요』의 전근대 대외관계 인식 - 두 차례 등장한 '종번관계'를 중심으로 - 」, 『사림』, 2021, 416쪽.

"제국사(帝國史)"로서 중국사의 범위를 재획정하였다. 55)

다만 현실적 필요에 따라 만들어진 '현실 중국'이 아닌 '역사중국'의 복원을 제안하며 동아시아를 시야에 넣은 중국사 재구축을 시도하는 가운데 주변과의 관계가 '종번관계'로 규정되었다는 점이다. 종번관계를 통해 중국을 지역질서의 주재자로 형상화하면서 역내 국가 간의 역사 갈등은 새로운 차원으로 비화하고 있는 것이다.56)

이에 본장에서는 한중수교 20주년 이후 중국 역사교과서의 한국사 관련 서술의 변화와 특징을 반영하는 사례로서 『중국역사』에서는 '당과 신라의 관계'와 '항미원조', 『중외역사강요』에서는 '종번관계'의 서술 내용을 검토하고자 한다.

한중수교 20주년 이후 특히 국정 전환 이래 중국 역사교과서의 고조선, 고구려, 발해, 고려, 조선 등 한국사관련 서술 내용은 삭제·축소 기조가 주류를 이루는 가운데서도 중국 중심 논리가 한층 구체적이고 체계화되었다고 국내학계에서 상세히 다루고 있기에 여기서는 논외로 한다.57)

앞서 제1장과 2장에서 살펴 본 "당과 신라의 관계"는 한중수교 전후 구판과 신판 『중국역사』 교과서의 한국사 서술에서 가장 큰 차이를 보이는 내용이다.

다만 2017년 국정 전환 과정에서 전면 삭제되었다가 다시 복원되는 과도기적인 성격을 보여 준다는 점에서 흥미롭다.

왜냐면 2017년 9월부터 전국에서 통편 교재를 통일적으로 사용한다고 중국 교육부가 공포하기 전인 2016년에 중국 교육부 검정 통과한 신편

---

55) 오병수, 앞의 책.

56) 오병수, 앞의 책.

57) 신판 중국 중학교 전근대사에 해당하는 『중국역사』 7학년 하책에서 발해관련 내용을 전면 삭제하였다가 2018년 신간에서는 발해사 내용을 부분적으로 복원하는 사례도 확인된다.

교재로서 출간되었기 때문이다. 이를 통해 개정판이 출간된 후에도 한국사와 관련한 서술을 비롯하여 민감한 내용을 수정하여 출판하였음을 확인할 수 있다.

〈표 8〉 2017년 국정 전환 후 전면 삭제된 '당과 신라의 관계'가 다시 복원된 사례

당과 신라의 관계		
구판(2006)	신판(2016)	신판2쇄(2018)
• 29쪽. 당대 주요 교통로 → 신라 표기 • 당과 신라의 관계(31쪽) : 조선반도의 국가들은 수조, 당조와 왕래가 빈번하였다. 신라는 강성해진 후 사절과 많은 유학생들을 당조에 파견하여 중국 문화를 학습하도록 하였다. 많은 신라 상인들이 중국에 와서 장사를 하였는데 신라 생산품은 당조의 수입품에서 가장 우위를 차지했다. 신라는 당 제도를 모방하여 정치제도를 세우고, 과거제도를 채용하여 관리를 선발했으며 중국의 의학, 천문 역법 계산 등 과학기술 성과를 들여왔다. 조선의 음악은 중국에 전파되어 당조의 궁정 뿐 아니라 민간에서도 광범위하게 유행하였다. - 수·당의 시문, 전적 등이 대량으로 조선에 전파되었다. 신라인 최치원은 12살에 당에 들어와 학문을 탐구하였고, 18살에 진사에 합격하였다. 훗날 당조에서 관리가 되었으며, 대량의 시문을 썼다. 그의 문집 『계원필경』은 지금까지 전해진다.	• 21현장 서행과 귀국 노선도 → 동쪽관련 주요 교통로 삭제, 신라·일본 삭제 • 20쪽 삭제	• 20쪽 당과 신라의 관계 : 조선반도의 국가들은 수조, 당조와 왕래가 빈번하였다. 신라는 강성해진 후 사절과 많은 유학생들을 당조에 파견하여 중국 문화를 학습하도록 하였다. 많은 신라 상인들이 중국에 와서 장사를 하였는데 신라 생산품은 당조의 수입품에서 가장 우위를 차지해다. 신라를 당 제도를 모방하여 정치제도를 세우고, 과거제도를 채용하여 관리를 선발했으며 중국의 의학천문, 역법계산 등 과학기술 성과를 들여왔다. 조선의 음악은 중국에 전파되어 당조의 궁정 뿐 아니라 민간에서도 광범위하게 유행하였다. - 수·당의 시문, 전적 등이 대량으로 조선에 전파되었다. 신라인 최치원은 12살에 당에 들어와 학문을 탐구하였고, 18살에 진사에 합격하였다. 훗날 당조에서 관리가 되었으며, 대량의 시문을 썼다. 그의 문집《계원필경》은 지금까지 전해진다.

한국사 서술 비중이 크게 감소하는 추세 속에 그나마 주요한 소재로 남아있던 '당과 신라의 관계'마저 2016년판에는 모두 삭제되었다가 신판 2쇄에 해당하는 2018년 출간본에서 다시 복원한 것이다.

제4과 '당조의 중외문화교류'에서 견당사와 감진(鑒眞)의 東渡를 다루면서 중국과 일본과의 교류가 매우 빈번했음을 강조한 뒤 '당과 신라와의 관계'를 서술하였다.

신라가 많은 유학생들을 당조에 파견하여 중국 문화를 학습 하도록 한 내용과 최치원의 『계원필경』이 지금까지 전해지고 있음을 설명하고 있는데 국정 전환 구판의 내용과 동일함을 알 수 있다.

이를 통해 개정판이 출간된 후에도 한국사와 관련한 서술을 비롯하여 민감한 내용을 수정하여 출판하였음을 확인할 수 있다.

중국 역사교육의 국정 전환 이래 중화문명을 내세운 중화주의적 역사 인식이 동심원적으로 확대되면서, 한국고대사를 비롯한 중국 소수민족 및 주변국의 역사와 문화가 축소, 삭제되는 기조와[58] 달리 '항미원조' 관련 서술 내용은 추가적으로 보완되었다.

다음은 국정 전후 '항미원조' 관련 서술 내용의 변화에 대해 소개하고자 한다.

〈표 9〉 한국전쟁 관련 소제목 단원 편제 비교

구판(2011)	신판(2018)
제5단원. 중화인민공화국의 성립과 공고 제1과. 중국인민이 일어났음 제2과. 가장 사랑스러운 사람 제3과. 토지개혁	제5단원. 중화인민공화국의 성립과 체제 강화 1. 제1과. 중화인민공화국 성립 2. 제2과. 항미원조 3. 제3과. 토지개혁

58) 이정빈, 앞의 논문, 70쪽.

『중국역사』(8학년, 하)의 한국사 관련 대표적인 서술은 6·25전쟁으로 구판에서는 6·25전쟁에 참전한 중국인민지원군을 의미하는 '가장 사랑스러운 사람'이 소단원 제목이었다. 그러나 신판에서는 중국 학계의 공식 용어인 '항미원조전쟁'을 소단원 제목으로 선정하여 이른바 '항미원조'의 정당성을 강조하고 구체적인 사례를 적시했다.

이는 혁명영웅주의와 함께 국제주의 정신을 발휘한 것으로 미화한 것인데 이는 냉전 시기 자국의 입장을 정당화한 것으로 할 수 있다.[59]

신판 제 Ⅰ단원 중화인민공화국의 성립과 체제 강화의 단원 개요에서 중국공산당은 중국인민을 이끌어 항미원조전쟁을 진행하여 새로운 인민공화국을 굳건히 했음을 강조하는 내용을 추가했다. 중화인민공화국 성립 과정에서 항미원조전쟁이 필요했던 것으로 해석했다.

본문의 과외활동 항목에서는 1950년 미국이 중국 주권을 침범한 행동은 무엇인지 답하도록 유도하여 '항미원조'는 미국이 중국 주권을 침략한 행동으로 인식하도록 강조했다. 또한 국제전의 성격을 띤 한국전쟁을 신구판 모두 조선 내전으로 표현하고 있으며, 연합군의 인천상륙 이후 북진을 조선(북한) 침략전쟁으로 기술하여 전쟁의 책임이 미국과 연합군에게 있는 것으로 오인하게 하는 내용이 포함돼 있다.

이 외, 국정 전환 후 개정판에서는 마오쩌둥의'중국인지원군이 참전해야 하고 반드시 참전해야 한다'를 인용하여 중국인민지원군의 '항미원조'의 필요성을 강조하였고, '관련 역사적 사건'이라는 보조 학습 항목에서 구판의 10월 25일 지원군 출국작전 기념일이라는 주제를 '항미원조 기념일'로 수정하고, 중국인민지원군이 북한에 들어가 첫 승전보를 올린 날임을 추가적으로 설명하였다.

---

59) 오병수, 『중국 역사교과서 분석 회의 내부 자료』, 동북아역사재단, 2018.

〈표10〉 『중국역사』(8학년, 하)(2006/2018) 신·구판 비교표

구판	신판
• 7쪽 제2과. 가장 사랑스러운 사람 • 抗美援朝, 保家衛國 1950년 6월 조선내전이 발발했다. 미국은 제멋대로 군사를 파견하여 북한을 침략했다. 미군을 중심으로 하는 이른바 '유엔군'은 38선을 넘어 중국변경의 압록강까지 치고 들어왔고 미군 비행기는 중국 영공에 침입하여 중국 동북지역의 변경 도시들을 폭격하였으며 미국 제7함대는 중국 대만 해협에 침입하여 인민해방군의 대만 해방을 저지하였다. 미국의 침략활동은 중국의 안보를 심각하게 위협하였다. 북한 정부는 중국 정부에 파병을 요청하였다. 항미원조와 보가위국을 위하여 1950년 10월 중앙정부의 결정에 따라 펑더화이를 사령으로 하는 중국 인민지원군이 북한전선을 향해 북한 군민과 함께 미국 침략자에게 저항했다.	• 8쪽 제2과 항미원조 • 抗美援朝, 保家衛國 1950년 6월 조선내전이 발발했다. 미국은 제멋대로 군사를 파견하여 북한을 침략했다. 미군을 중심으로 하는 이른바 '유엔군'은 38선을 넘어 중국변경의 압록강가까지 치고 들어왔고 미군 비행기는 중국영공에 침입하여 중국 동북지역의 변경도시들을 폭격하였으며 미국 제7함대는 중국 대만 해협에 침입하여 인민해방군의 대만 해방을 저지하였다. 미국의 침략활동은 중국의 안보를 심각하게 위협하였다. 북한정부는 중국정부에 파병을 요청하였다. 항미원조와 보가위국을 위하여 1950년 10월 중앙정부의 결정에 따라 펑더화이를 사령으로 하는 중국인민지원군이 북한전선을 향해 북한군민과 함께 미국침략자에게 저항했다. 미국은 중국이 파병하여 참전하리라고는 전혀 생각지도 못했다. "유엔군" 총사령관인 맥아더장군은 이 주 내에 한국전쟁을 끝내고 미국에 돌아가서 크리스마스를 보낼 것이라고 큰소리쳤다. 중국인민지원군은 북한군민과 어깨를 나란히 하고 싸우면서 연속으로 5차례의 대규모 전투를 치러 미국침략자를 38선 부근으로 몰아냈다.

또한 '방과 후 활동 항목'에서 중국인민지원군 사령관인 펑더화이가 항미원조전쟁이 끝나 후 발언한 "서방침략자들이 과거 몇 백년 간 동방의 한 해안에 대포 몇 개를 걸어놓기만 하면 한 나라를 점령하던 시대는 더이상 돌아오지 않는다"를 새롭게 인용하여 중국 근현대사상 '항미원조 전쟁'이 위대한 승리였음을 강조하였다.

이어서 중국인민해방군은 기념해야 마땅한 수많은 영웅들이 있다고 소개하면서 항미원조전쟁에서 황지광, 추소우원 이외에도 양건스, 뤼성자오 등 관련 자료를 찾아보고 이들의 영웅사적을 알아낸 다음 중국인민지원군이 왜 "가장 사랑스러운 사람들"로 불렸는지 생각해보라고 요구하였다.

이는 상술한 『중외역사강요』가 영웅인물의 교육적 기능을 중시하여 중

국역사상 대표적인 영웅인물들을 교재 안에 녹여내면서『중외역사강요(상)』에 약 70여 명, 30여 개의 영웅군을 다루었고 특히 '항미원조'의 영웅 양건쓰(楊根思), 황지광(黃繼光), 추사오윈(邱少雲)이 대표적인 실례가 된 특징과도 연결된다.

『중외역사강요』의 총주편인 장하이펑(張海鵬)이 새로운 역사교재의 중점학습 내용이 '국가통일과 국가주권, 안보의식 수호'임을 밝혔는데, 국토를 지키거나 영토를 확장시킨 위인들을 중시하였다고 한 발언도 주목할 필요가 있다.

궁극적으로 개편된 중국 중고등학교 역사교과서가 국가정체성 확립의 관점에서 출발하고 있는 것이다. 곧 중국 교육부가 사회주의 국가체제 유지를 위한 중요 수단으로 역사교과서를 제작했음을 보여주는 단서이다. 당중앙이 당의 교육 방안을 완전히 관철시키기 위해 교과서는 국가의지를 체현하는 것이고 교과서 편찬이 국가의 권리라고 밝힌 것과 무관하지 않다.[60]

결국 '항미원조'의 영웅이 중국의 사회주의 국가체제 유지를 위한 중요 수단이 되고 있으며, '항미원조'를 국토 수호의 관점에서 해석하고 있음을 알 수 있다.

마지막으로『중외역사강요』이전의 교과서에서는 등장하지 않던 전근대 중국의 대외관계를 지칭하는 개념으로 '종번관계'가 새롭게 추가되었는데, 한국사 관련 서술의 가장 큰 변화로 평가된다.

『중외역사강요』상권 제 17과 '국가의 출로 탐색과 열강 침략의 가속화'단원에서 19세기 서구 열강의 침략과 '중일갑오전쟁'을 다루면서 다음과 같이 조선이 류큐, 베트남, 미얀마와 동일한 번속국임을 강조하였다.

---

60) 김지훈,「국가의지와 역사교과서의 정치화2018년 중국 중학교 역사교과서의 현대사 서술」,『중국 시진핑시대 교과서 국정화와 역사담론』, 동북아역사재단, 2021.

〈표 11〉『중외역사강요』상(2019) '종번관계' 관련 서술

『중외역사강요』상(2019)
• 98쪽 제17과 국가의 출로 탐색과 열강 침략의 가속화 **변강(邊疆)위기와 중일전쟁** 1864년, 신강지역 소수민족의 상류층 인사들이 청 정부에 반기를 들어 내부 혼란을 야기했다. 중략 일본은 일찍부터 중국 대만과 번속국 조선, 유구를 차지하고 싶어했으며, 중국 대륙을 공격하고자 했다. 조선에서 농민봉기가 일어나 조선 국왕이 청 정부에 출병을 요청했다. 이때 메이지유신을 통해 국력을 키운 일본은 기회를 틈타 조선에 출병했고, 아산포구 외각 풍도에서 청나라의 병사선박을 훔친다. 1894년 8월, 갑오년에 중일 전쟁이 벌어졌다. 9월 청군은 평양에서 대패한다. 같은 달, 황해해전에서 북양함대 관병이 용감하게 작전에 참여해 일본 함대에 큰 타격을 가했고, 원항함대를 이끈 등세창(邓世昌), 임영승(林永升)이 나서서 용맹하게 전투를 치르다 결국 함대와 같이 침몰했다. 이 해전으로 북양함대는 큰 피해를 입었다. 이홍장은 '피전보선(避战保船, 전투를 피하고 선박을 보호할 것)'이란 명령을 내렸지만 북양해군은 제해권을 잃었다. **역사 가로세로** **종번관계** 경제문화의 발전 수준이 차이를 보이면서, 명청시기 중국과 주변 국가 간에는 일종의 종번관계로 국가관계를 형성했다. 주변국가는 명청시기 '납공칭신(纳贡称臣)'을 했고, 명청황제의 책봉을 받아들였으며, 명청황제 연호를 사용했다. 종주국은 번속국의 내정에 간섭하지 않았다. 이와 같은 관계는 무력으로 형성한 것이 아니었다. 조선, 류구, 월남, 미얀마(缅甸) 등 나라는 모두 중국과 종번관계를 형성했다. 1879년 일본이 류구를 강제침탈하면서 이와 같은 종번관계는 점점 해체됐다.

　전근대 중국과 주변 국가들 간에 종번관계가 형성되었음을 강조하면서 중국에 정치적으로 예속된 나라를 번속국(조선, 류큐, 베트남, 미얀마 등)으로 규정하였다. 비록 조공책봉 제도에 대해 "종주국은 번속국의 내정을 간섭하지 않았고 무력을 통해 형성된 것이 아님"을 강조하고 있지만 기존에 중국 학계 일각에서 쓰던 용어인 "종번관계"로 명청시대의 한중, 중월 관계를 서술함으로써 다원적 국제관계가 아닌 정치적인 지배-종속 관계로만 이해하도록 유도하고 있다.

　국내학계에서 지적한 바와 같이 전근대 동아시아 지역질서를 제국의식에 기초한 종번관계로 규정한 것은 자국과 주변관계를 대국과 소국의 관계로 이해하고, 지역질서를 명분으로 대국적 개입을 정당화 하는 논리가 될 수 있다는 점에서 주목할 필요가 있다.[61]

흥미로운 점은『중외역사강요(상)』의 제29과 '개혁개방 이후의 거대한 성취'의 소주제 '국제적 영향력의 부단한 확대'에서 중국이 연합국 안전보장이사회 상임이사국 중 하나로서 세계의 평화유지를 위해 핵심적인 역할을 발휘할 것을 강조하면서 '조선반도' 핵문제를 가장 우선순위로 거론한 점이다.

환언하면 중국이 국제사회에서 신형 국제관계를 구축하고 새로운 질서를 만들며 중국 역할의 당위성을 확대할 것을 시사한 것인데, 여기에 한반도에 대한 강력한 영향력 행사도 내포하고 있다는 점에서『중외역사강요』에 "종번관계 서술 기조와 맞닿아 있다.

지금까지 한중수교 20주년 전후 특히 지난 2017년 국정 전환 이래 최근 중국 역사교과서 속의 한국사에 대한 서술의 특징을 '당과 신라의 관계', '항미원조', '종번관계'의 사례를 중심으로 살펴보았다.

중미 관계를 축으로 한 지역 질서의 변동을 배경으로 자국 중심적 역사 인식이 더욱 강화되면서 중국 역사교과서의 한국사 서술과 인식은 내용적으로 갈수록 악화되고 있다고 할 수 있다.

V. 한중수교 30주년 시점의 중국 역사교육의 현황과 한중관계의 전망

한중수교 30주년인 2022년 중국 교육부는 지난 2월 주요업무보고를 통해 당 중앙이 중국공산당 제2의 백년의 목표를 향해 새롭게 출발하는 중요한 시점에서 시진핑의 신시대 중국특색사회주의 사상을 지도사상으로 하여 중국특색의 고품질 교재 체계 구축을 촉진할 것이라고 밝혔다.

---

61) 오병수, 앞의 책.

이는 초·중학교 의무교육에 대해 국정 교과서를 확대하고 국가 검정을 강화하여 국가 지정 과목은 교육부 목록에 있는 교재만을 사용하겠다는 당 중앙의 의지를 반영한 것이다.

당의 교육방침을 전면적으로 관철하고 '사회주의 건설자와 후계자를 양성'하며, 교육개혁의 혁신을 심화시킬 것을 강조하였다. 또한 직업교육을 적극 발전시키며 교육강국 건설을 추진할 것이라고 밝혔다.

'사회주의 건설자와 후계자를 양성'은 중국 교육부가 사회주의 국가체제 유지를 위한 중요한 수단으로 역사교과서의 교과지침서인 『2017년 중국 고등학교 역사과정표준』의 핵심 지도 요령에 해당한다.

중국 공산당원이 미래의 새로운 역사를 만들어가는 주체가 되어야 한다는 중국 지도부의 역사인식이 반영된 것으로 이해된다.

당 중앙이 당의 교육 방안을 완전히 관철시키기 위해 교과서는 국가의 지를 체현하는 것이고 교과서 편찬이 국가의 권리라고 밝힌 이상 한중간 역사인식의 차이와 갈등은 지속될 것으로 전망된다.

지난 2021년 중국 공산당 창당 100주년을 맞이한 시점에서 주요 언론을 통해 인민민주(人民民主)는 사회주의의 생명이라고 보도하면서 미국식 민주주의의 한계와 폐단을 지적했는데, 미중갈등 구도속에 중국의 자신감을 드러내고 한편으로는 내부 결속용으로도 강조한 것으로 보인다.

같은 맥락에서 2022년도 중국에서 시판하는 현행 역사교과서의 일부 서술의 변화를 주목할 필요가 있다.

전근대와 근대 부분은 지난 2017년 역사교과서를 국정으로 전환한 이후 발행된 교과서와 큰 차이는 없지만 현재를 포함한 현대사 부분은 수정되었다. 중국역사 8학년 하권의 경우, 분량은 동일하지만 2021년 10월 당 대회 등을 비롯하여 최신 중국공산당의 활동 내용이 본문에 새롭게 추가되었다. 중국 역사교과서에는 중국 지도부의 정책방향이 실시간으로 반영되고 있는 것이다. 특히 미중 갈등을 반영한 한국 전쟁 관련 서술의 변화를 주목할 필요가 있다.

본 장에서는 2022년 시판중인 중국역사 8학년 하책과 전년도에 사용한 2018년 2월 발행본과 비교하면서 한국 전쟁과 관련하여 새롭게 추가되고 수정한 내용을 중심으로 검토하고자 한다.

최근 중국이 이른 바'항미원조'70주년을 맞이한 이래 '항미원조'전쟁을 소재로 한 영화와 드라마, 다큐멘터리 등을 지속적으로 방영하였고, 이에 대해 국내외 언론에서 주요하게 다루면서 한국 전쟁에 대한 중국 역사교과서상의 서술 내용에 대한 관심이 더 고조되었기 때문이다.

2018년 인쇄본과 2022년 인쇄본의 관련 서술 내용을 비교하면 다음과 같다.

〈표 12〉 2018년 인쇄본과 2022년 인쇄본의 '항미원조' 관련 서술 내용 비교

2018년 인쇄본	2022년 인쇄본
〈제1단원〉 중화인민공화국의 성립과 공고 제2과 항미원조	〈제1단원〉 중화인민공화국의성립과 공고 제2과 항미원조
1950년 6월 한국전쟁이 발발했다. 미국은 제멋대로 군사를 파견하여 북한을 침략했다. 미군을 중심으로 하는 이른바 '유엔군'은 38선을 넘어 중국변경의 압록강가까지 치고 들어왔고 미군 비행기는 중국영공에 침입하여 중국 동북지역의 변경도시들을 폭격하였으며 미국 제7함대는 중국 타이완해협에 침입하여 인민해방군의 타이완해방을 저지하였다. 미국의 침략활동은 중국의 안보를 심각하게 위협하였다. 북한정부는 중국정부에 파병을 요청하였다. 항미원조와 보가위국을 위하여 1950년 10월 중앙정부의 결정에 따라 펑더화이를 사령으로 하는 중국인민지원군이 북한전선을 향해 북한군민과 함께 미국침략자에게 저항했다.	1950년 6월 25일 조선(한반도)내전이 발발했다. 미국 정부는 무장으로 조선(한반도) 내전에 간섭할 것을 결정했고, 또한 제7함대를 파견하여 타이완 해협을 침입하였다. 1950년 10월 초, 미군은 중국 정부의 재차 경고에도 불구하고 제멋대로 38선을 넘어 전쟁의 불길이 중조(북중)변경까지 미치게 되었다. 　조선(북한)을 침입한 미군 비행기가 여러 차례 중국 동북지역의 변경도시들을 폭격하였으며, 인민들의 생명과 재산의 엄중한 손실과 우리나라의 안전에 엄중한 위협을 조성하였다. 1950년 10월 조선(북한)당과 정부의 요구에 응하여 중국 당과 정부는 북한에 들어가 전투할 것을 결정하였다. 마오쩌둥은 펑더화이를 사령원 겸 정치위원으로 하는 중국인민지원군이 조선(북한)의 전쟁터를 향해 출동하였고, 항미원조(抗美援朝)와 보가위국(保家衛國)을 위하여 조선(북한)군민과 함께 어깨를 나란히 하여 싸웠다.

가장 눈에 띄는 변화로는 '미국이 제멋대로 군사를 파견하여 북한을 침략했다'는 내용과 '중국인민지원군이 미국침략자에게 저항했다'는 등 미국의 침략을 강조한 서술을 삭제하거나 자극적인 표현을 수정한 것이다.

사건 발단의 순서에 따라 좀 더 논리적으로 정리하면서 기왕의 '펑더화이를 사령으로'부분을 마오쩌둥은 '펑더화이를 사령원 겸 정치위원'으로 하는 수정하는 등 중국측의 명확한 사실을 근거로 제시하였다.

전투영웅 황지광과 추사오윈에 대해 소개한 부분에서는 최근 시진핑이 담화문에서 발표한 내용들을 인용하였다. 예를 들면 "칼은 적지만 기운이 넘친"무리가 필사적으로 싸워 "칼은 많은데 기운이 적은" 무리를 이겼다는, 천지를 놀라게 하고 귀신도 울리는 웅장한 서사시를 창작하게 하였다고 서술하였는데 이는 마오쩌둥의 발언을 재인용한 것이다.

중국에서 최근 가장 높은 흥행률을 기록한 한국전쟁을 철저히 중국 시각에서 그린 애국주의 영화 '장진호'의 대사를 인용하기도 하였다. 또한 '황지광과 추사오윈 등 30여 만 명의 영웅공신과 6,000여명에 가까운 공신 그룹이 있다'고 하여 구체적인 숫자를 보완하였다.

최근 '항미원조' 관련 드라마를 통해 더 많은 젊은이들이 국가가 필요로 할 때 마다하지 않고 앞으로 나아갈 수 있기를 바란다며 비장한 각오를 발표한 중국 언론 내용과 같은 맥락에서 연동되는 내용도 추가되었다.

> 지원군 장병은 총칼이 숲을 이루고 탄알이 빗발치듯한 치열한 전투를 무릅쓰고 용감하게 적진으로 돌격하였고, 무차별 폭격을 견디면서 진지를 지켜냈으며 가슴으로 총구멍을 막아냈다. 몸으로 인간 사다리를 만들어 화약 포대를 두손으로 안고, 폭파통을 손에 쥐고 적군을 향해 돌진하였다. 굶주림과 추위를 견디면서 뒷걸음질 치지 않았고, 맹렬한 불에 몸이 타는데도 동요하지 않았으며, 용감하게 "필사적인 공중 육박전"을 하였다.
> (『중국역사』 8학년 하책, 2017년판, 2018년 2월1쇄, 2022년 인쇄본, 10쪽)

이러한 내용은 한국 전쟁이 중국의 입장에서 볼 때 상술한 바와 같이 미국과 맞서 조국과 인민을 지키기 위해 싸운 '정의의 전쟁'이자 '애국전쟁'이라는 인식이 기저에 강하게 깔려 있기 때문이다.

마지막으로 한국 전쟁이 위대한 승리였음을 강조한 내용이 다음과 같이 추가적으로 서술되었다.

> 비할 바 없이 힘든 전투를 거쳐 1953년 7월 미국은 정전협정에 사인을 하게 않으면 안되게 되었다. 북중군대는 이빨까지 무장한 적을 물리쳤다. 미군은 승리할 수 없다는 신화를 타파하였다. 위대한 항미원조 전쟁은 제국주의 침략의 확장을 제어하였고 신중국의 안전을 수호하였으며, 중국인민의 평화로운 생활을 보위하였다; 한반도의 정세를 안정시켰고, 아시아와 세계의 평화를 보호하였으며, 우리나라(중국)의 국제적 지위를 크게 향상시켰다. 항미원조전쟁의 위대한 승리는 중국인민이 일어선 후 세계의 동방에 우뚝 솟아 있음을 보여주는 선언서였고, 중화민족이 위대한 부흥을 향해 나아가는 중요한 이정표였다.
> (『중국역사』 8학년 하책, 2017년판, 2018년 2월1쇄, 2022년 인쇄본, 11쪽)

한국전쟁에서 전사한 중국 '인민지원군'들을 숭배의 대상으로 삼아 고도의 애국주의, 혁명영웅주의를 강조하고 있음을 알 수 있다. 이는 궁극적으로 미중 갈등 격화 속에 중국측 입장을 반영한 한국전쟁을 중국인들의 단결을 촉구하기 위한 자극제로 활용하고 있음을 보여준다.

양국의 전략 경쟁이 격해질수록 반미의식을 부추기는 수단으로 한국전쟁이 향후 더 주목받을 것으로 전망된다.

중국 교육부는 지난 2019년 10월 31일에 전국 대학, 초중고교 교재 조사 통계 작업에 관한 공지를 발표하였다. 각 출판 기관을 대상으로 2006년 1월부터 2019년 10월까지 국내에서 정식 출판된 현재 사용 중인 교재(본과, 대학원 교육에 사용되는 교재 포함)를 11월 30일까지 교재정보관리시스템에 등록하게 한다는 것이다.

역사, 사상정치, 어문 교과서의 국정화를 추진하면서 설립된 중국 교육부 교재국 소속 국가교재위원회 판공실이 이러한 작업을 주관하고 있기에 실제 전방위적인 개혁이 가능할 것으로 보인다.

이어 2020년 1월 19일에 중국 교육부에서 발간한 『국가교재 건설 중점 연구기지 관리방법』에 관한 공지를 발표하였다. 당중앙, 국무원은 각 성, 자치구, 직할시교육청(교육위), 신강생산건설병단 교육국, 각 유관 부처 교육국, 각 중앙 정부 소속 대학교, 각 성 중앙 정부와 합작 대학교, 각 중앙 정부 내 유관 부처, 직속 기관, 각 중점 연구기지 소재 기관을 대상으로 교재건설에 관한 요구를 강화하기 위함임을 밝혔다.

시진핑 신시대의 중국 특색 사회주의 사상을 지도로 당의 교육방침을 관철하고 사상적 방어선을 견고히 하는 중요한 역할을 해야 함을 강조한 것이다.

강력한 당의 통제아래 시진핑 신시대 중국 특색의 사회주의 사상을 주입시키고 애국주의를 핵심으로 하는 민족정신이 중국 초, 중, 고등학생 뿐 아니라 대학생을 대상으로 한 역사교육을 통해 전방위적으로 확산될 경우 중국의 민족주의가 한층 더 고조될 것을 우려하지 않을 수 없을 것이다.

중국 역사교과서 속의 한국사 서술의 삭제, 소략화와 한중 역사인식의 차이, 그 영향으로 인한 한국에 대한 역사 문화의 이해는 '부족'이 아닌 '부재'가 될 가능성도 배제할 수 없다. 이러한 상황 속에 한중 관계를 어떻게 우호적으로 발전시켜나갈 수 있을지 장기적 안목으로 근본적인 해결책을 모색해야 한다.

VI. 맺음말

이상 한중수교 30주년을 맞이하여 지난 30년간 중국 역사 교육의 현황과 역사교과서 속의 한국사 관련 서술을 중심으로 검토하였다.

공교롭게도 한중수교 30주년을 맞이한 시점한 시점인 현재 한중수교 이후 10주년, 20주년에 비해 근래 양국 관계에 대한 부정적 평가가 훨씬 높아졌다.

그 배경은 한중수교 10주년인 2002년에 발발한 동북공정이래 이러한 중국의 역사 인식이 중등학교 역사교과서에도 그대로 반영됨으로써 양국 간의 역사 갈등이 지속, 확대되어 온 현실과 맞닿아 있다.

동북공정으로 불거진 한중 양국의 역사논쟁은 역사해석이 현재 문제뿐만 아니라 미래의 대외관계를 규정짓는 원초적 뿌리임을 명확히 보여주었으며, 여기에 중국 역사 교과서 속의 한국사 서술과 인식이 그 맥을 같이 하고 있음을 파악할 수 있었다.

문제는 시진핑 주석 집권 2기에 해당하는 2017년 9월 당 중앙이 당의 교육 방안을 완전히 관철시키기 위해 교과서는 국가의지를 체현하는 것이고 교과서 편찬이 국가의 권리라고 밝히면서 역사교과서 국정 전환을 공식화 한 바, 이로 인한 한중간 역사인식의 차이와 갈등은 향후 지속될 것으로 전망된다는 점이다.

국가가 정한 교육과정에 근거하여 집체적 서술을 통해 이루어지는 '공적 역사'로서의 역사 교과서는 당국의 현실 노선과 주류적 이데올로기를 구현하는 것이 일반적이기에, 역사교과서가 이데올로기적일 수밖에 없지만 그것이 학생의 역사 인식에 미치는 영향력은 절대적이다.

중국 당 지도부가 인민에게 요구하는 애국주의와 민족주의를 사명으로 받아들일 중국의 중고등학생들이 앞으로 차세대 리더가 되었을 때 동아시아 교류와 협력에 방해가 되는 외교적 마찰을 피하기 어려울 것이다.

중국 역사교과서의 한국사 왜곡 대응과 한중 역사 문제의 해결은 국내 학계와 사회, 정부의 주요 관심사였고 우리 정부에서 역사전문연구기관 설립 등 유관기관 협의체를 가동하여 대응 방안을 모색하고자 시도하는 가운데 동북아역사재단이 탄생하였다.

재단은 2006년 9월 출범 이래 고구려연구재단에서 축적한 연구성과를 토대로 중·고등학교 역사교과서와 대학 교재의 한국 고대사 관련 서술을 분석하여 『중국 역사교과서의 한국 고대사 서술 문제』(2006), 『중국 역사교과서의 민족·국가·영토 문제』(2006년) 등을 출간하였다

동시에 재단의 연구 성과를 국제 사회와 공유하고 나아가 각국 역사교과서를 종합적으로 살펴보기 위해 역사교육과 역사교과서 전문가, 교과서 집필자 등이 참여하는 국제학술회의를 개최하였다.

그 가운데 "동아시아의 자국사와 세계사교육"이라는 주제의 학술회의는 일본의 역사교과서 왜곡과 중국의 동북공정을 대응해 우리 역사교육을 강화해가면서 기존의 자국중심의 한국사, 일국사의 한계를 극복하고, 세계사가 세계 각국사를 망라한 백화점식 교육방식으로 한계를 넘기 위한 방안으로서 개발을 논의한 동아시아사 과목 개설에 중요한 역할을 하기도 하였다.

특히 2011년에는 화동(華東)사범대학 역사학과와 공동으로 상하이에서 "1945년 이래 세계사의 등장" 이라는 국제학술대회를 통해 탈냉전이라는 역사적 계기를 역사교육의 측면에서 어떻게 수용할지를 논의하였으며, 중국 역사교과서 문제와 관련하여 중국의 역사교육자, 교과서 집필자와 정기 학술 교류를 시작하는 계기가 마련되었다.

이러한 배경아래 2011년부터 2018년까지 한중간의 역사교과서를 둘러싼 역사 갈등을 구체적으로 해결하기 위해 한중 역사학자 간 정례적인 학술교류를 진행하였고, 그 결과로서 최근 『한중 역사교과서 대화-근대의 서사와 이데올로기』를 출간하였다.[62]

이 책의 서문에서 밝히고 있듯이 한중 역사 문제를 역사 교육 측면에서

---

62) 오병수, 앞의 책, 7쪽.

개선해보려는 취지에서 진행한 한중 역사교육자 간의 대화의 기록이다.

이러한 한중 역사교육자와 연구자들의 노력에도 불구하고 문제적 상황이 그리 개선되지 못하였지만 한중 역사교과서 집필자들을 중심으로 한중 역사교육의 현황을 분석을 시도하면서, 다양한 논의를 통해 상호 이해와 공감의 범위가 확대되는 경험을 공유할 수 있었다.

비록 지난 2020년 코비드-19로 인해, 한중 양국간 인적 교류가 끊긴 상황에서 한중역사교육자회의를 재개하기 어려웠지만 온라인 플랫폼을 이용하여 '포스트 코로나 시대의 역사교육과 국제이해'라는 주제로 한중 역사교육 국제학술회의를 개최하기도 하였다.

온라인 플랫폼을 이용한 교류는 시공간적 제약을 뛰어넘는 패러다임으로, 향후 오히려 한중 양국간 학술 교류를 촉진시킬 수 있는 가능성을 확인할 수 있었다.

한중 역사교과서 회의가 다시 시작된다면 공동 역사교재 혹은 부교재를 편찬하여 함께 토론하는 가운데서 역사 현안과 갈등을 해결할 수 있는 지혜가 모아질 수 있을 것이다.

궁극적으로는 한중 역사 갈등을 극복을 위한 미래지향적인 한중관계 개선과 상호 이해를 위한 역사교과서의 역할을 재조명하는 계기가 마련되어 한중 협력 증진의 전환점이 될 수 있을 것이다.

다만 중국 역사교과서의 한국사 인식과 서술 문제의 해결책을 모색하기 위해 국내 학계가 공동으로 연구하며 교류하는 토론의 장을 지속적으로 마련할 필요가 있다.

한중 양국의 상호 존중의 가치가 진정성을 발휘하도록 중국 역사 교육과 교과서의 새로운 시각과 변화에 대한 총체적 연구와 분석이 요구된다.

아울러 중국 역사교과서에 대해 좀 더 넓은 동아시아사, 더 나아가 세계사적인 시각에서 분석하고, 일본, 베트남, 몽골 등 다른 국가에 대한 서술 변화와 인식에도 주목할 필요가 있겠다.

향후 다시 맞이하게 될 한중수교 40주년과 50주년을 앞두고 한중관계를 어떻게 정립하고 발전시켜야 하는지 모색하는 가운데 국내외학계의 공동 연구가 활성화되길 기대한다.

| 참고문헌 |

과정교재연구소편,『20세기 중국 중소학 과정표준·교학대강회편 역사권』, 동북아역사재단, 2008.

김용수,『한중 역사 교과서의 서술경향 분석』, 서울시립대학교 교육대학원 석사학위논문, 2009.

동북아역사재단,『중국 시진핑시대 교과서 국정화와 역사담론』, 동북아역사재단, 2021.

_____,『중국 역사교과서 검토회의 발표자료집』, 동북아역사재단, 2010.

_____,『중국 역사교과서의 한국고대사 서술문제』, 동북아역사재단, 2006.

송요후·임상선 외,『중국과 타이완, 홍콩 역사교과서 비교』, 동북아역사재단, 2008.

오병수,『한중 역사교과서 대화』, 동북아역사재단 2021.

조기임,『東北工程과 1990년대 이후 중국 중등 역사교과서 한국사 관련서술 변화에 관한 연구』, 인하대학교 교육대학원 석사학위논문, 2008.

권소연「중국 의무교육교과서『중국역사』근대사 서술분석」,『역사교육연구』33, 2019.

권은주,「『중외역사강요』의 고대문명사 서술 특징」,『중국 시진핑시대 교과서 국정화와 역사담론』, 동북아역사재단, 2021.

김유리,「국정제로 회귀한 중국의 중학교 역사교과서 분석」,『역사교육』148,

2018.

_____, 「중국고등학교 역사과정표준에 따른 4종 판본 『역사』실험교과서의 구성체계 분석」, 『역사교육논집』, 40, 2008.

김종건, 「중국 역사교과서상의 한국 관련 서술 내용 변화에 대한 검토-최근 초급중학 『중국역사』 교과서를 중심으로」, 『중국사연구』, 69, 2010.

김지훈, 「국가의지(國家意志)와 역사교과서의 정치화 - 2018년 중국 중학교 역사교과서의 현대사 서술」, 『역사교육연구』, 33, 2019.

_____, 「한·중 역사갈등 줄이기 - 동북공정과 중국의 역사교과서」, 『역사문제연구』, 17, 2007.

_____, 「현대 중국의 한국전쟁 인식 변화 - 역사 교과서의 서술 변화를 중심으로 - 」, 『사림』, 64, 2018.

김지훈·정영순, 「최근 중국 중고등학교 역사교과서 속의 한국과 한국사 - 「역사교학대강」 교과서와 「역사과정표준」 교과서의 비교검토」, 『중국근현대사연구』, 23, 2004.

김현숙, 「한중 역사 갈등의 현황과 과제 - 동북공정을 넘어 미래로」, 『중국의 역사 정책과 동북아 역사문제 - 동북공정 20년 평가와 과제』, 동북아역사재단, 2022.

박영철, 「중국역사교과서의 한국사서술」, 『역사교육』, 84, 2002.

양승훈·박현숙, 「초급중학교 『중국역사』 교과서(2016판)의 한국 고대사 서술 내용과 특징」, 『선사와 고대』, 59호, 2019.

여호규, 「중국학계의 고구려 대외관계사 연구 현황」, 한국고대사연구, 2009.

우성민, 「'동북공정' 전후 중국 역사교과서의 한국사 인식과 서술 변화에 대한 검토」, 『중국의 역사 정책과 동북아 역사문제 - 동북공정 20년 평가와 과제』, 동북아역사재단, 2022.

_____, 「中國 현행 中等職業學校와 普通高中 歷史敎科書의 韓國史 관련 서술 비교」, 『중국사연구』, 134호, 2021.

_____, 「한·중간(韓·中間) "상호이해(相互理解)와 역사화해(歷史和解)"의

인식제고(認識提高)를 위한 역사교과서(歷史敎科書)의 과제(課題) -
　　한,중중고교역사교과서(韓,中中高校歷史敎科書)의 서술사례(敍述事
　　例)를 중심(中心)으로」, 『중국사연구』, 75호, 2011.
임기환, 「동북아 역사분쟁, 어떻게 연구할 것인가? 중국의 동북공정과 한국
　　역사학계의 대응 - 고구려사 인식을 중심으로」, 『사림』, 26권, 2006.

馬大正·楊保隆·李大龍·權赫秀·華立 著, 『古代中國高句麗歷史叢論』, 黑龍
　　江敎育出版社, 2001.
臧嶸·王宏志, 『初級中學課本, 中國歷史』第1册, 人民敎育出版社, 1987.
人民敎育出版社歷史室, 『世界歷史』, 人民敎育出版社, 1999.
中華人民共和國敎育部, 『九年義務敎育全日制初級中學歷史敎學大綱(試用
　　修訂版)』, 人民敎育出版社, 2000.
上海市中小學過程改革委員會, 『九年義務敎育科本 世界歷史 8年級 第一學
　　期』, 華東師範大學出版社, 2004.
課程敎材硏究所·歷史課程敎材硏究開發中心 編著, 『義務敎育敎科書世界歷
　　史九學年下册』, 人民敎育出版社, 2004.
　　＿＿＿＿＿＿＿＿＿＿＿＿＿＿＿＿＿＿＿＿, 『義務敎育敎科書中國歷
　　史七學年下册』, 人民敎育出版社, 2005.
　　＿＿＿＿＿＿＿＿＿＿＿＿＿＿＿＿＿＿＿＿, 『義務敎育敎科書 中國歷
　　史 七學年 上册』, 人民敎育出版社, 2006.
人民敎育出版社歷史室, 『全日制普通高級中學校敎課書世界近代現代史敎師
　　敎學指針書』, 人民敎育出版社, 2006.
　　＿＿＿＿＿＿＿＿＿＿＿, 『歷史, 選修6, 世界文化遺産會萃』, 人民敎育出版社,
　　2009.
敎育部組織編纂 齊世榮 總主編, 『義務敎育敎科書中國歷史七學年上册』, 人民
　　敎育出版社, 2016.
　　＿＿＿＿＿＿＿＿＿＿＿＿＿＿＿＿, 『義務敎育敎科書中國歷史七學年下册』, 人民

敎育出版社, 2016.

_____, 『義務敎育敎科書中國歷史七學年上冊』, 人民
敎育出版社, 2017.

_____, 『義務敎育敎科書中國歷史七學年下冊』, 人民
敎育出版社, 2018.

_____, 『義務敎育敎科書中國歷史八學年下冊』, 人民
敎育出版社, 2018.

_____, 『義務敎育敎科書世界歷史九學年上冊』, 人民
敎育出版社, 2018.

_____, 『義務敎育敎科書中國歷史七學年下冊』, 人民
敎育出版社, 2022.

敎育部組織編寫, 『中外歷史綱要』(上), 人民敎育出版社, 2019.

_____, 『中外歷史綱要』(下), 人民敎育出版社, 2020.

우리 속의 디아스포라,
한국 화교의 이주와 정착

● 김주아 ●

1. 머리말

한국은 세계에서 몇 안 되는 단일민족 국가다. 전문가들은 순수혈통(純血)이라는 의미의 단일민족은 존재하지 않는다고 지적하지만, 적어도 통상적으로 수용되는 민족 구분으로 따지면 '하나의 민족'이 주를 이루는 나라임은 틀림없다. 이처럼, 국가 단위와 민족 단위의 경계가 유사한 한국은 여러 민족이 뒤섞여 다민족 사회를 형성하고 있는 국가와는 확연히 구분된다. 한국의 단일민족의식은 일제 식민지를 겪으면서 더욱 강화된 측면이 있다. 식민통치에서 벗어나 새롭게 출발한 한국 정부는 일본이 지배했던 대한제국이 아닌 새롭고 자주적인 독립국임을 천명하며 '한민족(韓民族)'으로서의 민족교육을 강조하기 시작했다. 이는 '한국'이라는 '국가 정체성'과 '한민족'으로서의 '민족 정체성'을 강조하기 위한 불가피한 조치였지만, 다른 한편에서는 그 어느 때보다 민족의식이 강해진 사회 분

---

* 이 글은 Kim Ju-A · Li Yongmei, "Between Self-identification and National Education: Considering the Migration and Settlement of Ethnic Chinese in Korea", *Journal of Chinese Literature and Culture*, Vol.9 No.2, 2021을 번역·수정한 것이다.
** 국민대학교 중국인문사회연구소 HK연구교수.

위기 속에서 심각한 소외 현상을 초래하기도 했다. 한국은 제2차 세계대전 종전 이후 식민통치로부터 자주독립을 일궈냈지만, 그 이면에는 타민족에 대한 암묵적 경계심을 수반했다. 국내 거주 외국인은 근대 외래 침략의 산물로 여겨져 한국 사회에서 배척의 대상이 되었다. 해방 이후 국내에 잔류한 외국인이 많지는 않았지만, 그 중 대표적인 외국인이 바로 오늘날 '한국 화교(韓華)' 또는 '재한 화교'로 불리는 중국계 이주민이다.

세계화 시대를 맞이하여 자본의 흐름과 노동력의 이동이 자유로운 오늘날에는 '국경'에 대한 새로운 개념 정의를 요구하기도 한다. 또한, 국가 구성원에 대한 논의는 혈연을 바탕으로 한 전통 민족개념에서 벗어나 소속감과 정체성을 공유하는 새로운 개념으로 그 범주가 확대되고 있다.[1] 특히, 1980, 90년대 이후 유학과 이주노동자, 국제결혼이 늘면서 한국도 어느새 '다문화사회'에 편입되었다. 국내 거주 외국인과 다문화 가족에 대한 한국사회의 인정과 포용력도 점차 제고되고 있다. 하지만, 본문에서 살펴보고자 하는 '한국 화교'는 한국에 다문화라는 개념이 공론화되기도 전에 100여 년을 우리와 함께 살아온 구성원임에도 여전히 이 사회에 소속되지 못한 채 정책의 사각지대에 놓여 있다.[2]

제2차 세계대전 이전 해외 화교사회의 주체는 귀환을 목적으로 한 '화교'였다. 하지만, 제2차 세계대전 이후 많은 나라가 화교의 정착을 거부하던 기존 정책에서 귀화를 허용하는 방향으로 선회하였다. 특히, 1970년대 이후 화교사회의 '현지 정착'은 하나의 추세로 자리 잡았다. 전 세계적으로 화교가 가장 많은 나라는 인도네시아, 태국, 말레이시아, 미국, 캐나다, 필리핀이다. 이들 국가의 대다수 화교는 현지 정책과 정세 변화에 맞춰

---

1) 이용재, 「한국사회 이주민의 생활세계 : 한국화교의 정착과정과 실패요인 - 경제, 정치, 사회적 지위 불일치를 중심으로 -」, 『민족연구』, 62권, 2015, 28쪽.

2) 김주아, 「동남아 화인(華人)의 화문(華文)교육 - 인도네시아, 태국, 말레이시아, 싱가포르를 중심으로 -」, 『중국연구』, 76, 2018.

거주국에서 더 나은 생존과 장기적 발전을 위해 현지 국적을 취득하면서 '외적 화인'으로 새롭게 범주화되었다. 이들의 후손 역시 출생과 동시에 거주국으로 입적되고 있다. 현재 전 세계 3천만 명 이상의 해외화인 중 90% 이상이 이미 외적 화인이다. 이처럼, 대다수 국가의 '화교사회'가 '화인사회'로 전환되었지만, 한국은 예외다.[3] 한국에서는 여전히 수많은 중국계 이주민이 귀화하지 않고 '화교'로 남아 있다.[4] 이는 거주국의 차별정책과 화교사회의 폐쇄성에서 그 이유를 찾을 수 있다.

한국 화교가 국내에 정착하게 된 배경을 살펴보면, 1882년 임오군란 이후 청나라 군대가 조선에 주둔할 때, 이들과 함께 온 청나라 상인이 조선에 정착하면서 한반도의 화상, 화교의 역사가 시작되었다.[5] 역사를 거슬러 올라가면 한반도로 이주한 지 140년이 되었지만, 아직도 한국에 뿌리를 내리지 못한 화교들은 한국을 자신의 고향으로 여기기보다는 영원한 손님으로 살아왔다. 한국 화교는 대부분 중국 산둥성 출신이지만, 타이완 여권을 소지하고 있는 삼중 구조 속에 살고 있다. 지금도 이데올로기의 소용돌이 속에 머물러 있는 한국 사회에서 이들의 선택지는 많지 않았다. 전 세계 6,000만 화교 중 한국에 남아 있는 노화교는 드물지만, 이들의 민족 정체성과 국가 정체성은 세계 어느 화교 사회보다 복잡하다. 이에 한국 화교의 140년 이주 역사를 되돌아보고, 거주국과 이주자의 상관관계,

---

3) 최근 발표한 통계에 따르면 해외 화교·화인은 모두 6,000만 명이다(莊國土, 2020). 이는 10년 전 통계보다 1,500만 명이 많은 수치다.

4) http://qwgzyj.gqb.gov.cn/hwzh/127/379.shtml 楊應棉·楊聖祺,「韓國華僑華人社會的特殊性」, No.6,『海外縱橫』, 2005. 본문에서 사용된 '화교'는 거주국에 귀화하지 않고, 중국 국적을 유지한 해외 중국 공민을 뜻하며, '화인' 거주국의 국적을 취득한 중국계 이주민을 일컫는다. 한국으로 이주한 중국인(노화교) 가운데 한국의 국적을 취득한 예도 있지만, 상당수가 여전히 귀화하지 않거나, 다른 나라로 재이주하였다.

5) 당시 조선반도로 이주한 화교 가운데 이북(북한)에 정착한 화교가 더 많지만, 본문은 이남(한국)에 정착한 노화교의 정착과정을 중심으로 살펴보고자 한다.

화교의 교육시스템과 이런 요소들이 정체성 형성과 사회정착에 미치는 영향을 고찰해 보고자 한다.

1. 문제 제기

인류의 역사는 이주의 역사라고 할 수 있다. 자연적 요인(지리·환경적 요소 등)과 인위적 요인(정치·사회적 요인 등)으로 인해 불가피하게 이주하기도 하고, 같은 이유로 자발적 이주를 선택하기도 있다. 실제로 현대적 의미의 '중국인'이라는 범주가 등장하기 이전에도 중국 내에서는 비슷한 이유로 잦은 인구 이동이 있었다.

민족을 불문하고 이주자의 정체성 형성과 정형화 과정 및 유지에는 시대별로 편차가 있을 수 있지만, 거주국의 문화와 사회 상황, 원주민의 태도에 크게 영향을 받는다. 〈그림 1〉은 거주국과 이주자의 수용도가 이주자의 현지 정착에 미치는 영향을 나타낸다.

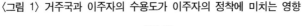

〈그림 1〉 거주국과 이주자의 수용도가 이주자의 정착에 미치는 영향

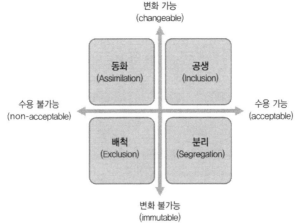

출처: Berry, J., "Immigration, Acculturation, and Adaptation, Applied Psychology", *An International Review*, 46(1), 10, 1997을 참고하여 재정리. Berry는 Acculturation strategies에서, Integration(통합), Assimilation(동화), Separation(분리), Marginalization(주변화)이라는 4개의 개념을 사용했다.

가로축은 거주국(정부와 국민)의 태도, 세로축은 이주자의 태도를 나타
낸다. 서로의 문화에 대한 거주국과 이주자의 이해와 수용 정도에 따라
전혀 다른 정착 양상을 보인다. 첫째, 거주국이 이주자를 수용하고, 이주
자도 적극적이고 정착하려 한다면 서로 포용적인 태도로 공생(Inclusion)
할 가능성이 크다. 둘째, 거주국이 이주자를 수용하지 않고, 이주자도 현
지 사회에 편입되는 것을 꺼리면 서로 배타적(Exclusion)인 관계에 빠지기
쉽다. 셋째, 거주국은 이주자를 이해하고 수용하려는 태도를 보이지만, 이
주자가 자신의 문화를 고수하며 거주국 사회에 편입되는 것을 거부한다면
분리(Segregation) 현상이 일어날 수 있다. 마지막으로 거주국 정부의 정책
이나 국민의 태도가 이주자를 수용하고자 하며, 이주자도 스스로 변화해
적극적으로 거주국 사회에 편입하려 하면 동화(Assimilation) 현상이 나타
날 수 있다. 수백 년 혹은 수천 년의 이주 역사를 통해 전 세계에 퍼져
있는 화교·화인은 이들의 이주 동기와 이주 형태, 출생지, 거주국 정책
등에 따라 거주국 사회에서 다양한 유형으로 현지 사회에 정착하고 있다.
따라서 〈그림 1〉의 공생, 배척, 분리, 동화 등 4가지 유형으로 전 세계
6,000만 화교·화인의 정착 패턴을 구분하는 것은 어려운 일이다.

저명한 화교·화인 학자 왕경우는 화교·화인의 자아 인식에 대해 다음
과 같이 술회한 바 있다. 어떤 이들은 중국 혈통이지만 더이상 자신을
화인으로 생각하지 않는 예도 있고, 일부 사람들은 자신의 혈통에 대해
잘 알지 못하다가 본인의 중국적 속성을 재발견하고 중국화를 위해 노력
하는 예도 있다.[6] 한편, 많은 연구자는 해외 화인이 이중적인 정체성을
갖고 있다고 주장한다. 즉, 거주국의 일원임을 인정하면서도 화인임을 자
각하고 있다는 것이다. 하지만, 이러한 정체성 문제는 한마디로 정의 내리
기 쉽지 않다. 수많은 연구자가 반복적으로 관련 연구를 진행해오고 있지

---

6) 王賡武, 『中國與海外華人』, 臺灣商務, 1994, 234쪽.

만, 여전히 개별적 '자기 인식'이라는 좁은 틀에 갇혀있다. 이에 대해 Barth는 민종 집단을 분석할 때 문화적 영향보다는 사회 조직의 요소를 중시해야 하는데, 이는 민족적 귀속성을 명확히 하는 것이 가장 근본적이기 때문이라고 지적했다. 한 사람이 타인과 상호작용할 때 자신과 타인을 구분하는 기준으로 민족성을 자주 사용하면서 타인과 정체성 구분이 형성된다는 것이다.[7] 그렇다면 한국 화교는 어떨까? 한국 화교의 이주 역사와 이주 배경, 정착과정을 살펴보면 한국 사회 속에 함께 동고동락하고 있는 이들의 삶을 조금이나마 이해할 수 있을 것이다.

21세기에 접어들었지만, 한국은 여전히 냉전(冷戰)의 한복판에 놓여 있다. 마찬가지로 한국 화교도 이데올로기의 영향을 받아 국가 정체성과 민족 정체성의 형성 과정에서 복잡성을 보인다. 본 연구의 목적은 한국 화교의 이주 역사와 정착과정을 이해하고, 특히 자신의 문화를 보존하기 위해 설립된 화교학교가 이들의 정체성의 형성과 변화에 어떤 영향을 미쳤는지 알아보고자 한다. 한국 화교의 정체성과 민족문화 형성 과정을 화교학교를 통해 고찰하고자 한 이유는 학교라는 독립된 교육 공간과 내부의 교육 행태가 가진 문화적 특수성 때문이다.[8] 교육은 특정 집단이 자신의 문화를 보존하고 이어가기 위한 기본 행위로, 이에 대해 황익주(1994)는 북아일랜드의 민족 갈등과 일상에서의 타인화 경험에 관해 연구한 바 있다. 그의 연구에 따르면 북아일랜드 신교와 구교 학생들은 초등학교 때부터 10여 년간 각자 집안 배경에 따라 분리된 학교 교육을 받아 왔고, 각 집단의 특성과 정체성을 세습한 결과 자연스럽게 상대방을 타인화하는 경향을 보였다. 한국의 화교학교도 화교 사회에서 구심적 역할을 담당하고 있다. 민족교육은 한국

---

7) Barth, op, cit: 14, 박은경, 『화교의 정착과 이동』, 이화여자대학교 박사학위논문, 1981, 213쪽 재인용.

8) 김중규, 「화교학교의 역사를 통해서 본 화교문화의 형성과 변화」, 『지방사와 지방문화』, 제13권 제1호, 2010, 361쪽.

화교가 정체성을 유지 및 재창조할 수 있도록 했고, 화교 문화의 계승과 발전에도 중요한 의미와 역할을 했다. 또한, 민족단체들의 기부금을 통해 운영되는 화교학교의 특성상 본국의 교육 콘텐츠를 통해 이들만의 종족 의식을 강화하면서, '한국 화교만의 독특한 문화'를 형성하고 있다.9)

Ⅱ. 한국 화교의 이주와 정착

1. 인구변화와 현황

현재 한국 화교는 주로 서울과 부산, 인천, 대구 등지에 분포한다. 이들의 본적지는 산둥(山東) 출신이 94% 이상이며, 원덩(文登), 룽청(榮成), 무핑(牟平), 푸산(福山), 서우광(壽光) 등이 대표적인 송출지역이다. 국내에는 2만 1,806명의 화교가 거주하고 있으며, 90% 이상이 타이완 여권을 소지하고 있다. 노화교로 일컬어지는 '한국 화교'는 대부분 청나라 말기와 중화민국 때 산둥성과 동북부, 연해 지역 등에서 한반도로 이주하여 정착하였다. 즉, 한반도의 화교 사회는 1882년 임오군란을 계기로 형성돼 약 140년의 역사가 있다. 이후, 화교 인구는 매년 빠르게 증가해 1910년에는 만명을 넘어섰다. 1931년 완바오산 사건과 만주 사변, 1937년 중일전쟁으로 화교 인구는 다소 감소했지만, 이후 다시 증가세를 보이며, 1942년에는 8만 2,000여 명에 달하며 정점을 찍었다. 중일전쟁 후에도 중국의 국공내전으로 잠시 화교 인구가 국내에 유입되기도 했다. 하지만, 1950년부터 1952년까지 6·25전쟁이 발발하면서, 국내 거주 화인 인구가 급감하면서 1952년 한국 화교의 인구수는 17,700명으로 줄었다. 이후 한국의 외국인 이민 규제로 국내 화교 인구는 자연 출생에 의한 증가세를 보이기도 했지만, 1970, 80년

---

9) 앞의 논문, 360쪽.

대 이들 중 상당수는 다시 타이완이나 미국으로 재이주하였다.

〈표 1〉 한국 화교의 인구변화(1907-2020)

연도	인구수	남성	여성	연도	인구수	남성	여성
1907	7,902	7,739	163	1952	17,687	10,639	6,948
1908	9,978	9,600	378	1954	22,090	12,740	9,350
1909	9,568	9,163	405	1957	22,734	13,080	10,238
1910	11,818	10,729	1,089	1959	23,318	13,080	10,238
1911	11,837	11,145	692	1961	23,975	13,270	10,705
1912	15,517	14,593	924	1962	23,575	13,039	10,526
1913	16,222	15,235	987	1964	29,462	16,165	13,297
1914	16,884	15,745	1,139	1965	29,154		
1915	15,968	14,714	1,254	1969	31,243		
1916	16,904	15,496	1,408	1970	31,918		
1917	17,967	16,241	1,726	1971	32,605	17,571	15,034
1918	21,894	20,264	1,630	1972	32,989	18,012	14,977
1919	18,588	16,897	1,691	1973	32,841	17,920	14,921
1920	23,989	21,382	2,607	1974	32,255	17,481	14,774
1921	24,695	21,912	2,783	1975	32,434	17,662	14,772
1922	30,826	27,623	3,203	1976	32,436	17,648	14,788
1923	33,654	29,947	3,707	1977	31,751	17,441	14,340
1924	35,661	31,196	4,465	1978	30,562	16,746	13,816
1925	46,196	40,527	5,669	1979	30,078	16,516	13,562
1926	45,291	43,173	6,883	1980	29,623		
1927	50,056	43,838	8,216	1985	24,594		
1928	52,054			1990	22,843	12,500	10,343
1930	69,109			1994	22,271	12,148	10,123
1931	56,502			2011	26,316	12,984	13,332
1932	41,303			2012	30,143	13,853	16,560
1933	37,732			2013	27,698	12,932	14,766
1934	49,334	39,775	9,559	2014	31,200	13,790	17,410
1935	57,639	45,864	11,775	2015	30,002	13,378	16,624
1936	63,981	49,974	14,007	2016	34,003	14,534	19,469
1938	45,533	37,169	11,364	2017	36,168	14,994	21,174
1939	51,014	37,296	13,716	2018	41,306	16,698	24,608
1940	63,976			2019	42,767	16,947	25,820
1941	73,274			2020	19,444	9,488	9,956
1942	82,661						
1943	75,776						

출처: 1907년~1980년: 이효재·박은경, 「한국 화교 및 화교 이동에 관한 연구」, 『한국문화연구원 논총』, 37, 1981, p.224. 참고; 1985년~1994년, 2010년~2020년: 한국 출입국관리국 통계 연보 참고.

하지만 1992년 한중수교 이후 취업과 무역, 유학 등의 목적으로 한국으로 이주한 중국인들이 속속 생겨나면서, 이들은 '신화교(新僑)'로 구분하고 있다. 앞서 1882년부터 1949년까지 신중국 수립 이전에 한국으로 이주한 중국인들은 '노화교(老僑)'로 흔히 '한국 화교(韓華)'라고 부른다. 〈표 1〉은 '노화교'의 인구변화를 보여준다.

조선에 처음 들어와 상업활동을 한 중국인은 주로 남성이었다. 한국 화교들의 성비를 보면 전체 인구에서 남성이 차지하는 비율이 높은 것을 확인할 수 있다. 한반도와 중국은 바다를 사이에 두고 서로 마주 보고 있어 육로나 해로를 통한 이동이 자유로웠기 때문에 가족은 고향(중국)에 남겨둔 채 계절성 이동을 하는 경우가 많았다. 인구변화의 배경을 분석해 보면 동남아 화교와 마찬가지로 한국 화교의 초기 이주 목적은 '정주'보다는 '단기 체류'를 통한 영리 추구, 즉 경제적인 이유가 대부분이었다.

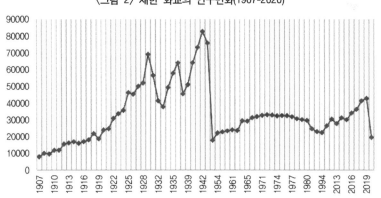

〈그림 2〉 재한 화교의 인구변화(1907-2020)

출처: 위의 통계자료를 바탕으로 필자 작성

일제강점기 한반도에서 한화의 영향력을 줄이기 위해 화교와 조선 인민의 갈등을 조장해 상호 혐오를 부추기는 화교 배척(排華) 사건이 잇따라 일어났다. 일련의 배화 사건 중 가장 큰 영향을 준 것이 바로 완바오산 사건이다. 1931년 완바오산 사건은 화교의 운명에 중대한 전환점이 됐다. 이 사건은 지린성 창춘현에서 동쪽으로 약 30km 떨어진 완바오산 마을 인근 황무지에서 발생하였으며, 만주 사변 이전 일본 관동군이 의도적으로 일으킨 유혈사태였다. 사건 직후 일본 당국은 창춘(長春) 조선일보 김리삼(金利三) 기자를 매수해 200여 명의 조선인 피살 기사를 조작한 뒤 숫자를 부풀려 800여 명으로 보도했다.[10] 이후 화교들은 한반도에서 폭행과 방화 등의 피해를 봤으며, 남녀 불문하고 사상자가 발생하는 등 불법적인 대우를 받았다. 결국, 수많은 화교가 중국으로 귀국하거나 남부로 이주했다. 이 사건 이후 화교는 주류사회에서 변방으로 밀려나는 신세가 되었다.

인구변화를 보면, 꾸준히 증가하던 한화의 인구가 1931년 '완바오산 사건' 이후 급감한 것을 알 수 있다. 이후 만주 사변과 중일전쟁, 일본의 패전, 국공내전 등 굵직한 역사적 사건의 영향으로 한반도로 이주한 화교 인구는 계속 감소했고, 특히 한국전쟁 이후 화교 인구가 급감하면서, 한국은 동아시아 국가 중에서도 화교 인구가 상당히 적은 편이다. 하지만, 당시 국내 거주 외국인은 한국 남성과 결혼한 일본 여성 등 특수한 경우를 포함해도 전체적으로 그 숫자가 많지 않았다. 따라서 국내 거주 외국인 중에서 화교는 상대적으로 높은 비율을 차지했을 것으로 예상된다. 한국전쟁이 끝난 뒤 남한에 남은 2만여 화교가 재한 화교의 시초라고 할 수 있다. 이후 한국은 이민을 받아들이지 않아 화교 인구의 자연증가에 의존할 수밖에 없었다. 특히, 화교의 성비로 미뤄볼 때 한국 여성과 결혼한 화교 남성의 수가 적지 않으리라고 추정된다. 그러나 한국은 1998년까지 부계 혈통주의를 고수했기 때문에[11] 화교 남성과 한국 여성이 결혼해 낳은 자녀는 화교로 집계되었다.

---

10) 傅寧·袁豐雪,「"萬寶山事件"和"韓華"命運的轉折點」,『煙臺日報』, 第011版, 2020.
11) 한국은 1998년 6월 14일 이후부터 부계와 모계 혈통주의의 국적법을 실행하고 있다.

2. 한국 화교 사회의 형성과 역사적 지위

(1) 냉전 이전(1882~1945)

① 유입 조건

화교가 본격적으로 한국으로 이주한 것은 19세기 말 청나라와 조선의 정치 상황에서 비롯됐다. 당시 일본의 조선 진출이 활발해지면서 조선의 대외 교섭에 간섭하고 서방열강과 수호조약을 맺는 중간 역할을 했다. 조선은 1882년 임오군란 이후 일본 세력을 견제하기 위해 청나라에 군사적 요구를 하고 '조청상민수륙무역장정'을 체결하면서, 청나라 군역 화교들이 한반도에 진출하는 계기가 되었다.¹²⁾ 당시 청군은 조선반도에 군함 3척, 상선 2척과 함께 각각 3,000명의 청국 군인과 40여 명의 상인을 파견했다.

② 송출 조건

1898년 산둥(山東)을 비롯한 화베이(華北) 지역에서는 '부청멸양(扶淸滅洋)'을 구호로 한 의화단(義和團) 운동이 일어났다. 이들은 중국에 유입된 서양인을 배척하고 기독교 교회를 강제로 파괴해 청 정부와 농민의 지지를 받았다. 그러나 1900년 외세에 의해 의화단 운동이 진압되자 폭동의 진원지인 산둥(山東) 남성들은 신변 보호를 위해 잠시 국외로 탈출했고, 이들 대부분은 지리적으로 가까운 조선으로 건너갔다.¹³⁾ 한편, 1920년부터 1921년 사이 산둥(山東), 안후이(安徽), 장쑤(江蘇) 지역의 연이은 대홍수로 수백만 명의 이재민이 발생했고, 많은 사람이 생계를 위해 압록강을 건너 육로로 한반도 북부에 들어가거나 뱃길로 인천에 상륙했다. 이

---

12) 담영성, 『朝鮮末期의 淸國商人에 關한 硏究 : 1882年 - 1885年까지』, 단국대학교 석사학위논문, 1976, 9쪽.

13) 박은경, 『화교의 정착과 이동』, 이화여자대학교 박사학위논문, 1981, 28-29쪽.

처럼 다양한 이유로 한반도 이주를 선택한 사람들에 의해 1942년에는 국내 화교 인구가 8만 2,600명에 달했다(한중일보 1996년 3월 13일).

③ 한국 화교의 화려한 출발

1887년 조선총리상무(總理朝鮮商務)를 맡은 위안스카이(袁世凱)의 지휘와 인솔로 한국 화교는 화려한 출발을 했다. 한국 화교는 당시 자원이 부족한 조선에 생필품을 공급하거나, 광산개발과 농업에 종사했다. 특히, 고향 산둥의 채소 재배 기술을 현지에 적극적으로 도입했다. 초기 조선의 관리와 백성은 이웃 국가에서 온 손님에게 '대국인', '상국민' 또는 '청상'이라며 예우했다. 이후, 1906년까지 한반도에는 총 3,600여 명의 화교가 있었고, 1916년까지 10년간 5배로 늘어 1만 8,000명에 달했다. 1922년 조선의 화교는 2만 4,000여 명까지 늘어났다. 이들 중 상업활동에 종사하는 사람이 절반 이상을 차지했으며, 이들은 신용과 근검절약, 경영 실력을 바탕으로 상업 규모와 영향력을 넓혀 나가며 조선반도의 상권을 독점하다시피 했다. 중국 화교연합회의 조사에 따르면 당시 조선 전역의 납세자 가운데 거상은 모두 화상이었다(中國僑聯, 2016). 이처럼, 한국 화교는 과거 한반도에서 우월한 역사적 위상을 지녔고, 현지에서 눈부신 상업적 성취를 이뤄냈다. 하지만 이런 우월적 지위와 상업의 전성기는 그리 오래가지 못했다.

④ 한국 화교의 몰락

임오군란으로 청나라 군사를 지원하기 위해 온 병역 상인들이 청나라 정부의 강력한 지원으로 급성장하자 그러한 인식 아래 있던 화상들의 횡포도 거세졌다. 또 이들이 조선의 상권을 장악했다는 이유로 간상(奸商)이라는 꼬리표가 따라다녔다.[14] 이 같은 반화 정서에도 불구하고 완바오산 사건에 대한 조선일보의 무책임한 보도로 화교들에 대한 조선인들의 분노가 폭발했고, 전국에서 화교를 대상으로 무차별 공격이 가해졌다. 후에 두 민족을 이간하기 위한 일본의 간계로 드러났지만, 조선인과 중국인 사이에 깊은 감정의 골이 생긴 것은 부인할 수 없는 사실이다.15) 이후 화교의 위상과 영향력은 변방에 밀려났고, 지금도 한국 사회의 중심에 서거나 한국 경제에 주도적인 역할을 하지는 못한다.

(2) 냉전 시기(1945~1992)

① 한국의 외국인 정책

한국에서 법률과 경제, 사회, 문화적으로 '내국인'과 '외국인'을 차별하는 것은 내국인 보호 차원에서 외국인과 구별하기 위한 것이지 화교들을 겨냥한 것은 아니었다. 즉, 한국의 화교 정책은 외국인에 대한 기본 정책이었을 뿐, 공식적으로 화교를 대상으로 한 특정 정책이 정립된 것은 아니었다. 예를 들어, 외국인 출입국관리법, 외국인 토지관리법 등 정부의 관련 정책이 유·무형적으로 재한 화교에게 불공평한 결과를 초래했지만, 이는 재한 외국인 모두에게 적용된 것이다.16) 하지만, 한국에 거주한 외국인 집단 중 가장 규모가 크고 오래된 화교에게 이런 정책의 영향이 가장 컸으리라는 것은 자명한 사실이다.

② 한국의 화교 정책

한국의 화교 정책은 철저히 무관심과 차별로 일관됐다. 일제강점기 화교의 상업 행위와 경제력을 목도한 한국의 지도층은 한국 경제성장에 대

---

14) 앞의 논문, 85쪽.

15) 곽병곤, 『韓中修交 以後 在韓 華僑社會의 變化에 관한 硏究』, 고려대학교 석사학위논문, 2002.

16) 앞의 논문.

한 화교의 영향력을 경계했다. 그 때문에 1948년 대한민국 정부 수립 이후 화교는 급변하는 한국 사회에서 소수민족(이방인)으로서 겪는 고통을 감수해야 했다. 1949년 본토 중국의 국공내전은 공산당의 승리로 끝났고, 화교의 한국 유입도 막을 내렸다. 이후 국내 거주 화교는 자연발생적인 인구증가에 의지할 수밖에 없었다.

③ 위축된 화교 경제

한국전쟁으로 인한 화교들의 재산 피해도 상당했다. 당시 시장가격으로 따지면 약 30억 원의 손실이 발생한 셈이다. 또한, 한국전쟁 이후 한국민의 민족의식이 심화하면서 한국 정부는 자국 경제에 대한 부양과 보호를 강화하는 한편, 외국인의 경제활동을 제한함에 따라 화교들의 경제활동은 큰 타격을 받을 수밖에 없었다. 처음에는 청 정부의 보호 아래 무역업에 종사하며 조선 경제의 핵심분야를 차지했던 화상들은 화농으로 전락해 주로 농업에 종사했다. 이후, 모든 분야에서 경제활동이 제한되면서, 국내 화교의 경제 몰락이 본격화되었다. 이후 많은 화교가 중국으로 돌아가거나 해외로 이주했고, 현재 등록된 화교 인구는 2만 1,806명에 불과하다.[17]

(3) 한중수교 이후(1992~2022)

① 한국 화교의 신분 정체성과 선택의 기로

올해는 한국과 중국이 수교를 맺은 지 30주년이 되는 해이다. 한중수교는 냉전 극복이라는 상징적 의미를 지니는 역사적 사건으로, 1992년은 아시아의 국제 환경과 외교 관계에 새로운 장을 연 해로 기억되고 있다. 한중수교는 이후 한반도 정세의 안정뿐 아니라 경제와 투자 환경 개선에

---

17) http://www.craskhc.com/htm/sub03.htm, 한성화교협회 사이트.

도 중대한 전환점이 되었다. 이는 중국이 톈안먼 사태 이후 자본주의 국가의 제재를 받는 상황에서 돌파구를 마련함과 동시에 외부 투자 유치와 아시아 및 국제무대에서의 영향력 확대를 위한 기회이기도 했다.[18] 그러나 아이러니하게도 양국의 수교는 수십 년 동안 타이완 신분을 유지하고 살아온 한국 화교들에게 청천벽력과 같은 소식이었다. 대다수 한국 화교가 자유중국(타이완)의 교포 신분으로 국내에 거주해온 만큼 한중수교는 이들의 생활과 사회 활동 등 여러 측면에서 부정적 영향이 불가피했다.

사실 유일한 합법 정부로서 한국과 외교 관계를 유지해온 중화민국(타이완)은 중국의 개혁·개방 이후 국제사회로부터 고립되어 있었다. 1992년 한중수교는 타이완과의 단교를 의미하는 것으로 1949년 이후 타이완 신분을 유지해온 재한 화교는 새로운 신분(한국 또는 중국)에 대한 선택의 갈림길에 서게 되었다. 이들이 계속 타이완 신분을 고집한다면 베트남 난민과 같은 무국적자들이 겪게 될 어려움과 고통에 빠질 수도 있는 상황이었다.[19] 즉, 당시 국제정세 변화가 재한 화교들에게 미친 가장 큰 영향은 신분 정체성과 이에 대한 선택이었다.

② 한국 화교의 경제적 지위 회복

한중수교 이후 한중무역 총액과 성장률은 타이완과의 교역량과 비교할 수 없을 정도로 컸다. 이처럼, 한중수교 이후 경제무역 분야에서의 급속한 진전은 양측의 경제 발전에 지대한 영향을 미치며 긍정적인 작용을 해왔다. 물론 냉전 이전, 특히 1940년대에도 한중 간 경제교류가 활발했던 적이 있다. 교역량만 놓고 보면 중국은 이미 한국의 최대 교역 상대국이었다. 반면, 한국과 타이완의 무역 거래는 속도는 더디지만, 여전히 중요한

---

18) 앞의 논문.
19) 중앙일보, 1992년 8월 22일자 보도, 곽병곤, 2002, 재인용.

무역상대국이다.[20] 1992년 수교 이후 2011년까지 양국의 교역액은 63억 7,900만 달러에서 2,206억 1,700만 달러로 35배 가까이 늘었다. 한중 양국의 무역거래는 지속해서 발전하며, 동아시아는 물론 세계 경제에서도 중요한 역할을 담당하고 있다. 여기에 인천에 있는 화교들은 인천항의 강점과 중국 각 지역과 인접해 있는 편리한 입지 덕분에 양국의 무역 발전에 중요한 역할을 해왔다. 한중 관계가 깊어지면서 화교의 경제적 지위가 회복될 것이라는 기대감도 상승했다.

③ 한국 화교의 사회적 지위 제고

1992년 한중수교 이후 중국과 문화·경제 교류가 활발해지고 양국 관계가 긍정적으로 발전함에 따라, 화교들에 대한 차별적 법규도 완화되었고, 귀화 절차도 이전과 비교해 상당히 편리해졌다. 1994년 개정된 '외국인의 토지취득 및 관리에 관한 법률'에 따르면 1992년 이후 한국에서 태어난 화교는 만 18세가 되면 한국 국적을 취득할 수 있고, 한국 남성이 화교 여성과 결혼하면 자녀도 자연스럽게 한국 국적을 취득할 수 있게 되었다.[21] 게다가 중국의 영향력이 커지면서 화교의 사회적 지위가 제고될 것이라는 기대감도 커졌다. 〈표 2〉에 따르면 한국 화교의 종합적인 영향력은 1990년 2.09%에서 2007년 5.89%로 높아졌다.[22]

---

20) 鄭永祿·李和承,「韓中建交後韓國華僑社會地位變化考察」,『華僑華人歷史硏究』, 第3期, 2008, 16-17쪽.

21) http://qwgzyj.jqb.gov.cn/hwzh/127/379.shtml 楊應棉·楊聖祺,「韓國華僑華人社會的 特殊性」, No.6,『海外縱橫』, 2005.

22) 鄭永祿·李和承,「韓中建交後韓國華僑社會地位變化考察」,『華僑華人歷史硏究』, 第3期, 2008, 20쪽.

〈표 2〉 재한 화교의 지위와 관련된 종합지수의 변화(1990-2007)　　　　(단위: %)

	정치 (인구 비중)	경제 (타이완과의 교역 비중)	사회 (화교 출신 교수 수)	문화 (중국TV 채널 비중)	종합지수
1990	0.06	2.00	0.03	0.00	2.09
2007	0.05	3.40	0.04	2.40	5.89
변화	-0.01	+1.40	+0.01	+2.40	+3.80

출처: 鄭永祿·李和承, 「韓中建交後韓國華僑社會地位變化考察」, 「華僑華人歷史硏究」, 第3期, 2008.

앞서 살펴본 바와 같이 냉전 이전(1882~1945) 화교는 한때 '상국민' 대접을 받으며 한반도 경제에서 주도적 위치를 차지했지만, 완바오산 사태 등의 영향으로 경제적 영향력과 사회적 지위가 추락했다. 냉전 이후 (1945~1992) 1948년 대한민국 정부 수립과 한국전쟁 발발, 민족의식 강화 등 보호주의 정책의 최대 피해자로 떠오르면서 주류사회에서 물러나게 되었다. 그러나 한중수교(1992) 이후 한중 양국의 경제무역과 문화교류 분야의 협력이 강화되고 관련 법규가 정비되면서 한화의 경제력과 사회적 위상도 회복되고 있다. 한때는 화려하게 입성했지만, 바닥까지 추락하는 씁쓸함도 겪었던 화교에게 한중수교는 위기이자 기회로 다가왔다.

Ⅲ. 한국 화교학교의 민족교육과 정체성

해외 '화인사회'를 융합하는 구심점은 '교육과 언론, 민족단체(社團)'라고 할 수 있다. 이른바 화인사회를 지탱하는 세 가지 기둥이다. 거주국의 역사적 상황과 화교 관련 정책에 따라 그 규모와 성격이 다를 수는 있지만, 화교·화인이 정착한 곳에서는 민족공동체(社團)와 민족교육(華校), 민족언론(華報)을 쉽게 찾아볼 수 있다. 왕경우는 이에 대해 교육은 보통 특정한 정치적 틀 안에서 이루어지며, 경제적 잉여와 사회 대중의 투자로 뒷받침되는 동시에 한 나라의 문화와 전통의 영향을 받는다고 전제했다.[23) 해외로 나가 삶을 개척하는 화교에게 있어 교육과 문화, 전통의 관계는 이보다 더 복잡하다. 이들 대부분은 식민지의 문화, 토착의 문화 또는 본토(중국) 문화 중 적어도 한 가지 이상의 문화적 색채를 지니고 있다. 이런 면에서 한국 화교는 본토(중국)와 식민지(일본), 행정적 신분(타이완), 거주국(한국) 등 네 가지 서로 다른 문화의 영향을 받아 왔다.

1. 한국 화교학교의 발전과정 및 주요 사건

한국의 화교 교육은 20세기 초반 들어 본격적으로 시작되었다. 1902년 인천 화교학당이 한국 화교 교육의 효시라고 할 수 있다. 이후, 1945년까지 서울, 부산, 영등포, 군산, 대구에 화교 소학교가 설립되었다. 서울에는 소학교 6개교, 중학교 1개교가 세워졌다. 당시 학생은 모두 남학생으로 약 700명이었다. 1941년 설립된 화교학교의 고등부는 1943년 광화중학으로 명칭을 변경했다. 1945년 광복부터 1950년 6·25전쟁 발발 직전까지 5년간은 한화의 경제활동이 활발했던 데다 이들에 대한 국민당의 관심이 화교학교의 양적 발전, 특히 한반도 남부의 화교 교육에 큰 진전을 이루는 데 도움이 되었다. 38선 이남에만 14개의 소학교 증설됐고, 1948년 한성화교중학도 개편됐다. 이에 따라 1950년 이전까지 한국의 화교학교는 20개 소학교와 1개 중학교에 학생 수가 약 2,000명으로 화교 전체의 10%를 차지했으며, 여학생도 입학이 허용되었다. 한국전쟁이 끝난 후 당시 중화민국대사관의 전폭적인 지원으로 한때 폐교되었던 학교를 복구되면서, 15개의 소학교를 증설하였고, 부산과 인천, 대구에 화교 중학을 설립하였다. 1956년 한성 화교중학에는 고등부가 증설되었다. 1960년에는 소학교가 35개교, 중학교가 4개교 등 39개교로 확대되었다. 특히 소학교 졸업생이 늘어나자 1974년 광주에 화교 직업중학을 세우기도 했다. 이로써 화교학교

---

23) 王賡武, 『中國與海外華人』, 臺灣商務, 1994, 328쪽.

는 소학교 50개교, 중학교 5개교로 늘어났다.[24]

하지만, 1970, 80년대 한국 화교 상당수가 타이완으로 이주하거나 해외로 이민을 하면서 화교 학생 수가 줄면서 수십 개의 화교학교가 폐쇄되어, 지금은 32개 학교만 남았다. 이들 화교학교의 수업 방법이나 교재는 모두 타이완의 교육시스템을 활용하고 있다. 현재 화교중학(중·고교)은 서울·부산·인천·대구 4곳으로 학생 수는 1,520명, 교직원은 107명이다. 화교 초등학교는 28개교로 학생 수는 1,271명, 교직원 수는 96명이다. 표3은 1902~2009년까지 화교학교의 발전 역사와 학교 현황을 정리한 것이다.

〈표 3〉 재한 화교학교의 발전사와 현황(1902-2009)

년도	지역	학교명	년도	1945년대이후 현황
1902	경기도	인천화교소학	1945	소학교 6곳, 중학교 1곳, 총7곳
1910	경기도	한성화교소학	1950	소학교 20곳, 중학교 1곳, 총21곳
1912	경상남도	부산화교소학	1960	소학교 35곳, 중학교 4곳, 총39곳
1941	경상북도	대구화교소학	1974	소학교 50곳, 중학교 5곳, 총55곳(학생 수 11,169명)
1941	전라북도	군산화교소학	1977	41곳(학생 수 8,271명)
1942	경기도	한성화교학교 중학부	1979	39곳(학생 수 7,026명)
			2009	소학교 23곳, 중학교 4곳, 총29곳(학생 수 8,965명)

출처: 1945년 이전 자료(王恩美, 2010); 1945년~1974년 자료(王淑玲, 2013); 1974년~1979년 자료(석미령, 1995); 2009년 자료(于德豪, 2012).

비고: 한성화교협회 사이트에 따르면, 현재 국내 화교학교는 초등학교 28개, 중학(고등학교 포함) 4개로 모두 32개이다. (검색일: 2021.11.19)

(1) 형성기(1882~1945)

① 중일전쟁

1882년부터 1910년까지 화교 교육사업은 태동기에 해당한다. 이 시기의 교육기관으로는 구식 서당(書堂)과 신식 학교가 있다.[25] 개항 초기 조

---

24) 張兆理, 1957; 王淑玲, 『韓國華僑歷史與現狀硏究』, 社會科學文獻出版社, 2013, 164-165쪽 재인용.

선을 둘러싸고 청나라와 세력다툼을 벌이던 일본은 1894년 청일전쟁을 일으켜 청나라 세력을 배제하고 조선에서 우월적 지위를 확보했다. 30년 대 완바오산 사건과 만주 사변을 겪은 화교들은 귀국길에 올랐다. 하지만, 이후 일본의 중국 침략전쟁으로 중국 본토가 주요 전쟁터로 바뀌면서 많은 화교가 가족을 데리고 다시 한반도로 이주하면서 가족 단위의 화교가 급증했다.

초기 조선으로 이주한 화교들은 주로 남성이었고, 단기 체류 후 중국으로의 돌아가는 계절성 이동이 많아 '교육'의 필요성을 느끼지 못했다. 이후 가족 단위의 이주자가 늘면서 서당과 같은 형태의 개별적인 교육이 이뤄졌다. 특히, 초기 조선으로 이주한 화교들은 상당수가 농촌 출신으로 본인도 교육을 제대로 받은 적이 없는 사람들이 대부분이었지만, 자녀들에게 민족과 문화적 정체성을 심어주고, 이를 유지하기 위해 교육의 필요성을 절감했다. 1894년 청일전쟁 이전 조선 화교사회에는 서당이 유일했다. 이들 교육기관에서는 주로 중국 전통 교육방식을 고수했으며, 초급 단계는 백가성, 삼자경, 천자문을 가르쳤고, 고급 단계에서 사서오경과 주산, 서예 등을 배웠다.[26] 이후 조선 화교사회에서도 신식 교육의 필요성이 제기되면서 학교가 설립되었다.

이 시기 청 정부도 해외 화교를 보호하기 위해 별도의 기관을 설립하고 화교 거주지에 교육기관 설립을 지원했다. 이런 배경하에 金慶章 인천화교영사는 인천 지역에 거주하는 화교를 대상으로 모금 운동을 벌여 최초의 신식 화교학교인 '인천 화교 소학교'를 설립했다. 하지만 건축 용지가 없어 '인천중화상무총회(인천화교협회 전신)' 사무실을 빌려 학생 30명을 대상으로 '서당교육' 방식으로 시작했다.[27] 1902년 제1호 화교학교인 '인

---

25) 楊昭全·孫玉梅, 『朝鮮華僑史』, 中國華僑出版社, 1991, 162쪽.
26) 앞의 책, 162쪽.

천화교학당'이 설립되면서 자녀들의 교육 문제를 해결함과 동시에 공동체 의식과 소속감을 증진할 수 있었다.

한편, 당시 중화민국 정부는 해외 화교들의 구심력을 강화하기 위해 교민 지원정책을 추진하였다. 한국 화교들도 화교사회의 안정적 발전을 위해 정부의 해외 화교 정책을 적극 활용해 50여 개 화교학교가 성황을 이뤘다.[28] 한때 화교학교 설립이 중시되지 않았던 것은 화교들이 단기 거주를 목적으로 성인 남성이 주를 이루었기 때문으로 해석할 수 있다. 그러나 화교들의 해외 거주가 장기화되고 가족 단위의 이주가 늘면서 민족학교 설립의 필요성이 제기되었다.

② 1910년, 일본 식민통치 시기

한성중화상회와 전 주조선공사관은 馬廷亮과 張時英 등의 자금으로 1910년에 '한성화교학교'를 설립하였는데, 당시 학생 수는 40명이었다. 1912년에는 부산에 '부산화교학교'를 설립했다. '인천화교학당'까지 합치면 당시 조선의 화교학교는 3곳뿐이었고 학생은 100명에 불과했다. 이 시기 화교학교의 교사는 모두 중국에서 초빙되었고, 교과서도 중국 교육부가 검정한 교재를 사용했으며, 수업도 중국어로 가르쳤다.[29] 이들 3개 화교학교의 설립은 조선 화교 교육의 시발점이 되어 조선 화교 교육사업의 발전을 가져왔다. 그러나 일본 정부가 조선에 외국인학교 설립을 규제하고 있어 교육환경은 개선되기 어려웠다. 당시 화교학교의 관리는 일본 정부가 개입해 규정했고, 소학교의 주요 과목은 일본어와 중국어, 산수였다.

---

27) 劉曉穎, 『韓国華僑の研究 ― 華僑教育を中心』, 嶺南大學校碩士學位論文, 2019, 20쪽.

28) 菜芊千, 2016; 王瑜, 「在中臺韓的國家認同之間擺盪?韓國華僑身份認同的社會學考察」, 臺灣大學社會學系, 2019 재인용.

29) 楊昭全·孫玉梅, 『朝鮮華僑史』, 中國華僑出版社, 1991, 210쪽.

또 일본어 수업도 일본인 교사가 맡아 소학교 2학년 때부터 매주 5일 어학 수업을 받도록 했다.[30] 한편, 1910~1930년은 화교 교육이 전통 서당교육에서 신식 학교 교육으로 전환된 시기이기도 하다.

③ 1931년, 완바오산 사건과 만주 사변

일제 치하에서 한국 화교의 입지는 좁아졌고, 특히 1931년 완바오산 사태와 1937년 시작된 중일전쟁으로 조선 거주 화교의 경제도 쇠락하고 삶도 어려워졌다. 교육의 경우 일본 법령에 따라 외국인의 학교 설립이 제한돼 있어 조선 남부지역(현 한국)의 화교학교는 낙후됐다. 제2차 세계대전이 끝날 때까지 조선 남부에는 화교 초등학교 6개교, 중학교 1개교로 학생 수가 700명 미만이었고 모두 남학생이었다[31]. 대다수의 화교 자제는 제때 양질의 교육을 받지 못했다.

1931년 완바오산 사건이 터지면서 화교 사회가 큰 피해를 보자 많은 화교가 피난을 떠났다. 그해 9월 만주 사변으로 귀향 화교 수가 급증했다. 1930년 6만 7,794명이던 화교 수는 1931년 3만 6,778명으로 1년 새 절반 가까이 줄었다. 이후 정세가 안정되면서 조선의 화교 인구가 늘었고, 피난 갔다가 다시 조선으로 돌아오는 화교 수가 해마다 증가했다. 1931년부터 1945년까지 조선반도에 화교 소학 22개교, 중학 1개교가 새로 세워졌다.[32] 1937년 중일전쟁 이전 조선의 화교학교는 난징 국민당 정부의 교육부가 검정한 교재를 사용했다. 각지에 있는 화교학교의 설립 취지는 화교 자제들에게 중화 문화를 전수하고 조국의 전통 교육을 받도록 하여 중화 민족 정신을 고취하는 데 있었다.[33]

---

30) 劉曉穎, 『韓国華僑の研究 — 華僑教育を中心』, 嶺南大學校碩士學位論文, 2019, 24쪽.

31) 楊昭全·孫玉梅, 『朝鮮華僑史』, 中國華僑出版社, 1991, 345쪽.

32) 앞의 논문, 256-287쪽.

④ 1940년, 난징 국민정부의 수립

1940년 3월 일본 정부의 지원으로 난징 국민정부(일명 왕징웨이 괴뢰 정권)가 수립됐다. 난징 정부 수립 이후 각지의 화교 소학교에서는 난징 정부 교육부가 검정한 교재를 사용했다.[34] 난징 정부는 재조선 화교들의 교육 문제를 중시해 화교학교 교육 내용에서 일본어 수업 시간을 줄이고 중국어 수업을 일본어 수업보다 두 배로 늘렸다. 당시 모든 수업은 중국 어로 진행됐고, 난징 정부에서 공수해 온 교재를 사용함으로써 중화민국 시기와 같은 수업 시스템이 구축되었다. 이들의 교육 목표는 거주국에 적응할 수 있는 인재를 양성하는 것이 아니라 중화민국에 충성할 수 있는 인재를 양성하는 것이다.[35] 또한, 왕징웨이 정권 시절 조선의 화교학교 수도 증가하여 1944년에는 26개교에 달했다. 같은 시기 일본 내 화교학교 는 4개교뿐이었고, 당시 일본의 식민지였던 타이완에는 화교학교가 존재 하지도 않았다. 국민 의식의 형성은 근대 초등교육의 중요한 목표 중 하 나로, 역사와 지리 교육부터 국어(중국어) 교육에 이르기까지 철저하게 국가(중국)와 전통문화에 대한 이해를 심화하는 데 중점을 두었다.[36]

(2) 성장기(1945~1970)

① 1945년, 일본의 패망

1945년 8월 일본이 무조건 항복을 선언하면서 35년간(1910년 8월 29일 부터 1945년 8월 15일까지) 조선의 피식민지 지배가 공식적으로 종료됐

---

33) 앞의 논문, 294-295쪽.

34) 앞의 논문, 294쪽.

35) 劉曉穎, 『韓国華僑の研究 — 華僑教育を中心』, 嶺南大學校碩士學位論文, 2019, 24쪽.

36) 楊韻平, 『汪政權與朝鮮華僑(1940-1945) — 東亞秩序之一研究』, 稻鄉出版社, 2007, 222쪽.

다. 이후, 미군이 한반도에 진주하면서 왕징웨이 정권 영사관 전원이 중국
으로 송환되었고, 영사관도 폐쇄됐다. 1947년 1월 중화민국 정부는 류구
완(劉万萬)을 파견하여, 그해 2월 10일 주한 총영사관을 서울에 정식으로
개관하였다.[37]

아울러 1945년 이후 한국의 화교학교는 중화민국의 화교 정책에 따라
중화민국대사관의 지원으로 전국 각지에서 급속히 증가하였다. 5년 만에
15개 학교가 새로 생기고 학생 수도 2,000여 명으로 늘었다. 1950년 한국
전쟁 발발로 화교학교가 일시 휴교하기도 했지만, 휴전 이후 화교학교의
수도 다시 늘어났다. 물론, 그 근본 원인은 소학교를 졸업한 학생들의 중
학교 수요가 늘면서 중·고등학교가 증설됐기 때문이다.

② 1949년, 제2차 국공내전의 종식

1948년 말 공산당이 이끄는 인민해방군은 승승장구하며 1949년 1월 톈
진과 베이징에 입성하였고, 그해 4월 인민해방군은 국민정부의 수도 난징
을 점령하여 연말에는 전국 대부분을 점령하였다. 1949년 10월 1일, 마오
쩌둥(毛澤東)은 중화인민공화국의 성립을 선포했다. 장제스가 이끄는 국
민당과 200만 명의 군인과 민간인은 중국 본토에서 타이완으로 철수했다.
이로써 제2차 국공내전(1945~1949년)은 중화인민공화국의 수립과 장제스
의 퇴각으로 공식 종료됐다. 1949년 양안이 분단된 이후 타이완은 "모든
중화 자녀는 공부할 기회가 있어야 한다", "화교는 혁명의 어머니다", "화
교 교육 없이는 화교 교무도 없다"라는 이념을 견지하며 각종 교민 교육
정책과 어문을 중심으로 한 교육사업을 적극적으로 추진했다.[38]

37) 安井三吉, 2005; 劉曉穎,『韓國華僑の研究 ― 華僑教育を中心』, 嶺南大學校碩
士學位論文, 2019, 재인용.

38) 董鵬程·方麗娜,「臺灣地區涉外華文教育的歷史與現狀」,『華僑華人研究報告
(2013)』, 309-342, 2014, 315쪽.

타이완의 화교 교육은 크게 타이완 내부와 외부로 구분되는데, 내부 업무는 주로 화교 학생을 유치해 타이완에 진학시키는 것이고, 외부 업무는 해외 화교학교의 발전을 촉진하는 것이었다.[39)]

③ 1950년, 한국전쟁 전후

타이완으로 밀려난 중화민국은 해외 화교 교육의 특성과 변화를 고려해 교민을 육성하고자 했다. 특히, 화교 교사의 선발과 양성은 타이완이 해외 화교 교육에 개입하고 통제하는 가장 중요한 조치였다. 타이완 당국이 해외 교사를 선발·교육하는 방법은 크게 3가지였다. 첫째, 타이완사범대에 교민을 유치하고 졸업 후 거주지로 파견하여, 해외 화교학교에서 교사를 양성하거나 교직에 종사하게 하는 것이다. 둘째, 다양한 방법으로 화교학교를 설립하는 것이다. 타이완 당국은 해외 화교학교의 발전을 돕고, 교민들의 타이완 진학을 장려하는 것 외에도 현지 적응을 위해 여건에 따라 학교를 다양화하고자 노력했다. 셋째, 각종 교재와 도서를 증정했다. 1952년부터는 해외교민을 대상으로 한 맞춤형 교과서를 제작해 해외 화교학교에 공급했다.[40)]

1950년대 해외 화교에 대한 타이완의 교육정책은 초등학교에서 전문대학에 이르는 완전한 화교학교 시스템을 구축해 타이완 교육시스템의 연장선으로 삼으려는 데 초점이 맞춰져 있었다. 1954년 타이완 정부가 공포한 화교학교 규약(僑民學校章程)에 따르면 해외 화교학교 설립은 주로 타이완의 현행 학제(學制)를 참고해 타이완 주재 대표 기구의 감독과 지도를 받아 타이완의 국어를 교육 매개어로 채택하게 돼 있다. 이로써 타이완이 관리하는 해외 화교학교는 1950~60년대 중반에 크게 성장해 1954년

---

39) 莊國土, 「論臺灣當局的華僑敎育政策」, 『臺灣硏究』, 第2期, 1994, 87쪽.
40) 앞의 논문, 89쪽.

4,455개교에서 1967년 5,328개교로 정점을 찍었다. 타이완 정부의 통계에 따르면, 1964년 해외 화교학교는 2,285개교로 전체 해외 화교학교의 45.2%를 차지했다. 또한, 타이완의 해외 화교 교육은 '교민이 직접 하는 교육'과 '정부가 교민을 대상으로 한 교육' 두 가지 범주로 나뉘었다. 전자는 각지의 화교학교, 중국어 교실 등이며, 후자는 해외에 진출한 타이완 학교(분교)다.

1953년 한국전쟁이 끝나면서 타이완 정부의 지원에 힘입어 전국 각지에 화교 중학(중·고등)이 세워졌다. 예를 들어, 1954년에 설립된 부산 화교중학을 시작으로 1957년과 1958년에는 인천 화교중학과 대구 화교중학이 설립되었고, 1955년에는 한성 화교중학이 고등부를 증설하기도 하였다. 이어 부산 화교중학이 1959년, 인천 화교중학이 1964년, 대구 화교중학이 1967년 각각 고등부를 증설했다. 1960년대 들어 화교학교가 지속해서 증가하여 1970년대 전반기는 화교학교가 가장 많았던 시기라고 할 수 있다. 1974년 주한 중화민국 대사관 조사 결과, 한국 화교 초등학교는 50개, 중학교는 5개, 고등학교는 4개이며 학생 수는 11,169명에 이르렀다.[41] 한국전쟁 이후 화교학교가 급증하자 모든 화교학교는 교민학교규정[42]에 따라 교육체계를 정비하고 주한 중화민국 대사관을 통해 교과서 등 교재를 무료로 제공하는 등 화교학교에 대한 지원을 아끼지 않았다.

화교학교가 급증하면서 곳곳에서 교사 부족 문제가 발생했다. 1954년부터 각지의 화교학교는 타이완에서 자격을 갖춘 교원을 임용했다. 뿐만 아니라 교무위원회는 교원 부족 문제를 해결하기 위해 1955년부터 우수한 화교학교 교사를 '타이완사범대학 화교교사 전수학과'에 초청하여 1년간

---

41) 劉達順, 1976, 14쪽; 劉曉穎, 『韓国華僑の研究 — 華僑教育を中心』, 嶺南大學校 碩士學位論文, 2019, 49쪽 재인용.

42) 1954년 교무위원회와 교육부가 공동 제정·공포했으나 2006년 폐지하였다.

교원양성을 받고, 다시 한국의 화교학교에 임용하기도 했다.[43) 이후 1960년부터는 타이완에서 직접 교사를 채용하기보다는 해외 화교가 타이완에서 대학을 졸업하게 한 뒤 이들을 고용하는 방식으로 교사를 공급하고 있다. 따라서 한국의 화교학교와 학교조직은 타이완과 긴밀하게 연결돼 있다. 타이완 대학들도 해외 교민을 대상으로 등록금과 숙박비 감면 등 혜택을 주었지만, 막상 한국 정부는 이들이 타이완식 교육을 받고 타이완 국민으로 성장하면서, 거주국의 국가 의식을 갖추지 못한 환경에 대해서 수수방관하고 있었다.

(3) 쇠퇴기(1970~1992)

① 화교 교육에 대한 '불간섭, 무지원' 정책

한국 정부는 1977년까지 한국 화교학교에 대해 일률적으로 '불간섭, 무지원' 방침을 고수하였다. 화교학교가 1970년대 한국에서 합법적 지위를 획득했음에도 한국 정부는 화교학교에 대해 기존과 같은 태도와 정책을 펴고 있다.[44) 한국전쟁이 끝난 뒤 세워진 모든 화교학교는 자체적으로 설립·운영하고 있으며, 한국 정부는 교육 내용을 포함한 모든 관련 사항에 대해 간섭하지 않고 있다. 한국 화교학교는 타이완에는 등록해야 했지만, 한국에서는 등록할 필요가 없었다. 1977년 9월 한국 정부는 '외국인학교'에 대한 법률인 '각종 학교에 관한 규칙'을 처음으로 제정했다. 이 법에 따라 외국인학교도 '학교'로 인정되었지만 화교학교는 '각종 학교'가 아닌 '외국인 단체'로 등록되었다. 당시 외국인학교 등록기준은 미국 학교처럼 재단 설립, 중·고교 분리 운영 등이 요구됐지만, 화교학교는 대부분 '중

---

43) 張兆理, 『韓國華僑敎育』, 海外出版社, 1957, 45쪽; 劉曉穎, 『韓國華僑の硏究 ― 華僑敎育を中心』, 嶺南大學校碩士學位論文, 2019, 50쪽.
44) 王恩美, 『華僑學校在韓國的法律地位變化與生存策略』, 思與言, 147-190, 2010.

학'이라는 이름으로 중·고교를 함께 운영하고 있어 정부에서 요구하는
기준에 맞추기 어려웠다. 결국, 화교학교는 학교가 아닌 '외국인 단체'로
등록돼 정부 관리에 들어갔다. 그러나 한국 정부의 관리는 한국 학생들의
입학을 제한하는 것 외에는 별다른 규제나 관리가 없었다.[45)

② 한국의 배화 정책

1970년대 들어 한국 정부가 일련의 배화정책을 시행하면서 화교 경제
도 심각한 타격을 입었다. 토지 소유와 주거 관련 각종 규제로 화교의
한국 생활이 더욱 어려워졌다. 결국, 1970, 80년대에는 많은 화교가 미국
이나 타이완으로 이주했다. 재한 화교 인구는 1970년 3만여 명(31,918명)
에서 2002년 2만여 명(21,629명)으로 줄었고, 지금도 비슷한 수준을 유지
하고 있다. 화교 인구의 감소는 화교학교 위축으로 이어졌다. 학생 수가
크게 줄면서 재정이 어려워진 데다 1978년 이후 일반 한국 국민의 중국
입학이 금지되면서 학교 운영에 어려움을 겪었다. 또한, 화교학교에 대한
한국 정부의 '불간섭, 무지원' 방침까지 더해져 많은 화교학교가 문을 닫
을 위기에 처했다.

한국 정부는 외국인의 귀화와 경제적 측면은 억압했지만, 교육에 대해
서는 방관하는 태도를 보였다. 화교에 대한 한국 정부의 주요 정책(정치와
경제, 교육)을 살펴보면, 귀화와 경제정책은 이들이 한인사회에 동화되기
어려운 환경을 구축했고, 교육에서도 화교의 중국식 교육 선호와 더불어
한국 정부의 일관된 비동화 정책이 한화가 거주국과 분리된 정체성을 유
지하는 데 중요한 역할을 했다.[46)

---

45) 앞의 책.
46) 박은경, 『화교의 정착과 이동』, 이화여자대학교 박사학위논문, 1981, 126-127쪽.

(4) 전환기(1992~현재)

① 1992년, 한중수교

1992년 한국과 중화인민공화국이 정식으로 국교를 수립하였다. 한중수교는 43년간 중단됐던 양국 교류의 재개를 의미했다. 즉, 재한 화교가 고향 산둥성으로 돌아갈 수 있는 문이 열린 것이다. 사람들은 오랜 시간 이산가족으로 지내온 화교에게 더없이 반가운 소식이자, 한국 화교 사회의 분수령이 될 것이라고 예상했다. 하지만 이에 대한 화교의 반응은 차가웠다. 이들은 반세기 가까이 화교학교에서 반공교육을 받으며 친국민당적 정치 성향을 구축해 왔기 때문이다.

하지만, 시간이 흐르면서 처음에는 냉담했던 한화와 중국의 관계도 차츰 온기를 되찾고 있다. 한국화교협회는 재한 화교 권익 보호를 목적으로 2003년 주한 중화인민공화국대사관에 정식 등록하였다. 이후 한화의 중국 여행을 위한 '여행증' 등의 사업을 시작했다. 한중수교 이후 국내에서 화교의 위상도 덩달아 높아졌다. 여전히 조건 미달로 각종 학교 등록에 실패한 화교학교도 있지만, 1992년 영등포와 의정부, 원주, 춘천, 청주, 충청의 화교 초등학교와 한성화교중학교 등 모두 19개교가 '각종 학교'로 인정받기도 했다.[47]

② 1998년, 아시아 금융위기

1990년대 말 한국은 아시아 금융위기로 경제적 타격을 받았다. 이에 따라 정부는 외국인 투자 유치를 위해 외국인 규제를 완화하고 외국인 단체라는 규정을 없애면서 한국 화교학교의 법적 지위가 외국인 단체에서 각종 학교로 바뀌게 되었다. 화교학교가 처음으로 한국에서 '학교'의 법적 지위를 획득한 것이다.[48] 이후, 1999년 한국 정부가 화교학교에 대한 한국

---

47) 王恩美, 『華僑學校在韓國的法律地位變化與生存策略』, 思與言, 147-190, 2010.

인 입학 제한을 없애면서, 한국 학생들도 화교학교에 입학할 수 있게 되었다. 한국인 학생이 늘면서 화교학교도 차질 없이 운영할 수 있게 됐고, 심지어는 한국 학생 비율이 화교 학생보다 많은 경우도 생겼다.

③ 2000년, 타이완의 정권교체

2000년 3월 18일 민진당은 타이완에서 국민당의 55년 집권을 종식하고 집권 사상 첫 정당 교체를 완성했다. 민진당의 집권 이후 타이완의 본토의식이 대두되면서, 타이완의 국제적 영향력 제고에 대한 목소리가 높아지기 시작했다. 이 시기 타이완의 주요 정책은 '타이완 주체의식'으로 발전했고, 교민정책도 실용주의 노선으로 전환되었다.[49] 한편, 타이완의 문화 홍보에도 한층 힘을 보탰다. 예를 들어, 타이완의 다문화 보존을 위해 타이완 본토 교재를 선정하고, '타이완 본토 문학' 저서를 대량으로 구매하여 해외 교민에게 증정했다. 또한,『타이완 이해하기(認識臺灣)』와 같은 문화와 어학 교재를 편찬하여 해외 화교학교의 민난어 교육 보조 교재로 채택했다. '타이완 이해하기' 시리즈는 언어·문학·역사 등으로 구성되었다. 이를 통해 국내외에 타이완의 문화를 널리 알리고, 국제적 영향력을 높이고자 했다.[50]

이후 타이완은 '대륙(중국)은 대륙이고, 타이완은 타이완'이라는 새로운 역사교육 콘텐츠로 정치·사회·문화·교육을 아우르는 새로운 통치 이데올로기를 전파하고자 했다. 1997년 9월부터 사용된 '타이완 이해하기'라는 역사 교과서는 이런 정체성의 변화를 잘 보여준다. 이전의 역사 교과서는 중국사가 95%, 대만사는 5% 안팎에 불과했으며, 특히 일제 침략에 대

---

48) 앞의 책, 1-2쪽.

49) 董鵬程·方麗娜,「臺灣地區涉外華文教育的歷史與現狀」,『華僑華人研究報告 (2013)』, 309-342, 2014, 318-319쪽.

50) 앞의 책, 320쪽.

한 저항을 중점적으로 다뤘다. 한편, 2006년부터 타이완 역사와 중국 역사를 별개의 과목으로 교육하는 새로운 교수법을 시행하고 있다. 이에 따라 역사·지리 교재에서 대륙 소개는 축소되고, 주로 타이완의 역사와 지리에 초점을 맞춰 가르치고 있다. 그러나 한국의 화교학교는 새롭게 개편된 타이완의 역사 교과서를 채택하지 않고 있다. 예를 들어, 한성화교중학교는 2000년부터 기존의 역사, 지리 교과서를 개정해 사용하고 있다.51)

2000년대 이후, 타이완의 역사 인식과 역사 정체성 변화에 한화가 강하게 반발하고 있다는 방증이다. 특히, 중국 산둥(山東)이 고향인 한화로서 '타이완 독립'은 용납할 수 없는 일이다. 이에 대해, 왕언메이(2013)는 한국 화교의 국가 정체성에 가장 큰 영향을 미친 것은 1992년 한중수교가 아니라 2000년 이후 타이완의 정권교체라고 분석했다. 즉, 국민당을 정통 정권으로 보고 전통적인 교육을 받은 한화의 관점에서 타이완 독립 성향의 민진당 정권은 인정할 수 없는 것이다.

2. 화교학교가 한국 화교의 정체성 형성에 미치는 영향

18세기 이후, 교육은 '국가개념 형성'과 '민족의식 강화'의 중요한 수단으로, 개인을 국가구성원으로 규정해 집단을 국가에 복종시키는 역할을 톡톡히 했다. 반면, 19세기 후반, 언어와 생활 습관이 전혀 다른 곳에 터를 잡은 이주민들은 거주국에서 출생한 후세들에게 본국의 민족성을 유지하려는 방편으로 민족교육을 선택하기도 했다. 이처럼, 화교학교도 화교 사회의 문화 정립과 정체성 형성에 막대한 영향을 미쳤을 것으로52) 예측할 수 있다.

---

51) 김기호, 『초국가 시대의 이주민 성체성: 한국 화교의 사례 연구』, 서울대학교 석사학위 논문, 1995.

52) 김중규, 「화교학교의 역사를 통해서 본 화교문화의 형성과 변화」, 『지방사와 지방문화』, 제13권 제1호, 2010, 386쪽.

(1) '리틀 타이완'으로 불리는 한국의 화교학교

고향(중국)과 단절되고 거주국(한국)에서도 받아들여지지 않으면서 한국 화교는 민족공동체(社團)와 화교학교(華校)에 의존할 수밖에 없었다. 특히 한국 화교는 중국의 정통성을 강조하며 본토 수복을 약속한 국민당에 대해 강한 신뢰를 보였다. 당시 국민당이 이끌던 타이완 정부는 본토와 거주국 으로부터 아무런 지원도 받지 못하는 화교를 적극적으로 지원했기 때문이 다. 그래서 이들은 철저히 타이완식 교육을 받으며, 타이완 국민과 역사 인식을 공유해 왔다. 타이완을 마음의 고향으로 받아들이고, 철저하게 반 공교육을 받은 셈이다. 강력한 반공 이데올로기는 한국 화교 사회의 중심, 특히 타이완적 정체성을 유지하며 이들을 결속시키는 데 큰 역할을 했다.[53]

타이완 정부는 해외 화교에 대한 영향력 확대를 위해 교류선을 운영하 기도 했다. 이 배는 타이완 정부에서 제작한 교재를 화교에게 무상으로 나눠주는 임무를 맡았다. 또한, 타이완 정부는 고교 졸업 후 타이완 대학 에 진학하려는 화교에게 무상 교육은 물론 체재비까지 제공하기도 했다. 타이완의 교민학교규정 제23조에 따르면 '화교 초·중·고등학교의 교육 교재는 교육부가 심사·결정하는 교과서의 사용을 원칙으로 한다'라고 되 어있다. 교무위원회는 해외 환경에 따라 세계중문교육협회와 正中출판사 에 교과서 개발을 의뢰했으나, 한국용은 따로 없어 타이완 초중고교용 교 과서를 한국의 화교학교에 무상으로 제공했다.[54] 국민당 주도로 '중화민 국'과 '통일중국' 의식을 강조하기 위한 역사 교과서가 만들어졌고, 이를 전 세계 화교학교에 보급했다. 역사 교과서의 이런 경향은 1950년대부터 1990년대까지 계속됐다. 냉전 시대 역사 교과서는 이런 논술을 통해 한국

---

53) 양필승·이정희, 『차이나타운이 없는 나라, 한국 화교 경제의 어제와 오늘』, 삼성경제 연구소, 2004, 14-15쪽.

54) 석미령, 『한국화교교육에 관한 고찰』, 고려대학교 석사학위논문, 1995, 24쪽.

화교들의 애국 열정과 조국에 대한 자부심을 키워주었다.[55]

한국에서 화교는 시종일관 자신의 '소중화 테두리'에서 생활한다고 해도 과언이 아니다. 유치원에서부터 초등학교, 중고등학교까지 화교학교에 다니다가 대학은 타이완으로 진학하는 것이 기본 코스였다. 이처럼 한국 화교의 국가 정체성이 '타이완식 민족교육'을 받았기 때문에 타이완의 정체성을 유지하고 있다는 견해가 지배적이다. 타이완의 교민정책은 해외 화교들의 반공교육 강화를 통해 공산주의 중국에 대항하여 정통성을 확보하려는 의도가 숨어있다. 이런 정책은 1949년 장제스의 타이완 입성부터 추진돼 한국전쟁 이후 더욱 강화됐다.

한국전쟁을 거치며 반공(反共)주의가 심화한 한국 사회에서 공산주의 중국을 고향으로 둔 한화의 정치적 입장은 갈수록 좁아질 수밖에 없었다. 한국과 타이완 모두 이념 갈등으로 전쟁을 일으킨 역사적 경험이 있는 만큼, 이런 극단적인 반공 노선에서는 언제든 화교를 간첩으로 몰 수 있기 때문이다. 이런 사회적·이념적 환경이 한국 정부의 대중국 배제 정책과 맞물리면서 한국 화교는 비정치 집단으로 변모했고, 자신들의 불만을 드러내지 않고 민족 정체성을 고수하는 주변인이 되었다. 결국, 한국 화교는 한국이 아닌 다른 곳(미국, 타이완, 일본, 중국 등)으로 재이주할 수밖에 없었다.[56]

화교학교는 교민교육 규정에 따라 타이완의 교육과정을 바탕으로 지역성과 특수성을 고려해 한국어 수업을 늘리기도 했지만, 수업 시간의 주요 언어는 중국어이며, 문자는 번체자를 사용한다. 학교 일정도 타이완과 동일하게 운영된다. 교과목 외에도 춘절 등 주요 명절에 학생들에게 중화

---

55) 박태화, 『역사교과서를 통해서 본 한국화교의 국가정체성, 1949-2007』, 서울대학교 석사학위논문, 2008, 72쪽.

56) 김중규, 「화교학교의 역사를 통해서 본 화교문화의 형성과 변화」, 『지방사와 지방문화』, 제13권 제1호, 2010, 383-384쪽.

문화를 알리고 친숙하게 다가갈 기회로 삼고 있다. 사회와 지리 등의 교재도 타이완의 상황을 소개하고 있는데, 이는 타이완 대학의 입시에는 도움이 되지만, 한국 대학 입시나 현지 사회 적응에는 무용지물이다.57) 이 같은 화교학교의 교육방침은 화교로서의 정체성을 구축하는 데는 도움이 되지만, 현지 주류사회에 진입하는 데는 방해가 되고 있다.58)

(2) 화교·화인 시대 '화교학교'의 새로운 변화

永井 美由紀(2004)는 일본 화교와 한국 화교의 정체성 비교 분석에서 한국 화교는 한국 정부의 교육정책에서 배제된 채 민족교육만을 받아 왔기 때문에 자연스럽게 한국 사회와 거리를 두고 거주국에 대한 이해도가 낮고 거주국 사회와 잘 어울리지 못한다고 지적했다. 반면, 일본의 화교는 화교의 민족교육이 체계적이지 못해 현지 학교에 다닐 수밖에 없어 오히려 화교가 현지 사회에 적응할 수 있는 원인이 되었다고 분석했다.

한국 정부는 정치·경제적으로 화교를 상당히 억압했지만, 이들의 민족교육에는 간섭하지 않았다. 정치·경제적으로는 '배제'를 교육적으로는 '분리' 정책을 택한 것이다. 한국 화교의 민족교육은 교사, 언어, 교육 내용 등을 모두 자율적으로 운영해 강한 민족 정체성, 즉 화인성(華人性, Chineseness)을 띠는 학생을 길러낼 수 있었다. 제도권과 분리된 민족교육을 강화할수록 거주국과의 거리는 멀어질 수밖에 없다. 반면, 거주국의 교육에 동화되면 화인으로서의 민족의식은 희박해질 수밖에 없다. 이들이 화교만 다니는 화교학교에 다니기 때문에 한국인 친구를 사귀기 어려워 한국 사회와의 단절을 자초했다는 시각도 있다.59) 한국의 화교학교가 본

---

57) 劉曉穎, 『韓国華僑の研究 ― 華僑教育を中心』, 嶺南大學校碩士學位論文, 2019, 60쪽.
58) 박은경, 1996; 장수현, 2001; 나여훈, 2008 등

국의 언어와 역사, 문화 전통에 대한 교육을 담당하고 중화민족의 정체성을 유지하는 데 결정적 역할을 하므로 그 자체가 민족성의 상징으로 여겨지기도 한다.[60] 게다가, 한국 정부가 화교 교육에 '불간섭·무지원' 정책을 펴면서 화교들의 민족교육이 거주국의 문화와 무관하게 본국 중심으로 이뤄진 측면이 크다.

하지만, 2000년대 타이완은 반세기 가까이 집권한 국민당이 천수이볜이 이끄는 민진당으로 교체되면서 해외 화교학교 지원금도 삭감됐다. 교재를 포함해서 모든 교육 수요를 타이완에 의존해 온 화교학교로서도 자구책 마련이 시급하다. 한편, 화교와 한국인의 혼인 가정이 늘면서 한국 국적 화인 학생의 진학이 늘고 있다.[61] 이처럼, 3, 4세대가 주류를 이루는 화교·화인 사회는 일상생활에서 자연스럽게 한국 문화를 받아들이고, 한국인과 결혼하는 비율이 증가하면서 한국 사회에 스며들고 있다. 서울과 인천의 화교 초·중·고생의 경우 40% 가까이가 한국인 어머니를 두고 있다. 이에 따르면 화교와 한국인의 통혼율은 40~49세 중 최소 50% 이상으로 상당히 높은 편이다.[62] 이런 변화 속에서 화교학교도 이제 '한국 화교·화인'만의 고유한 자아정체성을 형성할 수 있도록 노력하고 있다.

(3) 해결해야 할 과제

① 한국 사회와 분리된 교육과정

임봉길은 같은 지역에서 공통의 언어를 사용하고 생활방식을 공유하는

---

59) 박은경, 1981; 석미령, 1995 등.
60) 장수현, 「한국 화교의 사회적 위상과 문화적 정체성」, 『국제인권법』, 제4권, 2001, 12쪽.
61) 나여훈, 「교육과정을 통해 본 한국화교의 학교교육: 1995년과 2007년, 한성화교소학교를 중심으로」, 175쪽.
62) 王淑玲, 『韓國華僑歷史與現狀研究』, 社會科學文獻出版社, 2013, 162쪽.

사람들이 동일 집단의식(Ethnicity)을 갖고, 현재는 물론 미래까지 함께할 의향이 있다면, 이 집단에 대해 '민족(ethnic)'이라는 용어를 사용할 수 있다고 보았다.[63] 한국의 화교학교는 한국에서 태어나고 자란 화교 학생을 대상으로 타이완의 교육과정과 교과서, 교육방식을 전수하는 민족교육을 시행하고 있다. 민족적 정체성을 바탕으로 한 교육과정에 충실할수록, 거주국의 삶의 공간에 대한 이해력과 적응력은 배양하기 힘들다. 교육은 기본적으로 사회적 재생산의 속성이 있는 만큼 정치적 구분을 요구하는 국가 정체성 교육과 다문화의 차이를 인정하는 민족 정체성 교육이 조화를 이뤄야 한다.

장수현(2001)의 연구에 따르면 화교학교 학생들이 수업시간 외에 사용하는 언어는 중국어가 아닌 한국어다. 최승현(2000)에 따르면 한국 화교의 언어 사용 습관은 가정과 학교(직장), 일상생활에서 중국어와 한국어를 혼용하는 비율이 높게 나타났다. 가정에서 중국어와 한국어 혼용 비율은 64.6%, 중국어만 사용하는 경우는 26.5%였다. 학교(직장)에서는 중국어만 사용하는 경우가 더 많다. 하지만 일상생활에서는 한국어만 사용하는 비율이 더 높았다. 우심화(1999)의 추산에 따르면 어머니가 한국계인 화교 학생의 비율은 30%로 이들 학생은 집에서는 주로 한국어를 사용하고, 학교에서는 중국어를 사용하는데, 이러한 현상이 화교의 언어 사용에도 영향을 미치고 있다.[64]

소속감에 대한 인간의 본능은 유구한 역사가 있다. 마틴 린드스트롬은 "포모 증후군, 즉 '소외불안증후군'은 부족의 구성원이 되기를 원하는 인간의 본능에서 비롯되었다"라고 지적했다. 즉, 누구나 어딘가에 소속되길

---

63) 임봉길, 「동북시베리아지역 퉁구스(Tungus)족의 민족정체성(Ethnic Identity)의 형성과 변화」, 『지역연구』, 3권 4호, 1994, 140쪽.

64) 나여훈, 「교육과정을 통해 본 한국화교의 학교교육: 1995년과 2007년, 한성화교소학교를 중심으로」, 『국제이해교육연구』, 2008, 165-166쪽.

원한다는 것은 '소속감'이 인간 생존의 본능이라는 뜻이다. 민족 단위와 정치 단위가 동일한 나라에서 태어나고 자라 어릴 때부터 제도권에서 교육을 받은 사람은 '민족 인식'과 '국가 인식'을 동일시하기 쉽다. 그러나 민족 단위와 국가 단위가 불일치한 해외 이주자(Diaspora)는 자신을 어떻게 정의(정체성)하고 소속감을 키울 것인가에 대한 선택에 직면해 있다. 모든 해외 화인이 같은 상황이라고 단정할 수는 없지만, 적어도 한국 화교로선 자신의 존재에 대해 배타적인 거주국에 아무런 기대를 걸지 못했을 수 있다. 그래서 '화교학교'라는 물리적·정신적 공간에 기댈 수밖에 없지 않았을까? 이들에게 화교학교는 단순히 지식을 습득하는 장소가 아니라 귀속본능에 대한 정신적 울타리 역할도 담당했을 것이다.

이제 많은 한화가 영주권을 갖고, 법적으로 국민의 권리를 누리고 있지만, 화교학교는 여전히 학생들의 학비와 각종 보조금으로 운영되고 있다. 또 화교학교의 학력도 한국 사회에서 인정받지 못한다. 이에 학자들과 사회활동가들은 이들이 우리 사회의 중요한 구성원으로서 마땅한 권리를 누려야 한다고 호소하고 있다.[65] 한편, 국적이 귀속의식을 100% 반영하는 것은 아니지만 적어도 국민으로서 소속감을 제공하는 만큼, 국적의 변화는 향후 한화의 정체성 형성에도 영향을 미칠 것으로[66] 기대된다.

② 이주자의 민족 우월감과 원주민의 민족 배타성
과거 많은 화교가 고통과 상처를 안고 한국을 떠났지만, 여전히 한국에 남아 있는 화교마저도 기회만 있으면 한국을 떠나고 싶어 하는 근본적인 의식과 마음가짐은 뿌리 깊은 불신과 한에서 비롯됐다.[67] 楊應棉·楊聖

---

65) 앞의 논문.
66) 왕언메이, 『동아시아 현대사 속의 한국화교: 냉전체제와 조국 의식』, 학고방, 2013, 662쪽.
67) 곽병곤, 『韓中修交 以後 在韓 華僑社會의 變化에 관한 研究』, 고려대학교 석사학

祺(2005)는 유독 한국 화교가 이주 역사 100년이 넘도록 '화교' 신분을 유지하고 있는 것은 강한 민족적 정서와 문화적 우월의식 때문이라고 분석했다. 초기 한국 화교는 자신을 '종주국'으로 조선은 '번속국'으로 여겼다. 이런 민족적 우월감이 한국 화교들의 마음속에 자리 잡아, '큰 중국', '작은 한국' 같은 관념이 유지됐다. 이런 우월감은 이민 1세대와 1950년대 이전 한국에서 태어난 화교 사이에 특히 두드러진다. 왕수링은 한국 화교들이 비싼 등록금에도 불구하고 화교학교를 선택하는 것은 중화 문화를 전수하고자 하는 강한 민족의식 때문이라고 지적했다. 이에 대해 재한 화교들도 "중화 문화는 유구한 역사를 가진 자랑스러운 문화로 이를 교육하는 것이 훨씬 유익하다"라고 답한 바 있다.[68] 이처럼, 초기 한화는 중국문화에 경도된 성향이 강하고, 심지어 문화적 우월의식을 보이는 사람도 많았다. 여기에 한국 정부의 화교 배척과 차별정책으로 1, 2세대 화교들 사이에 피해 의식이 깊어지면서, 동화되기보다 전통문화를 중시하는 폐쇄적인 화교사회를 구축하게 되었다.[69]

한편, 한국의 화교 배제 역사도 뿌리 깊다. 일본강점기 화교 상인은 무역업과 국내 유통업 분야에서 막강한 영향력을 행사했다. 그래서 1920년대 들어 일본의 조선총독부는 관세를 포함해 세금을 대폭 올리며 화교 견제에 나섰다. 중국 침략의 꿈을 안고 있는 일본 정부는 조선인과 중국인을 분열시키는 심리 전술을 통해 한국 사회의 대대적인 중국 배제를 유도하는 데 성공했다. 중국 측 자료에 따르면, 불과 10여 일 만에 배화 사건으로 인한 피해는 사망자 142명, 실종 91명, 중상 546명, 재산 피해 416만 원에 이른다. 대한민국 정부 수립 이후에는 창고 폐쇄령(1952년, 1962년),

---

위논문, 2002.

68) 王淑玲, 『韓國華僑歷史與現狀硏究』, 社會科學文獻出版社, 2013, 162쪽.

69) 于德豪, 「從隔離到融合至貢: 從國族認同看加華對韓華德啓示」, 『동아시아: 비교와 전망』, 第11緝 1號, 2012, 142쪽.

화폐개혁(1961년), 토지법(1961년) 등 일련의 정책적 조처로 화교의 생존권을 박탈하였다.[70] 화교가 처음 조선에 정착한 시기 '상국민(上國民)'으로서의 허세도 점차 현지인의 반감을 샀다. 결국, 근대화를 추진하면서 중국은 한국이 이겨내야 할 '전근대'의 족쇄로 인식되었고, 화교는 전근대의 상징이 되었다. 이 시기에 발행된 신문과 소설은 한결같이 중국에 대해 노골적인 반감을 드러냈다. 심지어 한국 화교들은 '조선인의 피를 빨아먹는 거머리'로 묘사되기도 했다.[71]

이 같은 양측의 심리를 반영하듯 한국 화교의 문학작품도 '상호 배타성'을 띤다. 다른 나라에서는 '돼지 새끼(豬仔)'라고 불리며 천대받았던 초기 중국 이주자들과 달리 초기 한국 화교는 거주지에서 '상국 국민' 대접을 받으며 현지인들의 부러움과 두려움의 대상이 되었다. 때문에 한국 화교의 문학작품은 다른 지역과는 다른 특징을 보인다. 일반적으로 현지인들이 이주자를 배척하거나 외국인을 혐오하는 것은 세계 각지에서 자주 접하는 현상이며, 특히 이해관계가 충돌하는 집단 사이에서 흔히 발생한다. 같은 맥락에서 한국 화교의 문학작품은 다른 지역의 화문 문학처럼 이주자들이 거주국에서 느끼는 '배타성'을 보여주지만, 다른 지역의 화문 문학과는 달리 한국 화교 문학에서 나타나는 배타성은 '상호적'이다.[72]

그럼에도 불구하고, 한국 사회에서 소수민족이자 사회적 약자인 화교가 적극적으로 목소리를 내기는 쉽지 않았다. 자국 문화와 정체성을 유지하기 위해 소극적인 대응, 즉 '떠나기'에 나설 수밖에 없다. 결국, 한국 화교의 재이주 현상은 한국 사회의 이념 편향성과 민족주의적 담론, 경제활동 영역 축소 등 내부 압력으로 인해 외부 세계에서 출구를 찾은 결과다.[73]

---

70) 박경태, 「화교의 눈으로」, 『한국사회학회 사회학대회 논문집』, 2006, 174-175쪽.

71) 최승현, 『화교의 역사 생존의 역사』, 화약고, 2007, 254쪽.

72) 梁楠, 「한국화교 화문문학과 정체성 연구」, Global Diaspora Network Forum(2021.11. 25-26) 발표문, 2021, 134쪽.

따라서 한화의 정착 여정에서 거주국과 이주자의 '상호 배타성'을 동등하다고 할 수 없다.

IV. 맺음말

전 세계적으로 다양한 이주자가 존재하지만, 이들의 이주 시기와 동기, 거주국의 수용 태도와 정책에 따라 정착유형도 천차만별이다. 이주 시기와 동기를 기준으로 볼 때 '신화교'는 자아실현을 위한 이주가 많았지만 '노화교'는 반강제적 이주가 많았다. 그 때문에 노화교는 거주국에서 자국의 문화와 민족성을 유지하려는 열망이 강하다.

현재 한국에 남아 있는 노화교 2만여 명 중 94%가 산동성 출신으로 동남아 화교들에 비하면, 같은 방언 지역 출신이라는 점에서 동질성이 강한 집단이라고 할 수 있다. 20세기 한국은 식민지와 냉전, 경제 불안을 겪었고, 한국에 정착한 화교도 이런 역사적 파고를 피할 수 없었다. 특히 화교의 사회적 지위는 거주국(한국)과 본토(타이완·중국)의 국제관계로 인한 영향을 받아 왔다. 시대별로 화교에 대한 한국 정부의 정책은 달랐지만, 주로 배척과 차별 또는 무관심으로 일관했다. 화교가 가장 많이 거주하는 동남아시아는 1950년대 이후 화교의 귀화를 허용했지만, 민족교육에 대해서는 보수적인 태도를 보여 왔다. 반면, 한국은 사회·경제적 측면에서 한화에 대한 배타적 정책을 펴면서도 민족교육은 방관함으로써 이들이 화교 단체를 중심으로 결집할 수밖에 없었다. 화교가 한반도에 이주한 지 140년이 되었지만, 아직도 이 땅에서 설 자리를 찾지 못하고 있다. 이런

---

73) 안미정·우양호, 「한국화교로 본 한국의 다문화주의 성찰」, 『한국민족문화』, 제56호, 2015, 56쪽.

상황에서 화교학교는 공동체 의식을 고취할 수 있는 유일한 장소이자 자아정체성을 키워가는 '작은 성(小圍城)'이 됐다. 세계 각국에 흩어져 있는 노화교는 대부분 거주국에서 '화인'으로 뿌리 내렸지만, 한국 화교의 귀화율은 여전히 낮고, 타이완 여권을 소지한 채 '낙엽귀근(落葉歸根)'과 '낙지생근(落地生根)' 사이를 배회하며 뿌리내릴 곳을 찾고 있다.

  민족 정체성이 구성원에게 미치는 영향은 절대적이다. 민족의식은 사회와 역사에 따라 구축된, 즉 상상된 것이지만 '상상'되었다는 것은 민족이 허구적 집단임을 의미하는 것은 아니다. '포스트 화인성(後華人性)'의 형성은 현지 상황에 따라 파생되는 서로 다른 문화적 기억이며, 동질의 문화 근원에 대한 향유, 화인 간의 상호관계, 본토(중국)에 대한 정서의 공유를 통해 유지된 개념과 가치라고 할 수 있다. 하지만, 이러한 '화인성(華人性)'은 '중국성(中國性)'과는 구분된다. 화인과 중국인을 비교하면 전자는 역사·혈연·문화적 상상의 기복이 심하고, 후자는 현실과 정치의 상징이다. '화인성'과 '포스트 화인성'은 '중국성'의 강역(疆域)에서 벗어나지만, 한편으론 거주국의 강역(疆域)과 그로 인해 파생된 시민권에 묶여 있으므로, 중국과 거주국 양자는 화인 정체성의 양면(兩面)으로 유동성과 경직성의 공존을 의미한다.74) 베네딕트 앤더슨은 『상상의 공동체』에서 민족은 '구성된' 공동체라고 주장한다. 여기서 구성은 '후천성'이라는 의미를 내포한다. '교육이 사람을 만든다'라는 말이 있다. 그런 의미에서 한국 화교에게 있어 화교학교는 단순히 지식을 전수하는 기능만이 아니라 공동체를 결속하고 민족의식을 고취하는 역할을 해 왔다.

  본문은 한국 화교사회에서 민족교육이 자리 잡은 역사적 배경을 통해 재한 화교의 정체성이 형성되는 과정을 살펴보았다. 한국 화교는 근대에

---

74) 石之瑜·李慧易, 「從'華人性'到'後華人性' — 馬來西亞華人研究」, 『展望與探索』, 第15卷 第5期, 2017, 49쪽.

와서야 한국으로 이주했지만, 거주국(한국)에 대한 화교의 의식은 여전히
고대에 머물러 있다. 문화적 자부심 때문에 현지 사회에 녹아들지 않으려
했던 한화는 민족교육을 통해 이런 의식을 강화했다. 그러나 냉전이 시작
되면서 이데올로기의 소용돌이 속에 있던 거주국(한국)과 본국(중국)의 교
류가 끊어지면서, 타이완(국민당)의 교육적 지지를 받았다. 그래서 대다수
한화가 본적지는 산둥(山東)이지만 타이완을 마음의 고향으로 여기는 분
위기가 조성됐다. 물론, 이후 한중수교가 체결되면서 한화와 중국의 교류
도 하루가 다르게 긴밀해지고 있다. 엄밀히 따지면, 한국과 중국, 타이완
모두 한화의 고향이지만 현실은 녹록치 않다. 정치·경제·문화·사회가 복
잡하게 얽혀 이들은 한국이나 중국, 타이완에서도 현지 사회에 완전히 녹
아들지 못하고 있다. 이제는 우리가 이들에게 손을 내밀어야 할 때다.

| 참고문헌 |

곽병곤, 『韓中修交 以後 在韓 華僑社會의 變化에 관한 硏究』, 고려대학교 석
　　　사학위논문, 2002.
김기호, 『초국가 시대의 이주민 정체성: 한국 화교의 사례 연구』, 서울대학교
　　　석사학위논문, 1995.
김기홍, 『在韓華僑의 Ethnicity에 관한 硏究 - 在韓華僑의 適應過程에 대한 事
　　　例를 中心으로』, 고려대학교 석사학위논문, 1995.
담영성, 『朝鮮末期의 淸國商人에 關한 硏究 : 1882年 - 1885年까지』, 단국대학
　　　교 석사학위논문, 1976.
박은경, 『화교의 정착과 이동』, 이화여자대학교 박사학위논문, 1981.
박태화, 『역사교과서를 통해서 본 한국화교의 국가정체성, 1949-2007』, 서울대
　　　학교 석사학위논문, 2008.
베네딕트 앤더슨, 서지원 역, 『상상된 공동체: 민족주의의 기원과 보급에 대한

고찰』, 길, 2018.

석미령, 『한국화교교육에 관한 고찰』, 고려대학교 석사학위논문, 1995.

양필승·이정희, 『차이나타운이 없는 나라, 한국 화교 경제의 어제와 오늘』, 삼성경제연구소, 2004.

永井 美由紀, 『화교정체성 형성에 관한 연구-한국과 일본의 화교사회 비교를 중심으로』, 서울대학교 석사학위논문, 2004.

왕언메이, 『동아시아 현대사 속의 한국화교: 냉전체제와 조국 의식』, 학고방, 2013.

이옥련, 『近代 韓國華僑社會의 形成과 展開』, 인하대학교 박사학위논문, 2005.

이정희, 『韓半島 華僑史(近代의 礎石부터 日帝强占期까지의 經濟史)』, 동아시아, 2018.

최승현, 『화교의 역사 생존의 역사』, 화약고, 2007.

김주아, 「동남아 화인(華人)의 화문(華文)교육-인도네시아, 태국, 말레이시아, 싱가포르를 중심으로-」, 『중국연구』, 76, 2018.

_____, 「말레이시아 화문교육(華敎)의 메커니즘-화문학교(華校)의 역사와 현황 및 문제점-」, 『중국인문과학』, 76, 2020.

_____, 「한국과 일본의 다문화사회 현상 고찰」, 『로컬리티 인문학』, no.19, 2018.

김중규, 「화교학교의 역사를 통해서 본 화교문화의 형성과 변화」, 『지방사와 지방문화』, 제13권 제1호, 2010.

나여훈, 「교육과정을 통해 본 한국화교의 학교교육: 1995년과 2007년, 한성화교소학교를 중심으로」, 『국제이해교육연구』, 2008.

梁楠, 「한국화교 화문문학과 정체성 연구」, Global Diaspora Network Forum (2021.11.25-26) 발표문, 2021.

박경태, 「화교의 눈으로」, 『한국사회학회 사회학대회 논문집』, 2006.

안미정·우양호, 「한국화교로 본 한국의 다문화주의 성찰」, 『한국민족문화』, 제56호, 2015.

우심화, 「한국 화교학교의 현황과 전망: 한성 및 인천 화교중학교(중·고교)를 중심으로」,『ACTS 신학저널』, 통권50호, 2021.

이용재, 「한국사회 이주민의 생활세계 : 한국화교의 정착과정과 실패요인 -경제, 정치, 사회적 지위 불일치를 중심으로-」,『민족연구』 62권, 2015.

이효재·박은경, 「한국 화교 및 화교 이동에 관한 연구」,『한국문화연구원 논총』, 37, 1981.

임봉길, 「동북시베리아지역 퉁구스(Tungus)족의 민족정체성(Ethnic Identity)의 형성과 변화」,『지역연구』, 3권 4호, 1994.

장수현, 「한국 화교의 사회적 위상과 문화적 정체성」,『국제인권법』, 제4권, 2001.

황익주, 「아일랜드에서의 일상적 사교활동과 사회집단 분화: 인류학적 사례연구」,『지역연구』, 3권 4호, 1994.

崔承現, 『韓國華僑史硏究 ― 從"上國"國民到多層認可』, 北京大學博士硏究生學位論文, 2000.

王恩美, 『華僑學校在韓國的法律地位變化與生存策略』, 思與言, 147-190, 2010.

王賡武, 『中國與海外華人』, 臺灣商務, 1994.

王淑玲, 『韓國華僑歷史與現狀硏究』, 社會科學文獻出版社, 2013.

楊昭全·孫玉梅, 『朝鮮華僑史』, 中國華僑出版社, 1991.

楊韻平, 『汪政權與朝鮮華僑(1940-1945) ― 東亞秩序之一硏究』, 稻鄕出版社, 2007.

張兆理, 『韓國華僑敎育』, 海外出版社, 1957.

劉曉穎, 『韓国華僑の研究 ― 華僑敎育を中心』, 嶺南大學校碩士學位論文, 2019.

安井 三吉, 『帝国日本と華僑 ― 日本·台湾·朝鮮(シリーズ中国にとっての20世紀)』, 青木書店, 2005.

傅寧·袁豐雪, 「"萬寶山事件"和"韓華"命運的轉折點」,『煙臺日報』, 第011版, 2020.

董鵬程·方麗娜, 「臺灣地區涉外華文敎育的歷史與現狀」,『華僑華人研究報告

(2013)」, 309-342, 2014.

石之瑜·李慧易, 「從'華人性'到'後華人性' ― 馬來西亞華人研究」, 『展望與探索』, 第15卷 第5期, 2017.

王瑜, 「在中臺韓的國家認同之間擺盪？韓國華僑身份認同的社會學考察」, 臺灣大學社會學系, 2019.

楊應棉·楊聖祺, 「韓國華僑華人社會的特殊性」, 『海外縱橫』, No.6, 2005.

于德豪, 「從隔離到融合至貢: 從國族認同看加華對韓華德啓示」, 『동아시아: 비교와 전망』, 第11輯 1號, 2012.

鄭永祿·李和承, 「韓中建交後韓國華僑社會地位變化考察」, 『華僑華人歷史研究』, 第3期, 2008.

莊國土, 「論臺灣當局的華僑教育政策」, 『臺灣研究』, 第2期, 1994.

Berry, J., "Immigration, Acculturation, and Adaptation, Applied Psychology", *An International Review*, 46(1): 5-68(1997).

국내 거주 화교화인 실태조사, 국가인권위원회, 2013.

한국출입국관리국 통계연보(1985-1994, 2010-2020)

한성화교협회(漢城華僑協會) 사이트, http://www.craskhc.com/index2.php

中國僑聯, 『韓國華僑的今昔』, 中國僑聯, 2016.

한중수교 30년, 중국 학자들의 평가

● 이광수 ●

Ⅰ. 들어가며

2022년은 한국과 중국이 국교를 수립한 지 30년이 되는 해이다. 수교 이전 한중 관계는 이데올로기 대립과 체제 갈등으로 인한 냉전적 대결과 단절 상태를 유지하고 있었다. 1990년대 초 동구 사회주의권의 붕괴와 소련의 해체는 냉전의 종식을 의미했다. 냉전이 끝나고 한국은 1991년 북한과 동시에 유엔에 가입하면서 한중수교의 최대 걸림돌이 제거되었다. 1992년 8월 24일, 한국은 중국과 정식으로 대사급 외교관계를 수립함으로써 양국의 오랜 단절과 적대시 역사를 끝냈다. 중국 학자들은 양국의 수교를 중국의 '개혁·개방'과 한국의 '북방정책'의 구체적 실천의 성공으로 인한 것이라고 평가하면서, 한중수교는 동북아에서 중요한 지정학적·경제적 의미를 함유하고 있다고 평가했다.

한국으로서 한중수교는 '북방정책'의 큰 성과이자 북한에 대한 압력을 도모하는 중요한 도구로 삼을 수 있다. 사회주의국가로서의 동질성과 혈맹관계로서 나타나는 중국과 북한과의 특수관계가 남북한 관계 개선에 도움이 된다. 더 나아가 한반도의 평화와 안정을 수호하고 궁극적으로 남

* 국민대학교 중국인문사회연구소 HK연구교수.

북통일을 완수하는 것에 중국과의 수교가 긍정적으로 작용할 것으로 기대된다. 한중수교공보에는 이런 내용이 잘 나타나있다. "양국 수교는 한반도 정세의 완화와 안정에 도움이 될 것이며 아시아의 평화와 안정에도 도움이 될 것"이며 "중화인민공화국 정부는 한반도가 조기에 평화적으로 통일되는 것이 한민족의 염원임을 존중하고 한민족 자신에 의해 한반도의 평화통일을 실현하는 것을 지지한다"고 명시했다.[1]

중국으로서는 한중수교가 모든 동북아 국가들과의 관계 정상화를 의미하고, 동북아 냉전구도가 종식되는 것을 의미했다. 중국은 이데올로기로 선을 긋지 않는 독자적이고 자주적인 외교의 실천에 있어서 성공적 사례를 만들었다고 평가했다. 한편 중국이 외교력 확장에서 가장 중요하게 생각했던 '하나의 중국' 원칙을 인정하는 국가의 확대라는 성과를 거두었다. 한중수교공보에는 "대한민국 정부는 중화인민공화국 정부를 중국의 유일 합법정부로 승인하며 오직 하나의 중국만이 있고 대만은 중국의 일부분이라는 중국의 입장을 존중한다"라고 명시되어 있다. 중국 학자들은 한중수교를 통해 한국과의 경제교역을 통해 자국의 경제발전을 위한 자금, 기술, 인력의 협력을 도모할 수 있었고, 중국의 전방위 외교도 정치적 기반을 다졌다. 국제정치적으로 동북아시아에서의 미국 위주의 외교 지형을 무너뜨렸다고 평가하고 있다.

수교 이래 한중 양국관계는 정치, 경제, 사회, 문화 등 모든 분야에 걸쳐 교류 협력을 증대하면서, 상호 이익을 실현해왔지만, 갈등 요소도 적지 않게 나타나고 있다. 우선 경제 무역 분야에서 양국관계는 규모와 분야면

---

[1] 한국·중국 수교 공동성명 전문 발표, 1992-08-24 핵심 내용은 다음 세 가지다. ① 유엔 헌장, 평화공존5원칙에 입각한 평화협력관계 ② 한국은 중국이 유일 합법정부, 하나의 중국 원칙, 대만은 중국의 일부라는 입장 인정 ③ 중국은 한반도의 민족자주평화통일 지지 입장을 표명한 것. https://imnews.imbc.com/replay/1992/nwdesk/article/1747840_30556.html (검색일 2022.07.02)

에서 모두 성장했다. 한중은 2020년 관세청의 무역통계에 의하면 중국에 대한 수출액이 1300억 달러, 수입액이 1000억 달러이며, 무역수지는 전체 448억 달러 가운데 236억 달러로 절반 이상을 차지하고 있다. 이는 2위인 미국과의 수출액 740억, 수입액 574억 달러, 무역수지 166억 달러에 비해서도 우위에 있다. 한국의 첫 번째 수출국가가 된 것이다. 한중 양국은 경제적으로 밀접한 관계를 유지하고 있다.

정치 외교 분야에 있어서는 수교 이전의 냉전적 대립 구도를 형성했던 과거와는 달리 전략적 협력 동반자 관계를 유지하면서, 과거의 적대적 대립으로 인한 관계단절보다는 훨씬 나은 관계를 유지하고 있다. 그러나 2010년 이후 미중 패권 경쟁 구도와 북한 변수가 작용하면서 2016년 사드(THAAD) 배치, 중국발 미세먼지, 불법 조업 어선의 한국 배타적 경제수역(EEZ) 침범, 코로나 19 팬데믹 상황, 동북공정·김치·한복 관련한 문화충돌, 사이버공간에서의 혐중, 혐한 정서의 고조 등 여러 영역에서 갈등 요소가 증가하고 있다. 이는 2022년 한중수교 30주년을 맞은 지금 양국관계를 재정립하고 미래 발전을 위해서 상호 이해의 필요성이 제기된다. 이 글에서는 중국 학계가 바라보는 한중수교 30년을 맞아 한중 관계에 대한 평가를 통해 중국의 시각을 살피고자 했다.

Ⅱ. 한중수교 이후 긍정적 요소에 대한 평가

1. 정치외교 분야

수교 이후 양국 정상의 상호 방문은 정치 분야의 양국 관계 발전의 상징이 되고 있다. 양국 지도자는 수교 이후 대부분 상호 방문을 하였다. 중국에서는 1990년대 장쩌민(江澤民), 2000년대 후진타오(胡錦濤), 2010

년대 시진핑(習近平) 공산당 총서기가 국가주석의 신분으로 한국을 방문하였고, 한국에서는 노태우, 김영삼, 김대중, 노무현, 이명박, 박근혜, 문재인 등 현재까지 대부분의 대통령이 중국을 방문했다. 정상의 상호방문을 통해 양국관계도 질적으로 성장했다. 1998년 김대중 대통령이 중국을 방문했을 때 한중은 21세기를 향한 '협력 동반자 관계'를 선언했다. 2003년 노무현 대통령의 방중으로 한중 관계는 '포괄적 협력 동반자 관계'로 격상됐다. 2008년 이명박 대통령의 방중으로 한중 관계는 '전략적 협력 동반자 관계'로 다시 격상됐다.

1998년 김대중의 방중 시기에는 한중 양국은 21세기 협력 동반자로서의 관계 수립을 선언하고, 당시 주요한 이슈였던 아시아금융위기(IMF 사태), 한반도 영구평화시스템 건설, 한중산업협력, 문화교류협력 등에 합의했다. 2003년 노무현의 방중 시기에는 당시 북한의 핵실험으로 인한 한반도의 위기 정세의 완화를 위해 북핵평화해결, 지도자 정기 방문, 경제무역, 문화교류, 문화산업협력, 아태지역협력 등의 합의안을 발표하고, 양국은 전면적 협력 동반자 관계 수립을 선언했다. 또한 2008년 이명박의 방중 시기에는 한중 양국은 전략적 협력 동반자 관계 수립을 선언했는데, 여기에는 양국의 '외교안전대화'상설화, 6자회담의 9.19선언 행동계획 추진, 경제무역협력중장기발전계획 논의 등을 포함했으며, 특히 외교 군사적 분야의 전략적 이슈를 논의하는 대화 테이블 구성이 특징이다.

이를 바탕으로 2013년 박근혜 대통령이 처음 중국을 방문했을 때는 '미래를 향한 한중 공동성명'을 발표하고 '미래지향적'이라는 양국 협력 비전을 제시하였다. 중국에서는 2014년 시진핑 주석이 방한하여, 한중 전략적 협력 동반자 관계의 내실화와 심화에 대한 한중 양국의 공감대를 형성하였다.[2] 시 주석은 이에 대해 "한중은 우호적이고 가까운 이웃이며 촉진 지

---

2) 시진핑은 "중·한양국 '상호존중신뢰, 聚同化異' 대원칙, 공동번영, 공동미래발전 추

역"이라고 강조하면서, "세계 평화에 중요한 역할"을 할 것이라고 말했다.

2015년에는 한중 자유무역협정(FTA)이 공식 타결되었다. 또한 박대통령은 다시 중국을 방문했는데, 미국의 동맹국 국가원수로서 유일하게 중국 인민 항일 전쟁 및 세계 반파시스트 전쟁 승리 70주년 기념행사에 참석하였기 때문에 한중 관계가 가장 좋았던 시기라는 평가를 받기도 했다. 이후 2017년 문재인 대통령이 중국을 방문하여, 양국의 가장 민감한 갈등 사안이었던 사드 문제의 해결을 논의하였고, 이를 위한 고위급 대화 채널의 복구에 합의했다. 그리고 중국이 강조하는 '일대일로(一帶一路)' 프로젝트에서의 한국과 협력전략, 한중인문교류 추진 등을 논의했다.

한국과 중국 양국은 대외정책에서의 협력을 강화했다. 우선 한중 경제 발전은 수출에 고도로 의존하는 특징을 보유하면서. 국제평화에 이바지하고, 국제협력의 추진에 양국의 이해가 고도로 일치한다는 것에 공감대를 형성했다. 따라서 한반도에서 한중 양국의 평화안정의 유지, 긴장과 혼란의 방지에 이해관계를 일치시켰다. 이러한 목적 하에서 한반도 남북한의 접촉, 대화 회복 적극 추진, 한반도 비핵화, 정전체제 전환 목표를 추진하는 것에 협력을 지속하는 것에 합의했다.

다음으로 아태지역에서 한중은 함께 한중일 3국 대화와 동아시아정상회의, 아세안+3, APEC 등 지역경제블럭에서 공동 보조를 맞추고, 한국 2015년 AIIB 가입, 2021년 RCEP 가입에도 상호 협력했다. 마지막으로 국제정치에서 한중은 다자주의, 자유무역, 공평정의 강조, 일방주의, 보호무역주의, 테러리즘, 신냉전 등의 대결을 야기하는 언행에 반대하는 것에 공감하고, 대화와 협상으로 문제를 해결하자는 것을 주장했다. 2021년 한

구 대방향, 도약 발전 실현. 중국은 한국의 최대 무역파트너, 최대 수출시장, 최대 수입국가, 최대 해외투자국, 최대 유학생 공급국, 최대 관광객 자원국가이며, 한국은 중국의 가장 중요한 무역, 투자 협력 파트너 국가 중의 하나가 되었다"고 발언하며, 한중 관계를 높이 평가하기도 했다.

중 지도자는 '다자주의와 자유무역 공동추진, 기후변화, 지속발전 등의 정책에 있어서 양국 협력을 지속하는 것에 공감대를 형성했다.

2. 경제 분야

경제 분야에서 중국 학자들은 대부분 긍정적인 평가를 하고 있다. 한중수교 30년에 이른 지금, 양국의 우호협력관계는 신속 발전하였고, 경제무역, 외교, 문화 모두 대단한 성과를 이루었으며, 양국의 경제 무역 발전에 긍정적으로 기여했다. 1992년 수교 당시 양국 무역액은 62억 달러에 불과했으나, 2021년 10월에는 약 3,000억 달러에 이르러, 46배의 성장을 기록했다. 또한 한국의 무역 비중에서 중국 비율이 4%에서 24.6%로 성장하고, 수입은 49배, 수출은 29배 성장하여, 한국의 최대 무역파트너국가가 되었다는 사실을 강조하고 있다. 그리고 한중 무역은 건국 초기 경공업과 중화학공업 위주 였던 것이 점차 반도체, 모니터 등 첨단고부가가치 핵심의 중간재 위주로 변화하였음을 지적하였다. 이러한 산업구조의 전환은 한국의 주력 산업 성장 배경이 되는 동시에 중국도 산업 경쟁력 향상 전략의 성공적 실현 배경이 되었다는 평가를 하였다. 그러나 2016년부터 중·미 무역분쟁, 2020년 코로나 팬데믹으로 인한 글로벌경제위기의 영향, 양국 무역 역시 압력을 받기 시작했다.

현재 한중 양국은 전략적 협력 파트너 관계를 유지하고 있으며, '일대일로' 프로젝트와 '양신(兩新: 신남방정책과 신북방정책)'정책은 중국 경제 발전을 위하여 대표적인 외교정책이 되었다. 한중 양국은 모두 기초시설, 무역, 투자의 발전을 중시하고 있다.

중국 학자들은 경제적으로 한국은 중국에 크게 의존하고 있다는 사고를 보인다. 한중 무역은 지난 30년간 크게 증가했으며, 경제적으로 상호 차지하는 비중이 계속 증가할 것으로 보고 있다. 이를 통해 중국이 이미 한국의 최대 규모이자 가장 중요한 교역 상대국이 되었음을 강조한다. 중국 세관총서와 한국무역협회에 따르면 1992년 양국 교역액은 64억 달러에 불과했는데, 2021년 1~10월 누적 무역액이 2,938억 달러로 약 46배 늘었다. 2020년 한중 수출입 무역 총액은 2,852억달러로 0.3% 증가했고, 대(對)한국 수출은 1,125억 달러로 1.4% 증가했으며, 수입은 1,728억 달러로 0.5% 감소했다. 2021년 1~10월 수출입 총액은 859억 달러로 전년 동기 대비 33.5% 증가하였고, 이는 한국이 중국의 3위 교역국, 최대 수입국, 3위 수출국으로 계속 올라섰다.3)

앞서 살펴보았듯이 수교 30년 동안 한중 관계는 다자적 국제무역질서 속에서 산업구조의 상호보완과 협력을 통해 발전해 왔다. 한중 무역은 상호 윈-윈 구조를 유지해왔으며, 한국은 비교우위를 가진 고부가가치 핵심 중간재를 중국에 공급함으로써 주력산업의 성장과 함께 산업고도화 전략을 성공적으로 실현했다. 중국은 산업 고도화 전략으로 세계 최대 제조 강국이 됐다.

하지만 중국 학자들은 한중수교 30주년이 된 지금 중국의 무역 환경은 빠르게 변화하고 있고, 중·미 간 첨단기술 패권 경쟁이 치열하게 전개되는 등 중국 경제 상황에 대해 낙관적이지 못하다는 시각을 보인다. 이에 따라 한중 관계를 재정립할 시기라는 인식을 하고 있다.

코로나19 사태로 국가 간 이동이 제한되고 불확실성이 커지면서 글로벌 대외직접투자가 감소했고 한중 교역도 타격을 입었다. 한중 양국 정부와 각계 인사들이 서로 지원하며 긴밀히 협력해 비교적 짧은 기간에 팬데믹을 관리했을 뿐만 아니라 양국의 문화적 공감대와 이웃 국가로서의 연대를 표시한 것을 깊이 있게 해석했다. 예로부터 한국과 교류 왕래가 잦은 중국과 전략적 협력 동반자 관계를 유지하고 있는 양국 정상은 문재인

---

3) 額日登, 「建交30年 : 中韓貿易發展探究」, 『商展經濟』, No.8, 2022, 46-47쪽.

대통령 취임 이후 중국과의 외교관계를 적극적으로 복원해 제3국 시장에 공동 진출한다는 공식을 세웠다. 한중 협력을 강화하기 위해 중국의 일대일로 이니셔티브와 연계해 신남방정책과 신북방정책을 발표했는데 일대일로와 양신정책은 모두 자국 경제발전을 목표로 하는 대표적인 경제외교 정책으로 평가하고 있다. 두 정책 내용을 보면 일대일로 이니셔티브의 주요 내용은 정책 소통, 시설 연계, 무역 활발, 자본 금융 자원의 원활한 투입 등을 내용으로 하고 있다. 신남방정책은 사람공동체, 상생번영공동체, 평화공동체 등 16개 정책을 제시하는 게 골자다. 일대일로와 신남방정책은 인적 자원을 활용하여 문화교류, 인재교류 등에 중점을 두고 관광협력을 강화한다는 공통점이 있다. 따라서 한중 양국의 경제협력의 지속적인 추진을 강조하고 있다.

3. 사회 분야

사회분야에서 중국 학자들은 30년 동안 한중 간에는 '인지(認知) 공동체'가 형성돼 왔다는 인식을 보이고 있다. 한국과 중국은 정치 체제와 발전 양식은 다르지만, 동아시아 문화권에서는 공통의 문화적 가치관과 유학 전통을 가지고 있으며, 모두 전통 철학 사상으로부터 인식과 문화 발전의 지혜를 끌어내는 데 능숙하며, 사람관계를 중시하는 인정(人情) 사회의 특징과 사람들의 행동 방식도 대체로 같다.

이런 공통 인식은 수교 이래 양국 관계가 비약적으로 발전한 밑거름이자 양국 국민 간 친화력과 문화 정체성의 기폭제가 됐다. 한국에 부는 '한풍(漢風) 문화'나 중국에서 유행하는 '한류(韓流) 문화'가 상대방으로부터 호기심과 인정을 받고 있는 가운데, 한중 양국은 동아시아 문화의 독특한 가치를 계속 부각시키며 동아시아 모델의 매력과 의미를 세계에 더욱 알렸다. 대중문화를 통한 상호 융합의 호소력과 '화이부동'의 흡인력에 근거하여 양국 간에는 전례 없이 관광 산업·유학생 교류·산업별 인력 공급망 협력 등 분야에 있어서 인적교류가 확대됐다

한중 양국의 상호 방문은 연간 1,000만 명에 이르고, 코로나 팬데믹 이 전에는 매주 1,000여 편의 항공편이 오갔다. 이러한 규모의 왕래는 놀라운 일이며, 한중 간의 문화적 공감대 형성에 긍정적인 작용을 했다. 구체적인 내용을 보면, 양국 인적 왕래는 1992년 13만 명에서 2019년 1월 803만 명으로 약 62배 늘었다. 매주 1,023편의 비행기가 양국을 왕복한다. 한국 67개 노선 511편, 중국 55개 노선 512편이다. 한중은 또 상대방의 최대 유학생 출신국으로 7만 여명의 중국 유학생이 한국에서 공부하고 있으며, 중국에도 7만 여명의 한국 유학생이 있다. 중국 방송을 켜면 한국 연예인 들의 모습이 자주 눈에 띈다. 양국 간 싱크탱크 교류도 활발해 현재 한국 의 유명 싱크탱크들이 거의 모두 중국의 영향력 있는 싱크탱크와 연계되 어 활발한 학술교류를 진행하고 있다.

아시아 지역에서는 한중 간의 역사와 인문학적 유대가 가장 긴밀하다. 동아시아에서 가장 비슷하고 통하는 것이 있다면 문화와 문명이다. 유가 문명은 한중일, 특히 한중일에 공유된다. 중국인들은 '한류'를 좋아하고, 이른바 K-Pop, Drama를 즐겨 보며, 심지어 K-Beauty라 하여 한국의 화장 품을 좋아하고 구매한다. 반면에 한국 젊은이들은 삼국지연의, 루쉰의 광 인일기, 아Q정전을 읽는 등 중국 문화를 좋아하는데, 이러한 상호 문화적 소통이 한중 양국의 인문 교류라고 정의한다.

인문교류는 중국 학자들이 한중 양국의 정서적 교류를 강화하기 위한 효과적인 수단으로 보고 있다. 때문에 박근혜 정부 시절 한중 간 '인문동 맹'을 적극 추진하였고, 이후 '인문유대'로 명칭을 바꾸어, 한중 간 인문 분야에서의 친밀성을 돋보이고자 했다. 시진핑 중국 국가주석은 2014년 방한해 서울대에서 한중 양국에 대해 "태생적인 친근감을 갖고 있다"고 말했다. 시 주석은 동행한 왕이(王毅) 중국 외교부장에게 한국 방문을 "친

인척 나들이식 방문"이라고 정의했다. 문재인 대통령은 2017년 중국 방문 중 베이징대 강연에서 "지리적 친밀감 속에서 한국과 중국이 오랫동안 비슷한 문화와 정서를 공유하고 있다"라며 강조했다.

관광 교류의 경우에도 한국을 방문하는 외국인 관광객 가운데 최대 규모라는 것을 강조하고 있다. 2017년 기준으로 중국 국민이 해외여행을 1억 3000만 건을 돌파하고 1153억 달러를 지출해 세계 1위의 해외여행객국 지위를 유지하고 있다. 한국은 세계적으로 유명한 관광지로서 지정학적·서비스적·홍보적 측면에서 아직 중국 관광객을 유치할 여지가 많다고 평가한다.

또한 한중은 지리적 근접성으로 인해 지방정부 차원의 협력이 용이하다는 점을 강조한다. 수도 베이징, 제2대 도시 상하이, 경제 발전의 중심지 광저우, 지리적·혈연적 밀접성을 특징으로 하는 산둥(山東) 등 대도시와 연해 성·시의 경우 활발한 교류를 하고 있으며, 이에 따라 옌타이(煙台) 산업단지, 후이저우(惠州) 산업단지 등의 양국 경제협력 투자지역이 발전하고 있다. 또한 서부 개발 프로젝트로 인해 한국과 중국 간 협력의 여지는 여전히 적지 않다는 것을 강조하고 있다.[4]

Ⅲ. 한중수교 이후 갈등 요소에 대한 평가

1. 정치외교 분야

중국 학자들은 한중의 정치외교 분야에서의 갈등 요소를 구조적 모순 또는 정치적 불신감으로 표현하고 있다. 천샹양(陳向陽)은 한중수교 이후

---

4) 王俊生,「建交以來的中韓關係 : 動力、機遇與挑戰」,『雲夢學刊』, 第5期, 2019, 72-73쪽.

여전히 '양국, 양제, 두 개의 안전 체계'라는 구조적 모순이 존재한다고
분석한다. 그는 먼저 양국(兩國) 이라는 갈등 요소를 한중은 역사문화연
원이 깊고 두터운 이웃 국가이지만, 동시에 역사문화적 불일치, 영토와
해양에서의 이익 충돌, 한반도 통일문제에서의 뿌리 깊은 불일치라고 정
의한다. 다음으로 양제(兩制)라는 갈등요소는 중국의 중국특색사회주의
와 한국의 자본주의체제에서 발생하는 이데올로기의 근본적 불일치라고
정의한다. 마지막으로 두 개의 안보 시스템이 차별적으로 존재하는 현상
을 지적했다. 즉 중국은 독립자주노선을 견지하고 있으나, 상대적으로 한
국은 미국 동맹체계의 비호 속에서 생존과 발전을 도모하며, 내정과 외교
에서 미국의 압력을 강하게 받고 있다는 점을 지적하고 있다.[5]

　천샹양은 한중 사이에 정치안보이념의 불일치가 격화되면서, 한국에서
는 '중국패권확장론'에 대한 우려가 나타나고 있다고 분석했다. 한중은 기
본적으로 국가정세, 정치이념, 집정방식에 있어서 차이가 존재한다고 평
가했다. 한국은 중국에 대해 뿌리 깊은 정치적 편견과 오해가 존재한다는
것이다. 이는 중국의 이데올로기와 체제의 특수성에 대한 몰이해라고 평
가하고 있다. 즉 기본 국정에서 한국에 비해 훨씬 더 인구규모가 크고,
상대적으로 다인구 국가 중에서는 국가 발전 수준은 높은 세계 최대 개발
도상국의 중앙집권적(統籌) 협력모델을 이해하지 못한 것이고, 공산당이
중심이 되어 개혁, 발전, 안정된 국가 발전을 하려는 중국 모델을 이해하
지 못하기 때문이라고 분석했다.

　정치이론적으로 한국은 서구의 '민주주의 우월론'을 신뢰하며, 중국식
사회주의에 비판적 태도를 유지하고 있기 때문에, 중국의 중앙집권적 일
당독재를 통한 사회주의 민주를 이해하지 못한다고 평가하고 있다. 집권

---

5) 陳向陽,「中韓建交30週年 : 務實性合作與結構性矛盾」,『現代國際關係』, 第4期,
　2022, 50-53쪽.

방식에서 한국은 5년 단임제, 진보 - 보수정권교체의 영향으로 집권세력
은 단기적 효과에 집중할 수 밖에 없고, 장기 집권을 통해 중국공산당이
안정적으로 국가를 통치하는 집권 모델을 이해하지 못하기 때문이라는
것이다.[6]

지정학적 안전문제에서 한국은 미국의 동맹체계의 '약한 부분'으로 인
식되는 것을 우려하고, 중국이 한국의 안전을 위협할 수 있다는 우려를
갖고 있다고 보고 있다. 한국은 중국의 동해(동중국해), 남해(남중국해),
대만해협에서 강력한 공세를 우려한다는 것이다. 이러한 요인들로 인해,
한중 협력환경의 불안정 요인이 증가하고 있으며, 한국의 안보체계에 대
한 위기감이 상승하고 있다.

현재 한중 협력의 제약요인으로는 세 가지 외부 요인이 존재한다. 첫째,
반세계화 조류와 코로나 팬데믹 영향: 보호무역주의, 패권주의, 일방주의
가 '반세계화'조류 발전을 추동하고 있다. 한국은 전략적 원자재, 기초소
재의 국산화, 산업공급망 다변화 전략, 대외의존도 감소를 추진하고 있는
데, 코로나 팬데믹은 한중 무역협력과 인적 교류를 심각히 제한하고 있다.
2020년 방한 중국인이 16만 명으로 감소하고, 한국 명동지역 상가 공실율
60%에 이르며, 베이징 왕징 거주 한국인이 2019년의 12만명에서 2만 명으
로 10만 명이 감소하였다. 중국 상무부 통계 의하면 2020년 대중국 투자도
2019년에 비해 34% 하락했다는 수치도 이를 반증한다. 둘째, 북한 핵, 미
사일의 지속적이고 신속한 발전, 한중 양국의 대북한정책의 불일치가 확
대되고 있다. 북한은 '국방건설 5개년계획'에 따라, 핵무기의 소형화, 경량

---

6) 이희옥은 중국은 2001WTO가입, 2008 금융위기 이후 세계질서의 '규칙제정자'가
되기를 시도하며, 중국의 제도, 철학, 질서, 중국의 현능주의(賢能主義 - 철인정치
의미)로 미국과 유럽의 민주선거제도를 대신하려 한다고 보았다. "시진핑의 중국,
세계질서 만드는 '룰세터' 역할 강화할 것", 경향신문, 2017.11.06 https://m.khan.co.kr
/people/people-general/article/201711061321001 (검색일: 2022.07.02)

화, 전술무기화 기술의 발전을 계속하면서, 화성-17형 ICBM의 재시험발사로 한국의 위기의식을 점차 상승시키고 있다. 이에 따라, 한국에서는 '중국작용론'에 대한 회의감이 발생하고 있다. 한국은 중국의 북한일변도 정책이 일부 변화했다고 보지만, 북한의 '완충지대로서의 가치'를 포기하지 않을 것이라고 생각하고 있다. 이에 따라 한국 주도의 한반도 통일을 중국이 지지하지 않을 것으로 판단하고 있다는 것이다. 셋째, 미국이 한국의 대중국 저지 압력을 강화하는 노력을 기울이고 있다. 한국은 2018년 중·미 무역마찰 발발은 키신저의 방중 이후 형성된 중·미협력모델의 해체를 의미한다고 보고 있다. 이로써 중·미 상호의존도는 약해지고, 대결태세는 강해질 것이며, 이는 동북아국가들의 '진영화'라는 '신냉전'의 회귀를 초래할 것으로 생각하고 있다. 이는 국제 협력 태세 분열과 경제위기 압력 야기, 한국의 수출주도형경제에 충격, 미국은 한국을 전략적 포위를 강화할 것이라는 것이다. 바이든은 한미군사동맹, 가치관동맹, 경제동맹 건설 적극적으로 추진하면서, 한국에게는 미국주도 미일한 안보협력에 참가를 압박하고 있다. 이외에 QUAD, 민주10개국정상회의(D10) 등 중국 포위 시스템에 한국의 참가를 유도하고 있다. 또한 비정치적인 분야이지만 신에너지배터리, 반도체, 온라인정보등 산업협력을 강화함으로써, 미국의 중국 대상의 첨단기술 디커플링 공세에 한국의 참여를 요구하고 있다. 그 결과 한국은 문재인 정부 시기였던 2021년 5월 처음으로 한미정상회담 연합성명에서 대만해협, 남중국해 등 중국의 민감한 문제를 언급하기도 했다.

한중 협력 동반자 관계 모델은 한중의 실용적 협력과 구조적 모순에 대한 효과적인 관리를 통한 성공모델이다. 그러나 한중 간의 국가발전의 불균형, 전략적 인식의 불일치가 확대되면서, 협력환경의 지속적 악화, 한중의 구조적 모순의 격화가 이루어지면서, 양국의 김치, 한복, 요소수 등 논쟁 빈발해지고 결국에는 한중관계의 발전을 방해하는 요소로 작용하고 있다.

2. 경제 분야

중국 학자들은 경제 분야에서의 갈등 요소와 해결 방안에 대해서는 한국에서의 중국경제위협론의 대두, 양국 무역 역조, 무역 마찰 해결과 일대일로와 신북방정책 등에서의 협력을 담은 공동발전전략을 제시하고 있다.

(1) 중국경제위협론의 대두

구조적 요인으로는 한중 경제의 비대칭성을 부각시키면서, 이로 인해한국에서 '중국경제위협론'이 출현하고 있음을 지적하고 있다. 즉 중국경제가 급속도로 발전하면서, 한중 경제 간에는 규모에 있어서 차이가 확대되면서, 양적, 질적으로 중국 경제에 종속될 수 있다는 위기감을 느끼고있다는 것을 지적하고 있다. 또한 상황적 요인으로 무역 역조 문제, 무역마찰 문제를 지적하고 있다.

(2) 무역 역조 문제의 합리적 해결

현재, 한중 무역의 장기적인 불균형은 양국의 경제 무역 관계에 불리한영향을 발생시키기 때문에, 양국은 이 문제를 중시하고, 한중 무역 구조를개선해야 한다.

한중 무역적자의 특수성을 고려하는 전제하에, 양국의 수출입 무역을발전시켜야 된다고 지적하고 있다. 즉 중국의 산업구조는 한국에 비해 낙후된 측면이 있고, 이는 단기간에 따라잡기 힘들다는 것을 고려해야 한다는 것이다. 즉 한중 무역적자는 중국의 산업구조 조정과 함께 중국의 산업구조가 상승함에 따라 대한국 수출구조가 개선돼 무역적자가 완화되는방향으로 점진적으로 진행해야 하는 것을 주장하고 있다.

(3) 무역 마찰 문제의 적시 해결

무역의 발전은 양국의 정치적 요인의 영향을 받는 측면이 있다. 2000년대 있었던 마늘, 고추 파동, 2016년의 사드 배치로 인한 관광객 제한 등이 대표적인 사례. 즉 한중 양국의 무역 발전 과정에서 발생했던 여러 불안정한 정치적 사건으로 인해 양국의 무역이 부정적인 영향을 받았던 사례를 지적하고 있다.[7]

현재에도 미중 무역갈등과 2020년 글로벌 코로나19 사태가 한중 무역에 충격을 주고 있다. 쌍방은 반드시 정기적으로 무역 문제에 대해 담판을 진행하고 동시에 서명해야 한다는 인식하에 무역 마찰 문제를 해결하기 위해 신속하게 대화와 협상을 진행해야 한다는 것이다.

(4) 일대일로, 신북방경제협력 등 한중 협력을 통한 공동발전 전략

일대일로 프로젝트는 시진핑 정부 들어서서 내놓은 대표적인 발전 프로젝트이다. 신북방경제협력정책은 한국의 문재인 정부가 추진했던 경제 발전 프로젝트이다. 각자의 경제발전프로젝트에서의 상호 참여와 공동 협력을 통해 양국의 공동발전으로 모색하는 것이다. 2000년대 들어 경제 세계화와 경제 지역화가 글로벌 경제 발전을 견인하면서 한중 양국은 2015년 '제3국 시장 공동 진출'을 체결한 이래 관련 세미나·포럼을 개최하며 협력 방식을 모색해 왔다.

3. 사회 분야

중국 학자들은 사회분야에서의 길등 요소는 주요하게 역사적·문화적

---

7) 梁亞濱, 「中韓建交30年 : 現狀, 問題與未來」, 『亞太安全與海洋研究』, 第2期, 2022, 103-104쪽.

갈등이라고 보고 있다. 역사와 문화 갈등은 한국과 중국에서 각각 민족주의 정서를 격화시켜 양국 국민의 혐오를 부추기는 요인이 되고 있다. 대표적으로 고구려와 발해의 역사와 관련된 중국의 동북공정과 한국의 강릉단오절의 세계문화유산 등재와 관련된 양국간의 다툼이 있다. 중국의 광명일보(光明日報)는 2003년 6월 24일자 기사에서 고구려가 중국의 동부지역에 거주했던 소수민족이 세운고대 국가였다는 주장을 펼쳤다. 이 글은 고구려와 발해를 한국의 고대 국가로 생각하고 있던 한국 학계와 민중의 집단 반발을 불러왔고, 한중수교 이래 최대 정치위기로 확대되기도 했다. 한국 정부는 고구려사 왜곡에 대해 단호한 반응을 보였으며 2004년 중국 정부와의 구두 합의를 근거로 역사 왜곡 시정을 요구했다. 현재 이 문제에 대한 중국 학자들의 견해는 고구려와 발해 관련 역사 문제는 한중 간의 우호관계를 손상시키지 않기 위해 공식적인 차원에서 제기하지 않는 입장이다. 하지만 학계 차원에서 논의되는 것은 막지 않는다는 점에서 동북공정의 내용은 여전히 진행되고 있다.

고구려사 논쟁과는 달리 단오제의 유네스코문화유산 등재는 한국에서 시작된 행위로 중국 국민의 거센 반발을 샀다. 중국인들은 강릉단오제를 유네스코 무형문화유산에 등재하려는 한국의 시도에 대해서는 일종의 문화절도로 인식하고 있다는 주장이 출현하기도 했다. 이에 따라 중국 인터넷에는 '단오절 지키기' 서명 행사가 등장하기도 했다. 단오제 갈등은 '강릉단오제'와 '중국단오제'를 각각 세계무형문화유산으로 인정해 양국 간 갈등이 봉합되었다. 고구려사와 단오제 등재는 비교적 원만하게 해결됐지만 양국의 국민들 사이에는 상호 불신의 감정이 발생하기 시작했다. 중국 학자들은 양국 민중간에 발생하는 역사문화적 갈등과 분쟁은 양국 학자들의 교류와 언론의 객관적 보도를 통해 해소될 필요성이 있다는 점을 강조하고 있다. 한편으로 중국 학자들은 한중 양국이 일본제국주의의 침략과 식민지 통치 경험에 대해 분노한다는 공통점이 있음을 들어, 한중 양국은

일본의 보수우익세력이 추진하는 헌법 개정과 보통국가화 움직임에 함께 반대하자는 의사를 표명하고 있다.[8]

특히 2016년 사드 배치와 중국의 보복 조치로 인해 문화 분야에서의 한한령(限韓令: 중국정부에 의해 한국의 대중연예인의 활동과 작품의 수입 금지 조치)의 발발은 사회분야의 갈등 정도를 더욱 확산시켰다. 한중 양국 국민은 상대방의 태도에 더욱 민감하게 반응해 여러 문제를 놓고 심각한 대립을 벌이고 있다. 미세먼지로 인한 대기오염문제, 김치와 한복의 근원이 중국이라는 주장 등 전통적으로 하위 정치범위에 속했던 일도 양 국민이 치열하게 공격하는 원칙의 문제가 됐다. 양국 국민은 상대국이 자국을 불쾌하게 했다는 증거를 찾기 위해 돋보기를 들고 있다. 한국에서도 혐중 감정이 급증하고 있다. 2021년 5월 한국리서치와 시사저널이 공동으로 실시한 또 다른 여론조사에 따르면 한국의 대중국 우호적 태도는 지난 몇 년간 전반적으로 하락세를 보였다. 한국인의 중국에 대한 감정은 2018년 38.4점에서 2021년 26.4점으로 4년간 12포인트나 떨어졌다. 응답자 10명 중 6명(58.1%)은 중국에 대해 극도로 부정적인 반응을 보였고, 5% 미만이 중국에 대해 비교적 긍정적인 인식을 갖고 있다고 나타났다.[9]

중국 학자들은 일반적으로 다른 나라에 대한 일반인들의 전체적 인식

---

8) 李宗勳, 「中韓建交25週年與新型互信關係的構建 ─ 以歷史文化交流爲中心」, 『當代韓國』, No.1, 2018.

9) 미국 여론조사기관 퓨리서치센터는 2022년 2월부터 6월 초까지 중국에 대한 이미지를 조사한 결과 한국인 80%가 중국에 대해 부정적으로 생각한다고 밝혔다. 퓨리서치센터 조사에서, 한국의 반중 여론은 2015년 37%에서 2017년 61%로 급증했고, 2018년 60%, 2019년 63%, 2020년 75%, 2021년 77%로 꾸준히 증가했다. 2016년 사드 배치에 따른 중국의 보복조치가 크게 작용했다고 볼 수 있다. 퓨리서치센터는 "(한국은) 조사대상국 중 청년층의 반중 여론이 노년층보다 더 많은 유일한 국가였다"고 전했다. 한국인 10명 중 8명 반중 정서 … 조사 이래 최대치, 2022.06.30. https://www.sisajournal.com/news/articleView.html?idxno=241441 (검색일: 2022.07.02)

이 극단적이지 않다는 점에서, 한국인들의 민족 정서의 변화에 깊은 우려를 내비쳤다. 이들은 한국 사회에 '반일'과 비슷한 '반중' 정서가 생긴 것 같다고 평가했다. 양국 국민의 심리적 거리는 갈수록 벌어지고 있으며, 향후 한중 관계의 변화에 가장 큰 영향을 미칠 수 있는 사회적 요인이 될 것이다.

천상양은 양국 민중의 심리적 반발이 한국인의 중국에 대한 정치적 편견과 오해의 영향, 중국과의 지리적 근접성, 역사문화적 친밀성, 경제무역 교류의 밀접성 등의 특징으로 인해 한국 내부에 존재하는 중국위협론이 작용하고 있다고 분석하고 있다. 즉 한국이 '중국의 패권확장'의 첫 번째 희생품이 될 지도 모른다는 우려를 하기 때문이라는 것이다. 한국은 건국 이후 국가정체성 구축강화를 위해 '탈중국화'를 해왔으며, 여기에는 한성이라는 명칭을 서울시로 개명 하는 등 한반도 역사에 대한 선택적 기술을 포함하고 있다는 것이다. 그러면서 최근 시진핑 집권 이후 중국이 강조하는 중화민족의 위대한 부흥이라는 중국몽이 중화제국 질서의 회복이며, 한국의 주권에 대한 치명적인 위협을 야기할 것이라는 한국 학자의 우려를 소개하고 있다.[10] 또한 천상양은 한국의 '탈중국화'와 '중국몽'에 대한 오해가 중국의 역사문화에 대한 한국의 부정적 감정을 격화시키고 있다고 분석했다. 2021년 7월 싱하이밍 주한·중국대사가 윤석열 대통령 후보자의 '사드배치는 한국의 주권에 속한다' 발언을 반박하자, 윤덕민 전 외교원장이 중국이 한국 대선에 간섭하려 한다고 발언한 것을 소개했다. 이데올로기적으로 한국은 박근혜 탄핵을 부른 촛불혁명을 경험했고, 유엔무역개발회의의 선진국 위상 규정 이후, 민주, 인권, 자유 가치관에 대한 우월감이 상승한 상태에 있기 때문에 중국의 '체제수출'을 용인하지 않는다고 해석했다.

---

10) 정덕구외, 『극중지계2 : 경제편』, 김영사, 2021.

4. 미국 요인

한중 관계에서 미국이 차지하는 부분은 절대 소홀하게 대할 수 없다. 미국은 한국의 동맹국으로서 군사안보적 측면에서 한국을 보호하고, 경제적으로 반도체, 디스플레이 등 중요한 산업공급망을 제공하는 국가 중의 하나이다. 특히 미중 패권경쟁이 격화되어 가는 과정에서 중견국가로서 위상을 보이고 있는 한국의 입장은 중국과 미국 모두에게 중요한 의미를 부여하고 있다. 따라서 미국 요인은 세 가지 갈등 요소 이외에 중국 학자들이 중요하게 생각하는 갈등 요소이다.

한국은 적지않은 규모의 인구(5200만 명)와 비교적 두터운 경제력(국내총생산 2020년 세계 10위)과 공업기반, 그리고 결코 작지 않은 군사력을 보유하고 있다. 또한 한국은 지리적으로 동아시아 대륙의 강대국 중국과 해양대국 일본의 지리적 접점에 위치해 있다. 이는 미국 국가안보보좌관을 역임했던 즈비그뉴 브레진스키(Z. Brzezinski)가 정의한 지정학적 주축국가(Geopolitical PivotState) 라는 전략적 의미를 담고 있다

지정학적으로 볼 때 한국은 미국의 인도태평양 전략에서 중요한 성격을 보유하고 있으며, 이는 군사적 정치적으로나 중국에 대한 전략적 견제를 할 수 있을 뿐만 아니라 제2차 세계대전 종전 이후 존재해 온 '해양력 대 대륙력'의 견제와 균형을 유지할 수 있는 위치에 있다는 것이다.[11]

미국은 중국을 '전략적 경쟁자'로 규정하면서 미중 전략게임 대결로 치닫고 있다. 이는 미중 무역전쟁의 틈바구니에서 중국에 대한 디커플링이 추진되는 추세에서 한국의 위상이 더욱 중요하게 작용할 수 있다. 따라서 미국은 바이든 행정부 출범 이후 한국의 지정학적 중요성을 인식하고 미국의 내외전략에서 한국의 위상을 높여가고 있다. 중국 하자들은 미중 양

---

11) 梁亞濱, 「中韓建交30年 : 現狀、問題與未來」, 『亞太安全與海洋研究』, 第2期, 2022, 111-112쪽.

국 가운데 하나를 한국이 선택해야 할 상황에 직면하게 될 수 있게 되고, 미국의 중국 압박 정책에 협력을 선택할 수도 있다는 점이 가장 우려하는 부분이다.

바이든 행정부 출범 이후 한국에 대한 유인 필요성은 커졌지만, 트럼프 정부의 유연하고 온건한 협상 전략과는 달리 대북 강경책으로 선회하면서 한국의 대북정책의 선택 공간이 좁아졌다. 더 중요한 것은 미국의 대중 전략이 바뀌면서 중국을 '전략적 경쟁자'로 보는 미국의 정책에 따라, 우방인 한국의 대중 정책 선택 공간이 작아지기 시작했다. 바이든 행정부 출범 한 달여 만인 3월에 발표한 '미국의 장점 복원(Renewing America's Advantages)'이라는 제목의 국가안보전략지침(Interim National Security Strategic Guidance)에서 한국은 미국의 동맹체제 중 1순위로 북대서양조약기구(NATO), 호주, 일본과 함께 '미국의 최대 전략자산'으로 평가받았다.[12]

미국이 전략적으로 한국을 중시하는 것은 한국에 대한 미사일 개발제한의 완전 해제에서 표명되었다. 2021년 5월, 문재인 대통령은 미국을 방문해 백악관에서 바이든 대통령과 정상 회담을 진행했다. 여기서 한국의 탄도 미사일 개발을 제한한 한·미 미사일 지침의 폐기를 합의했다. 한·미 양국은 1979년 지역 정세 안정을 위해 '한·미 미사일 지침'에 서명해 한국이 어떤 성격의 미사일을 도입하거나 개발해도 사거리와 위력은 미국이 엄격히 통제하도록 했었다. 미국은 이미 한국에 안보 우산을 제공했기 때문에 확장억제를 위한 중장거리 미사일을 독자적으로 개발할 필요는 없다고 제한했다. 이러한 한·미 미사일 지침은 지난 40년 동안 한국의 선진 미사일 기술 개발을 막는 가장 큰 요인으로 인식되어왔다.

---

12) 강석율, 「미 바이든 행정부 국가안보전략지침서 분석과 평가」, 『동북아안보정세분석』, 한국국방연구원, 2021.

한국의 미사일 자체 개발 요구가 거세지자 2001년, 2012년, 2017년, 2020년 네 차례에 걸쳐 대폭 개정돼 한국 순항미사일의 탄두 중량, 탄도미사일 사거리, 탄두 중량 등에 대한 규제를 완화한 바 있다. 2017년에는 미사일 탄두 중량의 제한을 풀었고, 2020년에는 미사일 발사체의 고체연료 사용 제한을 폐지했다. 2021년 정상회담에서 합의된 이번 지침의 가장 중요한 내용은 한국의 미사일 사거리가 800km를 넘지 못하도록 한 제한의 폐기에 있다. 한미 미사일 지침은 미국이 한국의 군사력 발전을 제한함으로써 장기적으로 한국의 외교와 군사전략을 통제할 수 있는 중요한 수단이었다. 그러나 이 지침의 폐지는 한국이 미국의 군사적 보호와 통제에서 벗어나고 있다는 것을 의미한다. 하지만 한국군의 전시작전통제권이 여전히 미국에 있다는 점에서 통제가 완전히 해제된 것은 아니다. 그리고 미국의 동아시아 미사일방어(MD)체계가 구축되기 전에 한국의 미사일 개발제한을 풀면 미국의 통제하에 있는 미사일 공격능력이 사실상 형성돼 동북아에서 한미 군사동맹의 군사적 억지력이 크게 강화될 수 있다는 점이다. 이는 중국에 대한 위협 요소가 될 수 있음을 지적하고 있다. 또 하나 중국 학자들이 중요하게 의미를 부여한 것은 한미 정상간의 공동성명에서 처음으로 "대만해협의 평화와 안정을 지키는 것의 중요성을 강조했다"는 구절이 삽입되어, 중국이 내정문제로 인식하고 있는 대만을 한미 양국의 의제로 올렸다는 점이다.

중국은 미국의 아시아 정책의 구상이 최종적으로는 아시아 지역에서 미국의 인도·태평양 전략 틀의 지휘 아래 아시아판 '작은 나토(NATO)'를 만들려는 시도라고 의심하고 있다. 2020년 8월 31일 스티븐 비건 미 국무부 부장관은 미-인도 전략적 동반자 포럼 연설에서 현재 '인도-태평양 지역'에 나토와 같은 강력한 다자 기구가 부족하다는 점을 공개적으로 제기했다. 이는 인도-태평양 지역에 '작은 나토'를 만들어 '중국으로부터의 잠재적 도전'에 대비하겠다는 미국의 새로운 의도를 드러낸 것으로,

그 틀은 바로 미·일·인도·호주 '4자 안보대화'(QUAD)다. 쿼드는 효과적인 역할을 위해 전략적 억지력을 계속 확대하고 집단행동의 원칙을 공유하는 것이다. 중국 학자들은 미국이 쿼드 모임을 확대하고 싶어하기 때문에 한국은 이미 1차 확대 대상 국가 중 하나가 됐다고 의심한다.[13]

중국 학자들은 미국이 정보협력분야에서도 한국과의 접점을 확대하려는 의도에 대해 우려하고 있다. 2019년 12월 미국 하원 정보위원회 애덤 쉬프(Adam Schiff) 위원장은 한국, 일본, 인도 등과 정보 공유의 확대를 제안했다. 이른바 '파이브 아이스'(Five Eyes)의 확대 방안이다.[14]

중국 학자들은 한국이 '쿼드 대화'에 참여하든, 파이브 아이스에 참여하여 정보 협력을 심화하든, 모두 아시아판 '리틀 나토'의 구축을 위한 선행 조치이며, 이는 동북아 지역의 전략적 안정을 위협하는 충격으로 인식하고 있다.

Ⅳ. 한중관계의 미래에 대한 제안

중국 학자들은 동아시아 지역의 안보와 전략 정세가 급변하는 가운데 한중 관계를 공고히 하는 것은 양국 모두에 매우 중요한 현실적 의미를

---

13) 2021년 4월 제이크 설리번 미국 백악관 국가안보보좌관이 서훈 청와대 국가안보실장과의 회담에서 한국에 '4자 안보대화' 참여를 강력히 요청했다고 일본 요미우리신문이 보도했다. 서 차관은 "기본적으로 동의하지만 (한국의) 입장을 이해해 달라"며 "한국 정부가 나중에 부인했지만 한국과 더 긴밀히 협의하는 것은 이미 미국의 외교정책 요인의 하나임이 분명하다"고 중국 학자들은 평가했다.

14) '파이브 아이스'는 미국·캐나다·뉴질랜드·호주·영국 등 영연방 국가 5개국의 기밀 정보 공유동맹이다. 1946년 냉전 시대 당시 미국과 영국이 소련 등 공산권에 대응하기 위해 협정을 맺은 것이 시작이다. 미 하원 정보위, 「DNI에 '파이브 아이스' 한국 등 확대 검토 지시」, 동아일보, 2021.10.30. (검색일: 2022.07.02)

지닌다고 평가한다. 한국의 안보 의존도가 중국보다 미국에 더 큰 영향을 미친다고 인식하고 있으며, 또한 한국에 대한 중국의 영향력도 무시할 수 없다고 평가하고 있다. 수교 이후 지난 30년간 양국 관계는 더욱 긴밀해졌고, 이는 특히 양국 간의 경제무역 관계에서 두드러졌다. 중국은 17년 연속으로 한국의 제1의 대외무역파트너가 됐고, 한국은 중국의 5위(2020년) 대외무역파트너다. 2020년 한중 교역액은 2852억6000만 달러로 전년 대비 0.3% 증가해 사상 최대치인 3000억 달러 회복에 근접했다. 양국의 경제무역 심화와 인적 왕래는 양국 인민에게 실질적인 이익을 가져다준다고 긍정적으로 평가하고 있다. 따라서 중국 학자들은 경제적 상호의존이 한중 양국의 갈등과 충돌을 감소하는 대안을 제시하고 있다.

천샹양은 한중 관계는 여전히 기회에 직면해 있으며, 안정적 발전 태세를 계속 유지할 필요성이 있으며, 협력 관계의 지속과 발전을 위해 진일보한 보충이 필요함을 역설하고 있다. 양야빈(梁亞濱)은 한국의 경우 '지정학적 지축' 국가로서 민감한 지리적 위치와 잠재되어 있는 위기 요인은 피할 수 없는 숙명이라고 지적하고 있다. 한국은 강대국의 힘에 강하게 영향을 받을 수 있지만, 중견 국가로서 여전히 강대국 사이에서 '조정자'와 '균형자' 역할을 할 수 있으며, 외교적 리더십을 발휘할 기회도 갖는다고 평가하고 있다. 따라서 미중 간의 전략적 갈등구도의 격화 속에서 한국의 중요성은 간과할 수 없다고 주장한다. 중국 학자들은 한중관계의 미래에 대해 다음 세 가지로 제안을 내놓고 있다.

1) 한중 경제무역 분야의 협력을 강화하여, 경제 이익으로 양국 관계의 기초를 다지기

수출주도형 경제인 한중 모두 냉전 종식 이후 글로벌 자유무역의 수혜자다. 트럼프 행정부 시절 미국의 빈번하게 등장한 무역전쟁은 한중 공동

이익이 실제로 상승하는 계기를 마련했다고 평가하고 있다. 또한 이는 한중 경제무역협력을 심화시키는 강력한 동력이기도 하다고 주장했다.

2021년 10월에 한중일을 포괄하는 포괄적경제동반자협정(RCEP)이 성공적으로 체결돼 6개 아세안 회원국과 4개 비아세안 회원국이 국내법 비준을 완료해 발효 조항을 충족시켰다. 한중일 산업체인은 긴밀하게 연결돼 있고, 경제구조는 고도로 상호보완적으로 구성되어 있다. 한중일 공동연구에 따르면 한중일 자유무역지대를 만들면 중국 국내총생산(GDP) 성장률이 1.12.9%포인트, 일본 0.10.5%포인트, 한국 2.53.1%포인트 높아진다. 이 밖에 중국 일부 지역에서는 이미 한국 기업의 중요성을 인식하고 조치를 취하고 있다. 또한 중국의 일대일로 프로젝트는 한중 협력의 무역 전망을 강화하고 있다. 종합적으로 중국 학자들은 한중 관계의 발전은 경제무역 분야의 협력에서 획득되는 상호 이익에서 출발하는 것임을 강조하고 있다.

2) 한중 관계 개선과 발전을 촉진하기 위해 정치적으로 관여하기

신기능주의는 전통적인 접근법이 점진적으로 진행되는 특징을 지니기 때문에 절박한 문제를 해결하는 데 너무 느리다는 판단에 따라 각종 정부 간 국제기구를 신속히 설립해 독립성과 자원을 충분히 주어 이를 적절히 활용할 수 있도록 해야 한다고 주장한다.

경제분야의 협력에서 발생하는 이익은 상호에게 이득이 되는 것은 주지의 사실이다. 하지만 경제적·사회적 문제는 해결에 있어서 느리게 진행된다는 한계도 지니고 있다. 따라서 정치적 해결을 통해 문제를 다루면서 더 큰 협력에 눈을 돌릴 수 있다. 따라서 중국 학자들은 최근 한중 관계의 흐름이 부정적으로 나타나고 있는 만큼 이를 반전시키기 위한 정치의 직접 개입이 절실하게 필요하다는 점을 강조하고 있다. 2021년 8월 24일

서울 프라자호텔에서 전·현직 고위 인사와 전문가들이 주축이 돼 '한중 관계 미래발전위원회'를 구성해 발대식 및 첫 전체회의를 온·오프라인으로 열었다. 왕이 중국 국무위원 겸 외교부장은 축하 영상에서 "중·한 양국은 서로 중요한 이웃 국가이자 파트너로서 복잡하게 얽힌 국제정세 속에서 양국 우호협력을 강화하는 것이 시대의 주류와 양국의 근본 이익에 부합한다"고 밝혔다. 정의용 외교부 장관은 축하 영상에서 "한중 양국은 한반도 비핵화와 항구적 평화정책 정착에 핵심 파트너로 중요한 이웃 국가이며, 협력도 적극적으로 할 것"이라며 "반쪽을 지키기 위해 계속 노력할 것"이라고 밝혔다. 정부 책임자의 적극적인 발언은 부정적으로 악화되어 있는 양국 민중의 감정을 다스리고 교류협력을 촉진하는데 긍정적으로 작용할 것이다. 2022년 한중수교 30주년을 맞아 양국 정부와 국회 차원의 향후 30년간 한중 관계 발전 로드맵을 수립하는 것이 필요하다고 제안하고 있다.

3) 동북아가 냉전 속으로 빠지는 것을 막기 위해 한중 관계를 발전시키기

한반도 비핵화, 불화란, 전쟁 불사 등 중대한 사안에서 한국과 중국은 경제·무역 이익 외에도 중요한 안보 이익을 공유하고 있다. 양국의 협력 강화가 서로의 국익을 보호하는 데 중요하다는 의미다. 사드 문제에 대한 걸림돌은 여전하지만 신뢰 회복과 관계 개선 노력은 양국 정부의 가장 이성적인 선택이다. 동북아 지역의 각종 갈등과 갈등을 대화와 협상을 통해 해결하고 동아시아의 안보환경 악화를 막고, 특히 역외대국, 제3자로 의미부여를 하는 미국의 영향으로 신냉전에 빠지지 않도록 하는 것이 양국의 공통 이익이라는 것을 강조하고 있다.

V. 결론

중국 학자들은 현재 중국은 '2개 100년 분투 목표'의 실천과 부국(富國)에서 강국(强國)으로 전환하는 핵심 시기로 인식하고 있다. 따라서 중국 내외부의 쉽지 않은 도전을 헤쳐 나가기 위해서는 내외부의 자원을 응집하여 효과적으로 활용해야 한다고 지적하고 있다. 한국은 중국의 주변국가 가운데, 작지만 강한 국력을 축적하고 있는 모범적인 이웃이라는 평가를 하고 있다. 여기에는 1992년 이래 수교 30년 동안 중국이 획득한 정치적, 경제적, 사회적 성과를 긍정적으로 평가한데서 기인한다.

하지만 수교 30년이 되는 과정에서 한중관계는 다양한 리스크와 도전에 직면해 있는 것도 사실이다. 양자 관계에서 중국은 한국의 최대 경제협력파트너이자, 중국의 경제발전과 산업구조개편의 보완재 역할을 하기도 한다. 또한 중국과 주변 국가들과의 3자 혹은 다자 관계에서 미국, 일본, 북한과 균형을 유지할 수 있는 중요한 팻감이 되기도 한다고 본다. 따라서 한중수교 30주년인 현재 '이립(而立)'의 해는 양국이 전략적협력파트너 관계를 더욱 충실히 발전시킬 이유가 충분하다고 평가하고 있다.

2022년 한중수교 30주년을 맞이하여, 중국 학자들은 현재의 한중 관계를 논할 때 한·미관계와 한중 관계 모두를 고려해야 한다고 주장한다. 미국은 한국의 유일한 동맹국이고 한미동맹은 한국의 안보 우산이라는 두 가지 요인을 고려해야 한다. 반면에 중국은 한국이 영원히 떠날 수 없는 이웃이자 최대 교역 상대국이며, 외교·안보 정책에 있어서 중요한 대상국가이기도 하다. 한국이 미국으로 완전히 편향될 경우 동북아는 중국에 대해 압력을 행사하는 냉전적 구조를 형성될 수 있고, 중국은 한반도에서 안보 측면과 전략 측면에서 압박을 받게 된다. 하지만 한국이 미국의 중국 포위·억지 국제전략연맹에 가입하지 않고 적절한 독립을 유지한다면 미국의 동맹전략은 동북아에서 전략적으로 효과를 발휘하기 쉽지 않을 것으로 보고 있다.

중국 학자들은 1992년 한중수교는 미국과 서구의 대중국 연합 봉쇄 구도를 무너뜨리는 데 큰 역할을 했다고 평가하고 있다. 또한 한국은 최근 몇 년간 변방의 압박에 시달리며 미국을 향해 끊임없이 다가가면서도 중국을 자극하는 일은 피하고 있다고 판단하고 있다.[15)]

한중 관계를 개선해 최소한 중미 간에 있어서 한국으로 하여금 중립을 지킬 수 있는 기회가 여전히 열려 있다고 보고 있다. 중국 학자들은 한국이 미국 쪽으로 완전히 넘어가, 중국을 견제하는 '돌'이 될 것을 가장 우려하고 있다. 따라서 한중 관계를 안정적이고 건강한 관계로 지속적으로 강화하는 것을 희망하고 있다. 한중수교 30주년은 양국이 수교 당시 기대했던 목적을 달성하기 위해 양국 관계를 다시 모색하기 위한 계기로 인식되고 있다.

| 참고문헌 |

정덕구 외, 『극중지계1: 정치 외교 안보 편』, 김영사, 2021.

강석율, 「미 바이든 행정부 국가안보전략지침서 분석과 평가」, 『동북아안보정세분석』, 한국국방연구원, 2021.

장윤미, 「현능주의 논의에서 바라본 차이나 모델의 구상과 한계」, 『중소연구』, Vol.44 No.4, 2021.

---

15) 한국은 중국을 직접 비판한 G7 정상회의 공동성명(Carbis Bay G7 Summit Communique)에 참여하지 않고 특정 국가를 언급하지 않은 개방적 사회성명(Open Societies Statement)에만 참여했다. 2022년에도 개최된 G7회의에는 참여하지 않고, 나토회의에는 참여했다. 중국을 자극하지 않으려는 의도를 내비친 것이다.

安剛,「中韓建交25週年之問 : 何處覓"初心"」,『世界知識』, No.18, 2017.

陳向陽,「中韓建交30週年 : 務實性合作與結構性矛盾」,『現代國際關係』, 第4
      期, 2022.

董潔,「中韓建交中的中國外交決策再探討」,『中共黨史研究』, 第8期, 2019.

額日登,「建交30年 : 中韓貿易發展探究」,『商展經濟』, No.8, 2022.

李春福,「建交三十週年的中韓關係 : 成果、機遇與挑戰」,『東北亞學刊』, 第1期
      (總第60期), 2022.

李宗勳,「中韓建交25週年與新型互信關係的構建 ― 以歷史文化交流爲中心」,
      『當代韓國』, No.1, 2018.

梁亞濱,「中韓建交30年 : 現狀、問題與未來」,『亞太安全與海洋研究』, 第2期, 2022.

王俊生,「建交以來的中韓關係 : 動力、機遇與挑戰」,『雲夢學刊』, 第5期, 2019.

저자소개

문익준

중국 칭화대학교에서 경제학 박사학위를 취득한 이후, 대외경제정책연구원(KIEP) 중국팀에서 근무했다. 현재 국민대학교 중국학부 중국정경전공 부교수이다. 중국의 경제, 무역, 금융과 대만경제, 공간경제 등을 연구하고 있다. 주요 논문은 「공간패널계량모형에 의한 한국과 중국의 지역수렴가설에 대한 연구」(2012), 「交互效应面板模型的EM算法和MCMC算法」(2012), 「Spatial dependence in knowledge spillover of innovative activity : evidence from China」(2012), 「Innovation and Spillovers in China : Spatial Econometric Approach」(2014), 「韩国与中国的区域经济增长收敛假说的比较 : 利用组合测试」(2016), 「공간모형을 이용한 한국의 대중국 수출 분석」(2021)등이 있다. 정책 연구로는 「중국 경제의 구조변화와 한국 경제에 대한 시사점」(2017), 「중국 국가전략의 변화와 한중 관계에 대한 함의」(2020), 「중국 산업, 얼마나 강한가? : 중국 산업경쟁력의 미시적 토대 분석」(2020) 등이 있다.

박철현

서울대학교 동양사학과를 졸업하고, 서울대학교 국제대학원에서 중국지역연구로 문학석사학위를 받고, 중국 선양(瀋陽) 톄시구(鐵西區) 공간변화와 노동자 계급의식의 관계에 대한 연구로 중국 런민(人民)대학 사회학과에서 박사학위를 받았다. 현재 국민대학교 중국인문사회연구소 HK연구교수로 재직 중이다. 관심분야는 중국 둥베이(東北) 지역의 공간생산과 지방정부의 역할, 국유기업 노동자, 도시, 둥베이 지역의 "역사적 사회주의", 만주국, 동아시아 근대국가 등이다. 논문으로는 「關於改革期階級意識與空間 - 文化研究:瀋陽市鐵西區國有企業勞動者的事例」(박사학위 논문, 2012), 「중국 개혁기 공간생산 지식의 내용과 지형: 선양시(瀋陽市) 톄시구(鐵西區) 노후공업기지의 개조를 중심으로」(중소연구, 2013), 「중국 사구모델의 비교분석: 상하이와 선양의 사례 - 사회정치적 조건과 국가 기획을 중심으로」(중국학연구, 2014), 「중국 개혁기 공장체제 연구를 위한 시론(試論): 동북 선양(瀋陽)과 동남 선전(深圳)의 역사적 비교」(한국학연구, 2015) 등이 있고, 역서로는 『중국 정책변화와 전문가 참여(공역)』(학고방, 2014), 공저로 『다롄연구: 초국적 이동과 지배, 교류의 유산을 찾아서』(진인진, 2016), 『특구: 국가의 영토성과 동아시아의 예외공간』(알트, 2017), 편저서로 『도시로 읽는 현대중국 1, 2』(역사비평사, 2017)이 있다.

노수연

이화여자대학교 중어중문학과를 졸업하고, 서울대학교 국제대학원에서 중국지역연구로 문학석사학위를 받았으며, 중국 저장성(浙江省) 민영기업의 성장전략에 대한 연구로 중국 푸단(復旦)대학 기업관리학과에서 박사학위를 받았다. 현재 고려대학교 글로벌학부 부교수로 재직 중이다. 관심 분야는 중국 기업의 해외진출전략, 중국의 지역경제, 한·중 경제교류, 문화콘텐츠산업 등이다. 논문으로는 「중국 저탄소시범지역의 운영성과 비교 – 지방정부의 정책역량을 중심으로」(국제지역연구, 2017), 「Building Global Brands for Chinese Private-Owned Enterprises: Strategic Paths to Upgrade the Value Chain」(Issues and Studies, 2018), 「중국 문화콘텐츠시장 진입과 중국파트너의 역할: 외국기업의 지분매각 사례를 중심으로」(현대중국연구, 2019), 「The Patterns of State-firm Coordination in China's Private Sector Internationalization: China's Mergers and Acquisitions in Southeast Asia」(Pacific Review, 2020) 등이 있고, 공저로『중국의 문화콘텐츠 발전현황과 지역별 협력방안』(대외경제정책연구원, 2014),『미래산업전략보고서』(21세기북스, 2018) 등이 있다.

임대근

한국외대 대학원에서『초기 중국영화의 문예전통 계승 연구(1896~1931)』로 문학박사학위를 받았고 현재 한국외대 융합인재학부 교수로 재직하고 있다. 현재 한국외대 대만연구센터장, 융합인재연구센터장, 글로벌문화콘텐츠학회 회장, 사단법인 아시아문화콘텐츠연구소 대표, 한국문화콘텐츠비평협회 회장을 맡고 있다. 중국영화, 아시아 대중문화 교류, 문화콘텐츠 담론, 문화정체성과 스토리텔링을 연구하고 있다. 최근 펴낸 책으로『착한 중국 나쁜 차이나』(2022),『문학윤리학비평』(공역),『문화콘텐츠 연구』(2021),『한국영화의 역사와 미래』(2018),『세계의 영화 영화의 세계』(2017) 등이 있다.

정주영

중국 베이징대학 정부관리학원에서 "中国政府与NGO的资源依赖型理性合作关系研究－以扶贫领域为例(중문)"로 박사학위를 받았다. 현재 인천대학교 중국연구소 상임연구원으로 재직 중이다. 주로 중국 민주주의, 권위주의와 정치개혁에 대한 연구를 진행하였으며, 「중국 권위주의적 환경주의 수정의 정치적 의미: 권리에 기반한 산림복원 정책을 중심으로」(2022), 「코로나 팬데믹과 중국 국가－사회 관계의 변화전망: 정부와 사회조직의 전략적 행위 분석을 중심으로」(2020), 「중국 권위주의 정치기획의 쟁점과 전망」(2019) 등의 연구논문이 있으며, 공역서로『중국의 민주주의 : 민주관념의 생성과 변천』(2019) 등이 있다.

조경란

현재 연세대학교 국학연구원의 연구교수이며 동아시아 현대사상·중국 현대사상을 연구하고 학생들을 가르치고 있다. 장기적으로 중국의 '지성의 위기' 극복을 위해 20세기 마이너리티 사상 복원에 관심이 많다. 중앙일보 '차이나 인사이트', 주간동아 '조경란의 21세기 중국' 고정란 칼럼니스트를 지냈다. 홍콩 중문대학교에서 포닥, 북경대 초빙교수, 절강대학 방문학자를 지냈다. 논문으로「중국은 '제국의 원리'를 제공할 수 있는가 - 가라타니 고진『제국론』의 비판적 분석」, 「중국의 '메타서사'와 소프트파워의 딜레마」 등이 있다. 단독저서로는『현대중국 지식인 지도』, 『20세기 중국 지식의 탄생』, 『국가, 유학, 지식인』 등이 있다. 공저로『보수주의와 보수의 정치철학』 등 다수가 있다. 대한민국 학술원, 열암철학상을 수상했다.

우성민

상명대 중어중문과를 졸업, 중국 베이징대 역사학과에서 중국고대사 중 당대 법제사로 석사학위를 받았고, 『당대사문연구(唐代赦文研究)』로 박사학위를 받았다. 현재 동북아역사재단 국제관계와 역사대화연구소에서 연구위원으로 재직하고 있다. 최근 주로 고대 한중관계사, 중국 역사교과서 등에 관심을 두고 있다. 주요논문으로『「중외역사강요」 속의 중국식 글로벌 가치관 '인류운명공동체'의 서술과 시사점」(2020), 「중국 역사교과서의 개편과 자국사 및 세계사의 '현대' 서술」(2020), 「唐詩를 중심으로 본 唐代 文人들의 高句麗, 渤海에 대한 認識」(2019), 「수당대 화친 정책과 주변국과의 역학 관계에 대한 검토」(2019), 「唐代 鴻臚寺의 외교기능을 통해 본 고구려의 국제성 검토」(2018), 「신간 중국 중등 역사교과서 개편 동향의 특징과 한국사 관련 서술 검토」(2018), 『중국역사지도집』에 표기된 고구려 비사성에 대한 검토」(2017), 「唐代 율령을 통해 본 동아시아 교류와 상호인식 - 唐代 關市令을 중심으로」(2015), 「한중일 역사인식에 대한 상호이해 제고와 역사화해를 위한 제언」(2015) 공저서로『한국고대사계승인식 1, 2』(2019-2020), 『세계의 역사교육 어디로 가고 있는가?』(2019), 공역서로『唐玄宗』(신서원, 2012) 등이 있다.

김주아

베이징어언대학(北京語言大學)에서 『漢語"來/去"和韓國語"ota/kada"的句法, 語義對比研究(중국어 '来·去'와 한국어 '오다·가다'의 통사 및 의미론적 비교연구)』로 응용언어학 박사학위를 받았다. 현재 국민대학교 중국인문사회연구소 HK연구교수로 재직 중이다. 연구 관심 분야는 중국어학과 중국문화 및 화교·화인 사회이다. 주요 논문으로는 「通過韓國語補助動詞"juda2"看漢語的陰性特質」(2015), 「화인민족공동체의 형성과 발전 - 동남아시아 화인사단(社團)을 중심으로」(2018), 「말레이

시아 화인기업(華商)의 네트워크 활용 실태 조사」(2019), 「싱가포르 화인의 다문화 수용성 조사」(2019), 「중일 번역문화와 번역어의 탄생 과정」(2020), 「말레이시아 화문 교육에서 지식인의 역할」(2021) 등이 있다. 역서로는 『지혜 - 바다에서 배우는 경영이 야기』가 있다.

이광수

중국런민대학에서 중국정치 전공으로 박사학위를 취득한 이후, 숭실대, 국민대에서 동아시아 관계와 중국정치에 대해서 강의해오고 있다. 국민대학교 중국인문사회연구 소에서 HK연구교수로 재직하면서 중국과 대만의 정치체제와 상호관계에 대해서 연 구하고 있다. 연구 성과로 「양안의 민족주의 정서 고양과 양안관계」(2017), 「대만의 인정투쟁 연구: 정당의 통독 입장 변화를 중심으로」(2017), 「대만TV시사토론프로그 램의 정치편향성 연구」(2019), 「양안 문화교육교류의 특징과 양안관계에 미치는 영 향」(2020), 「중국의 일국양제와 대안모델에 대한 고찰」(2020) 등이 있으며, 역서로는 『중국정책결정: 지도자, 구조, 기제, 과정』(2018) 등이 있다.

국민대학교 중국인문사회연구소 총서 • 14권

한중수교 30년, 한중교류의 도전과 과제

초판 인쇄   2022년 9월 1일
초판 발행   2022년 9월 5일

공 저 자ㅣ 문익준·박철현·노수연·임대근·정주영
        조경란·우성민·김주아·이광수
펴 낸 이ㅣ 하운근
펴 낸 곳ㅣ 學古房

주   소ㅣ 경기도 고양시 덕양구 통일로 140 삼송테크노밸리 A동 B224
전   화ㅣ (02)353-9908 편집부 (02)356-9903
팩   스ㅣ (02)6959-8234
홈페이지ㅣ www.hakgobang.co.kr
전자우편ㅣ hakgobang@naver.com, hakgobang@chol.com
등록번호ㅣ 제311-1994-000001호

ISBN 979-11-6586-472-9 94300
     978-89-6071-406-9 (세트)

값: 29,000원